LICHENGHUIGU

历程回顾与未来展望

——海南省中学校长培训三十年研究

LICHENGHUIGU YU WEILAIZHANWANG
HAINANSHENG ZHONGXUEXIAOZHANG
PEIXUN SANSHINIAN YANJIU

郭晓君 著

中国政法大学出版社

2023·北京

图书在版编目（CIP）数据

历程回顾与未来展望：海南省中学校长培训三十年研究/郭晓君著. —北京：中国政法大学出版社，2023.10

ISBN 978-7-5764-1205-5

Ⅰ.①历… Ⅱ.①郭… Ⅲ.①中学—校长—师资培训—研究 Ⅳ.①G637.1

中国国家版本馆 CIP 数据核字(2023)第 224910 号

出　版　者	中国政法大学出版社
地　　　址	北京市海淀区西土城路 25 号
邮寄地址	北京 100088 信箱 8034 分箱　邮编 100088
网　　　址	http://www.cuplpress.com (网络实名：中国政法大学出版社)
电　　　话	010-58908586(编辑部) 58908334(邮购部)
编辑邮箱	zhengfadch@126.com
承　　　印	固安华明印业有限公司
开　　　本	720mm×960mm　1/16
印　　　张	15.75
字　　　数	270 千字
版　　　次	2023 年 10 月第 1 版
印　　　次	2023 年 10 月第 1 次印刷
定　　　价	69.00 元

本书系海南省 2019 年哲学社会科学规划青年课题成果

（HNSK（QN）19-39）

2022 年陕西教师发展研究院研究生创新基金博士生一般项目成果

（2022YJBYB004）

序

郭晓君同志工作于海南师范大学教师教育学院（海南省中学教师继续教育培训中心），拥有多年的中学校长一线培训工作经验，长期以来一直从事教育领导与管理、教师教育研究。郭晓君在陕西师范大学教师发展学院、陕西教师发展研究院攻读博士期间，一直努力将《历程回顾与未来展望——海南省中学校长培训三十年研究》这部著作不断改进、不断完善。作为其博士生导师，从初稿到成稿，我曾前后翻阅多次。

《历程回顾与未来展望——海南省中学校长培训三十年研究》这部著作着重以史论结合的方法立场，研究我国中学校长培训历史发展的脉络和"八五"至"十四五"期间海南省中学校长培训的进程，着重考察新时期中学校长培训的现状与存在的问题，并尝试提出教育数字化转型背景下中学校长精准培训的可行路径。这是一部具有历史视野、问题意识以及现实关照的学术著作。它不仅是对海南省中学校长培训经验的总结和分析，还可以为我国中学校长培训领域的相关研究提供十分有益的思路和参考。该书的出版会进一步推动海南省中学校长培训事业的蓬勃发展，为海南省基础教育事业的进一步提升贡献力量。

科研路漫漫，求索不间断。希望晓君在今后的研究、工作中能把教育领导与管理、教师教育作为自己未来的重要研究方向，以严谨的科研态度，永葆进取之志！

王延松

2023 年 6 月 23 日

前　言

2018 年 4 月 13 日，习近平总书记在出席庆祝海南建省办经济特区 30 周年大会并发表重要讲话时明确指出："党中央决定支持海南全岛建设自由贸易试验区，支持海南逐步探索、稳步推进中国特色自由贸易港建设"。同时，中共中央、国务院《关于支持海南全面深化改革开放的指导意见》指出："……鼓励海南充分利用国内外优质教育培训资源，加强教育培训合作，培养高水平的国际化人才……""高水平的国际化人才"培养是海南自由贸易港建设的需要，更是海南基础教育的责任与使命。2020 年 6 月 1 日，中共中央、国务院印发了《海南自由贸易港建设总体方案》，并发出通知要求各地区各部门结合实际认真贯彻落实，标志着海南自由贸易港建设战略进入全面实施阶段。2022 年 4 月，时隔 4 年，习近平总书记再次来到海南，先后到三亚、五指山、儋州等地，深入科研单位、国家公园、黎族村寨、港口码头等进行调研后强调："……解放思想、开拓创新，团结奋斗、攻坚克难，加快建设具有世界影响力的中国特色自由贸易港，让海南成为新时代中国改革开放的示范……"[1]海南自由贸易港的成功建设，海南教育事业的腾飞离不开基础教育的坚实基础奠定。"一个好校长就是一所好学校"，大力研究、持续稳定中学校长队伍、探索新的培训方式，提高中学校长领导力水平，势在必行。

一直以来，海南省都坚持把校长队伍建设作为教师队伍建设的重要基础工作之一，始终将其作为战略性、基础性工程来抓。海南省中小学校长培训工作历经"八五""九五""十五""十一五""十二五""十三五"几个发展阶段，已经初步形成了一个特色鲜明、充满活力的中小学校长培训体系。特别是"十三五"时期，更是着重深化改革创新，加强顶层设计，先后出台了

---

[1] "解放思想开拓创新团结奋斗攻坚克难 加快建设具有世界影响力的中国特色自由贸易港"，载《人民日报》2022 年 4 月 14 日。

《关于全面深化新时代教师队伍建设改革的实施意见》《海南省乡村教师支持计划（2015-2020年）》《海南省引进中小学优秀校长和学科骨干教师工程实施方案》《海南省中小学教师职称制度改革工作实施方案》等重要文件，筑牢教师队伍建设的四梁八柱。三十多年的持续发展，让海南省中小学校长培训规模不断扩大，培训质量不断提高，培训制度逐步完善，培训创新力度不断加大。中学校长任职资格培训—示范性提高培训—省级骨干校长培训—卓越校长工作室建设项目组成的培训体系建设，基本使海南省中学校长专业发展形成一个比较稳定的、逐级递进的成长阶梯，促进各级各类学校校长稳步提升素养，引领校长一步步向专家型校长目标迈进。

　　总体而言，当前海南省中学校长培训工作，从自身发展看，处于质量提升期；从海南省基础教育的发展阶段看，处于作用彰显期；从海南国际自贸港的建设阶段看，处于创新攻坚期。国际自贸港建设阶段的海南省中学校长培训工作，需要站在全新的历史高度上进行统筹规划，认清海南省中学校长教育培训呈现出的新趋势与新问题，确立符合国情、省情的海南特色中学校长培训新理念、新方法、新体系。因此，本书分五章，从史论结合的角度，按照时间顺序，对"八五"时期至"十三五"时期海南省中学校长培训项目的相关政策、各培训类别（海南省中学校长任职资格培训项目、海南省中学校长提高培训项目、海南省中学骨干校长培训项目、海南省中学卓越校长工作室建设项目等）、培训内容、培训课程、学员结构、培训评价、学员成长等重要资料进行梳理和归纳，具体阐述三十年来海南省中学校长培训项目的历程与发展，聚焦发展过程中的若干核心问题并作深入思考，把握海南省中学校长培训的发展全过程、中间的症结所在以及未来的改进趋势。

　　第一章立足于"校长培训—校长专业发展—校长培训与校长专业发展"的逻辑顺序来界定与廓清校长培训以及校长专业发展研究中涉及的核心概念。通过对"校长培训"的定义以及要素进行系统梳理，明晰校长培训是对参训校长经验的改造和重组，是以现代教育理念为指导，主要经由国家、地方教育行政主体、学校自身以及各级管理机构组织的一种自上而下的有目的、有计划、有组织的学习、训练和教育的活动。主要包含培训者、培训对象、培训目标、培训内容、培训模式和培训管理等方面要素。并且通过对国内外关于校长培训的研究进行系统梳理，提出新时代教育高质量发展呼唤高质量的校长队伍建设，全面提升校长培训质量是校长队伍建设的科学路径，优化海南校长培训供给是促进国际自由贸易港建设的有效举措。

第二章聚焦于我国中学校长培训工作发展历程追溯，分五个阶段对我国中学校长培训数十年来的发展情况进行整理分析：萌芽阶段（1966年之前），现代学校的建立与逐步完善让校长的角色渐渐趋于明确，校长负责制雏形初具。恢复阶段（1977年—1988年），中学教育干部的培训从一度停滞中慢慢恢复起来，全国各地自行对上岗后的校长开始培训。规范阶段（1989年—2000年），逐渐明确了校长岗位培训的实施框架，最终提出了"岗位培训、提高培训、高级研修"三层培训主张。"八五"期间更多地关注校长任职培训，"九五"期间更多地关注校长提高培训。我国的中学校长培训由最初的无序、停滞正式走向了规范化、制度化。巩固阶段（2001年—2010年），校长培训的效果指向与具体教育改革的目标紧密相连，校长培训被视为成功实施素质教育的重要保障。深化阶段（2011年至今），"高品质""高质量"逐渐成为我国新时代中小学校长培训工作的风向标。新时代的校长培训工作要深刻把握教育高质量发展阶段的新要求，坚持示范引领与整体提升结合，为基础教育改革发展培养高端引领人才，为乡村振兴和中西部欠发达地区农村教育改革发展提供坚强师资支撑。

第三章贯穿对"八五"至"十三五"期间海南省较有代表性、延续性的省级中学校长培训项目实施状况的回顾与分析。分阶段、分重点、分情况对海南省中学校长任职资格培训、提高培训、省级骨干校长培训、卓越校长工作室等项目多年来的实施历程、培训内容、培训课程、学员结构、培训评价、学员成长等方面进行过程性分析。尝试对培训项目实施中的现实矛盾进行研究，期望从各级培训项目的历时性研究中发现海南省各级中学校长培训工作的历史优势及矛盾短板，探寻解决这种矛盾的科学方法，为提高海南省中学校长培训工作的针对性和实效性提供有价值、有意义的参考。

第四章着眼于从培训主体层面对当前海南省中学校长职业幸福感、职业倦怠状况、培训需求、线上及线下培训现状等几个方面进行系统分析，充分关照现实中的海南省中学校长培训现状。研究发现：海南省中学校长对其目前的生活质量比较满意，校长职业倦怠处于一般水平，体验到的积极情绪多于消极情绪。同时对海南省中学校长线下以及线上培训现状进行深入调研，主要从中学校长在日常工作当中面临和关注的主要问题以及校长参加线下以及线上培训的动机、类型、内容、形式、效果和培训中存在的问题反馈进行调研。最终认为海南省中学校长培训可以从做好校长专业发展目标的培训规划、强化师资建设、精选培训内容、更新培训形式、多渠道激励校长线上参训动机等方面共同促进海南省中学校长培训质量的提高。

第五章落脚于探求教育数字化转型背景下海南省中学校长培训提质增效的有效方式。校长培训的转型升级，既是校长发展需求变化之应然，也是基于高质量发展新阶段基础教育立德树人、五育并举、减负提质、内涵式发展的重大转型。教育数字化转型背景下，系统考察世界各地对中学校长数字化领导力内在含义与要素的广泛认识，积极探寻中学校长数字化领导力的内在含义、指征维度以及培养路径新动向，最终提出教育数字化转型背景下海南省中学校长精准培训提升策略。

目 录

CONTENTS

第一章

校长培训与校长专业发展

党的二十大报告指出："……要坚持教育优先发展、科技自立自强、人才引领驱动，加快建设教育强国、科技强国、人才强国，坚持为党育人、为国育才，全面提高人才自主培养质量，着力造就拔尖创新人才，聚天下英才而用之……"[1]校长是学校精神之所在，是带给基础教育蓬勃生命力的重要因素，其办学思想的凝练与实施在一定程度上就是"人才自主培养质量""拔尖创新人才培养""聚英才而用之"的最为实践层面的体现。促使校长可以实现"有实践质量"的办学领导的关键因素就是校长专业能力的不断发展。而校长培训是校长专业成长的重要契机和保障。

由于校长培训在具体活动中发挥作用，且领导情境的变迁会促使领导者与被领导者的某些特征抑或行为发生变化。因此校长能力的提高与促进是一个动态发展的过程。那么，究竟什么是校长培训？校长培训有哪些模式？什么是校长专业发展？当前校长培训的国内外发展如何？校长培训对校长专业发展的意义如何？何以可至？界定与廓清校长培训以及校长专业发展研究中涉及的核心概念，明确概念的内涵和外延是研究顺利开展的前提。因此，本章按照"校长培训—校长专业发展—校长培训与校长专业发展"的逻辑顺序来界定本书的核心概念。

---

〔1〕 习近平："高举中国特色社会主义伟大旗帜 为全面建设社会主义现代化国家而团结奋斗"，载《人民日报》2022年10月26日。

第一节　校长培训

一、校长培训的定义

校长："校长"职业的形成在我国经历了一段漫长的发展时期。我国"校长"职业的萌芽虽然可以追溯到夏商时期，但就"校长"作为专门称谓来看，直到清朝末期以京师同文馆为代表的新式学堂出现，才有了现代意义上的"校长"职业的雏形。1912 年初，民国政府颁布《普通教育暂行办法》，"规定所有学堂一律改为学校，监督或堂长一律改为校长"。[1]自此以后，学校行政负责人改称校长，沿用至今。如今，世界各国的各级各类学校皆设置校长。校长在一定程度上已被明确界定为一种职业类别，加拿大的《职业分类词典》将校长职业描述为：对某一公立、私立或商业学校的教师、职员和辅助工作人员的活动，给予计划、组织、指导和控制。[2]《中华人民共和国职业分类大典》也将校长界定为一个独立的职业："是在中学、小学担任领导职务并具有决策、管理权的人员。"[3]同时，也有学者侧重从"校长"本身的职位定义角度，认为校长是一种以职务为基础载体，以专业为本质属性的职业，即校长是具有学校管理的专业理论知识和能力，获取学校管理的认证资格，担任学校领导和管理职务，以学校管理为职业，有效整合学校内外各项资源，制定并实现学校教育目标和管理目标，并获得相应薪酬的专业领导人员。还有的学者从"校长"的任命过程与职位定位出发，认为"校长"是由国家教育行政部门或其他办学机构管理部门任命，或通过一定程序推举产生的学校行政的最高负责人，对外代表学校，对内则全面主持校务工作。

培训：最早在管理学和心理学领域被广泛关注与研究。美国经济学家、诺贝尔经济学奖得主舒尔茨认为："单纯从自然资源、实物资本和劳动力的角度，不能解释生产力提高的全部原因，作为资本和财富的转换形态，人的知识和

---

〔1〕 陈学恂主编：《中国近代教育史教学参考资料》（中册），人民教育出版社 1987 年版，第166 页。

〔2〕 Bonner A L., "Introduction to the CCDO (Canadian Classification and Dictionary of Occupations", *Canadian Vocational Journal*, 1974.

〔3〕 《中华人民共和国职业分类大典》（2007 增补本），中国劳动社会保障出版社 2008 年版。

能力是社会进步的决定性原因。但是它的取得不是无代价的，它需要通过投资才能形成，组织培训就是这种投资中重要的一种形式。"安东尼·M. 格兰特认为："培训是一个相互协作的、以解决问题为核心的、面向结果的系统过程，在这个过程中，教师帮助学员提高工作绩效，增加人生经验，促进自我学习和个人成长。"因此，培训是为满足经济建设和社会发展的需要所组织的一种有目的、有计划、特殊的教育和学习活动。意在通过短期教育、培养和训练经学校基本教育后已经或即将从事专业生产、管理和服务的人员，促进其知识、技能和才干的增加；或者说，是以上岗、转岗、晋升以及下岗后重新就业等的各类人员为对象，以掌握和提高岗位所需的知识与才能为目的，有一定期限的讲课、示范或实际操作等传授知识或技能的活动。它属于我国教育系列中的在职教育，是发展社会生产和促使社会进步的积极动力。可以说，培训是在职人员有效提高专业知识与能力，实现个人专业发展以及团队建设的最为经济的教育模式。

校长培训：伴随现代科学技术的发展，信息化和全球化已成为当代世界经济不可逆转的大趋势。有学者指出"当代的学校管理者扮演着一系列令人生畏的角色，从教育远见者和变革代理人到教学领导者、课程和评估专家、预算分析师、设施经理、特殊项目管理者和社区建设者"。[1]时代的更新使得校长的角色以及职责也越来越多元、越来越富有挑战。校长在其职业生涯阶段面临各种各样的压力。例如，在学校办学规划，学校科学发展，有效教学管理，营造校园环境，妥善处理学校、教师、学生、家长之间关系，与其他教育行政部门、兄弟院校合作等方面急需科学合理的引导。此外，伴随着教育改革的推进，校长也需要与时俱进，不断契合教育改革的步伐，更新教育管理理念与专业知识，更好地践行教育改革实践。因此，如何帮助校长更新意识、提升能力、最终实现能力的多元，至关重要。

越来越多的学者意识到："校长需要持续的领导力支持和发展，应该通过组织，在经验丰富的导师指导下，通过支架式学习培训、帮助校长积极反思领导经验、构建校长同伴网络促进其素质的提高。"[2]为了帮助校长顺利、科

---

〔1〕 S. DAVIS et al. , "Review of research. School leadership study. Developing successful principals", Palo Alto, CA: Stanford Educational Leadership Institute, 2005.

〔2〕 LINDA DARLING-HAMMOND et al. , *Preparing Principals for a Changing World: Lessons from Effective School Leadership Programs*, John Wiley & Sons, 2009.

学、规范地实施办学理念，实现成功办学，就需要有各种前瞻性、针对性、科学性的校长培训来助推校长的专业成长。因此，校长培训在一定意义上可以被界定为现代管理中人力资源的开发活动之一，其本质意在通过短期职后教育活动，促进现代教育管理高素质人力资源的获取。校长培训是对参训校长经验的改造和重组，是以现代教育理念为指导，主要经由国家、地方教育行政主体、学校自身以及各级管理机构组织的一种自上而下的有目的、有计划、有组织的学习、训练和教育的活动。优质的校长培训是实现现代教育管理的关键。校长培训属于教师职后教育的范畴，基于每一位已经成为（或即将成为）校长的已有的教育教学管理经验，为其提供新的知识、新的思路、新的经验，是帮助校长再思考、再实践的过程。因此，校长培训是促使校长实现专业发展的关键教育形式，是不断完善、不断发展循环式的再教育。

二、校长培训的要素

一位优秀校长有时不仅能成就一所优秀学校，还会影响一个区域的学校共同发展。校长培训不仅仅指向校长的个人专业发展及学校的管理优化，同时将辐射、带动、引领区域内学校的协同发展，实现学校、教师、学生的共同发展。因此，校长培训是通过一个个短期的却又不断持续的培训活动，有力促进校长实现个人专业成长以及终身学习的活动。从校长培训涉及的因素角度，依照培训活动构成以及基本环节，校长培训的要素包含培训者、培训对象、培训目标、培训内容、培训模式和培训管理等方面。

培训者：通俗来说，培训者就是培训教师的教师，指在培训组织与实施过程中承担各种培训管理与教学任务的组织或个人，既包括培训机构、培训领导部门等组织结构，也包括培训课程的设计者、授课教师、管理人员以及研究者。培训者的职责是为受训者提供培训咨询、培训场地、培训课程、培训师资、后勤服务、培训管理、跟踪评价等各方面的培训服务。培训者的素质是影响培训效果的重要因素，校长培训者作为校长专业发展的引领者，应该从国家战略出发，基于地方发展情况以及校长实际，不断更新施训理念、学习培训知识、优化培训思路、构建培训课程、完善培训模式，不断提高培训专业水准，为校长队伍建设服务。

培训对象：即参训者，是培训的直接服务对象。培训对象是培训的主体，是整个培训活动的核心要素。校长即为校长培训的培训对象。在校长培训的组织中要了解校长的特点与校长的需求。例如：组织实施的重点是骨干校长还是新任校长，是正校长还是副校长，是分管德育的校长还是分管教学的校长，是重点学校的校长还是薄弱学校的校长，是城镇学校的校长还是乡村学校的校长，抑或组织实施的重点是提升校长办学理念，还是校长科研能力、信息能力、党建能力的提升，这些都是要重点关注的因素。需要在时代所需的基础上，针对校长的不同专业层次、校长所在学校的不同地域生态、不同学校类型、不同的个体需求设计不同的项目培训主题，优化课程实施方案，开展富有针对性、实效性、多样化的校长培训。

培训目标：指培训活动的最终目的和预期成果。培训目标有总体性目标和阶段性目标两种。它可以针对每一培训阶段设置，也可以面向整个培训计划来设定。培训是建立在培训需求分析的基础上的，培训需求分析明确了受训人员所需提升的能力，评估的下一步就是确立具体且可测量的培训目标。培训目标就是让学习更有效，让学习成果得以转化。培训目标将为培训计划提供明确方向和依循的构架。通过对校长培训需求的评估，明确了校长培训群体的需要，便可以进行培训项目设计的第二个关键步骤即确定培训目标。一般来说，校长培训目标要服从国家教育发展战略和校长队伍建设的要求。同时，要注意培训目标设置的可为空间，培训目标的设置要注意避免"广而泛"的误区，应该把财力、物力、人力放在最需要且可以通过培训解决的国家、地方、学校教育发展以及校长个人专业发展的现实问题上。此外，校长培训目标的设置要注意避免"大而空"的误区，要设置培训者可以驾驭、学员可以接受、操作方案可行的"接地气"的培训目标。

培训内容：是根据校长培训需求以及培训目标所确定的内容，是校长在培训中应该学习的主要内容，表现为一定形式的课程或者科目形态。培训内容的设置来源于两个方向：一是"自上而下"的需求。当社会发生变革、科技不断革新、环境发生变迁时，国家、地方以及学校对于校长的能力素质有了新的需求，这时候就需要通过"自上而下"的培训项目以及内容设计，由中央辐射地方开展校长培训。例如，我国施行的"校长任职资格培训""校长提高培训"等，这些项目有着明确的培训内容和要求。二是"自下而上"的需求，当校长当前所具备的知识储备、工作水平、技能方式不能够满足工作岗位的实际需要以及个人专业发展的渴求时，就会希望通过针对培训课程提升自身教育教学管理水平。例如，在各级地方组织实施的"中学校长依法治校能力提升培训""校园突发事件应急能力提升培训"等。

　　培训模式："模式"的概念最早来源于系统学，20世纪80年代，美国学者将其引入教学领域。在《汉语大词典》中，模式被定义为实务的标准样式。在《现代汉语常用辞海》里，模式被定义为某种实务的标准样式或者使人可以照着做的标准形式。模式主要是指客观事物系统整体运动的形式和方式。它针对某一对象或某一主题发展所涉及的诸多要素以及各要素间的相互关系，总结出一些客观、规律且完整的结构和框架，一般还包括实施的程序和策略。[1]关于培训模式的定义很多，有的学者将培训模式定义为在特定的培训理念下，为实现具体的培训目标，选定合适的培训内容，组合和优化培训资源，通过一定的培训策略对培训对象施加影响，进而形成的较为固定的操作范式。[2]也有的学者将培训模式定义为由特定培训对象、培训目标决定，由相应教学内容主导的各种教学要素组合、运行的培训教学类型。[3]因此，校长培训中的培训模式是校长培训的价值取向及相应的操作方式的统一，意指在相关教育、培训理论的指导下，在以提升中学校长专业素养、提高其从事专业工作能力为目的的培训过程中，目标、内容、操作方式等培训工作组成部分的具体体现，以及它们之间的相互联系。

　　培训管理：有效的校长培训离不开科学的校长培训管理。中学校长培训管理是培训者的主要职责。培训管理即培训者为达到培训目的，采用一定的方法、模式，对培训项目中所涉及的各个要素进行规范的活动。一是关于培训者以及培训主体的管理，包括培训者自身、参训校长、课程设计专家、授课教师等；二是关于培训所涉及的事务性工作方面，诸如课程优化设计、培训基地建设、训后跟踪、培训评估等各个方面；三是关于培训所涉及的硬件、软件资源建设、协调以及使用方面。这三方面相对独立，又彼此联系，有着相辅相成的特点。中学校长培训管理，就是科学处理这三者之间的关系，使其达到和谐统一，最大限度地发挥各自的功能。目前，我国中学校长培训项目实施基本流程主要包括：项目设计，由项目领导小组依据国家要求、当地

　　〔1〕　吴卫东：《教师专业发展与培训》，浙江大学出版社2005年版，第163页。
　　〔2〕　李香玲："中小学教师培训模式的比较与思考"，载《教学与管理》2012年第36期，第42~43页。
　　〔3〕　王蒙、崔克明："开展中高层次人才培训 为京郊经济发展服务"，载《农村经济与管理》1998年第3期，第1~4页。

需求以及相关政策确定；项目申报，根据培训计划依托各培训机构自身优势进行项目申报，以获得培训的实施权力以及经费；方案研制，在培训方案设计时及时调研需求，而后综合各方因素编制培训项目实施方案；组织实施，包括人员申报、遴选、开班、培训过程管理、结业等环节；总结评估，包括过程性评估、终结性评价、项目自评以及绩效考评等环节；训后跟踪，训后跟踪是培训实施的一个非常重要的环节，关系到培训效果的运用与延伸，具体包含训后跟踪的时间、内容、组织、方式等。

三、校长培训的国内外研究

一切科学研究均需要在前人研究的基础上进行，借助对已有国内外研究成果的梳理和分析，熟悉研究前沿，进而寻找新的研究空间。同时，通过对最新研究成果的剖析，发现国内外与本研究内容相关的最新理论、手段以及研究方法无疑有利于研究的顺利推进。根据研究需要，特对国内外关于校长培训、校长专业发展的研究成果进行梳理。

（一）国内研究

对 CNKI 数据库进行搜索，以"校长培训""校长专业发展"为主题搜索，CNKI 数据库中，从 1974 年至 2022 年共有相关文献 4125 条。经过筛选，以人工方式甄别去除与校长培训、校长专业相关性较弱的文献以及人物传记、封面人物、考察报告、反思心得、会议综述、新闻报道以及无作者等文献，将剩余有效文献 3673 篇作为研究样本。发表年度趋势，前期较为平缓，于 2010 年达到顶峰后呈波浪形回落（详见图 1.1）。

从图 1.1 中可以看出，国内相关研究共有两次较大幅度的上升，以 1999 年为节点，该节点以前有关校长培训研究的文献数量稀少，1999 年后文献数量直线升高，其中原因与 1999 年《中小学校长培训规定》等纲领性的政策文件的发布密不可分。此后，校长培训研究不断受到各界学者的广泛关注，于 2010 年登顶，可能与中共教育部党组《关于教育系统深入开展大规模培训干部工作的实施意见》"中小学校长培训……要紧密围绕实施素质教育的中心任务，认真开展以任职资格培训、提高培训、高级研修和专题培训为主要形式的全员培训。要将农村校长培训摆在突出位置，加强民族地区校长培训，重视城市薄弱学校校长培训"等战略性指导意见的提出有关。从 2010 年至今，中小学校长培训相关文献呈现波浪下降趋势，从一定程度上表明我国中小学校长培训亟需扩展新的研究视角并需要对相关研究主题深入研究探讨。

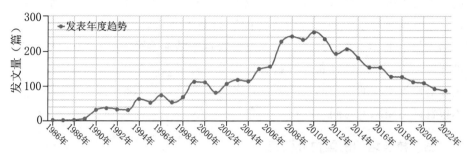

图 1.1　国内关于校长培训研究的年度发文趋势

1. 发文机构分布

对发文数量位列前 30 的研究机构进行分析与排序后得到下图（图 1.2），根据发文数量排序，华东师范大学是发文量最高的机构，文献数量为 112 篇，北京教育学院（95 篇）、国家教育行政学院（88 篇）、吉林省教育学院（65 篇）、北京师范大学（60 篇）、大连教育学院（52 篇）、福建教育学院（50 篇）等关键机构也紧随其后。从研究机构所属类别来看，主要分为三类，一是华东师范大学作为教育部中学校长培训中心，为该领域的研究作出重大贡献，发文量最多；二是全国、各省、直辖市的教育学院、干部培训中心也是中学校长培训研究的重要力量，如国家教育行政学院，北京教育学院，吉林、大连、福建、黑龙江、宁波教育学院；三是各级各类师范高校也对中小学校长培训研究拥有比较高的关注，尤其是几所部属师范大学，如北京师范大学、东北师范大学等，作为全国五大片区师资培训中心，也在校长培训研究中发挥着重要的引领作用。

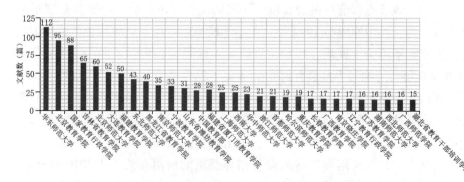

图 1.2　国内关于校长培训研究主要研究机构

　　此外，为了在一定程度上分析"校长培训"研究的质量，笔者同时对3673篇研究样本中属于"中国社会科学引文索引""北大核心""AMI"的发文量进行了二次统计，发现有849篇文章属于核心文献。根据核心文献数量的排序（如图1.3所示），华东师范大学（34篇）、北京师范大学（33篇）是发文量最高的两所研究机构，北京教育学院紧随其后（28篇）、吉林省教育学院（15篇）、上海师范大学（11篇）、香港中文大学（10篇）、重庆教育学院（10篇）、黑龙江省教育学院（9篇）、东北师范大学（9篇）、国家教育行政学院（8篇），从中可以看出关于"校长培训"的研究质量仍有待全面提高，且高质量的研究依然集中于华东师范大学、北京师范大学、上海师范大学、东北师范大学等师范院校以及国家教育行政学院、北京教育学院、吉林省教育学院等干部培训学院、干部培训中心。

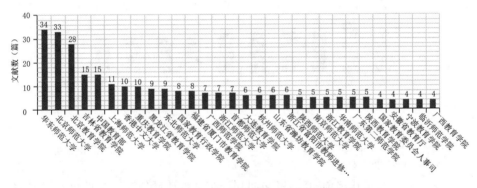

图1.3　国内关于校长培训研究来源类别分布

2. 研究者发文数量统计

　　通过对发文量排名前30的研究者进行计量分析（详见图1.4），发现：在我国中小学校长研究领域中，大连教育学院夏芳（20篇）、青岛黄海学院王水玉（18篇）为该领域发文量最大的作者，北京教育学院汤丰林（14篇），吉林省教育学院龚铃（14篇）、林森（13篇）次之。发有关"校长培训"的核心文献量排名前10（详见图1.5）的依次是贵州教育学院郑玉莲（9篇）、香港中文大学陈霜叶（7篇）、吉林省教育学院陈禹（7篇）、北京师范大学卢乃桂（6篇）、华东师范大学应俊峰（6篇）、北京教育学院陈丽（6篇）、北京开放大学褚宏启（6篇）、青岛黄海学院王水玉（5篇）、杭州师范大学周俊（5篇）、吉林省教育学院龚铃（5篇）。在一定程度上，这是推动中小学校长培训研究变化发展的主要力量。

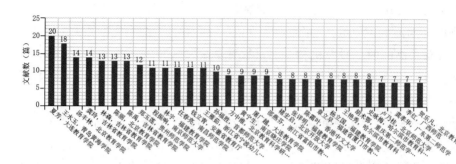

图1.4　国内关于校长培训研究者来源分布

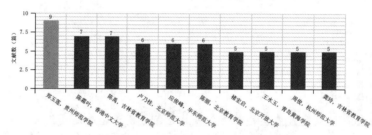

图1.5　国内关于校长培训核心论文作者来源分布

3. 期刊分布统计

通过对发文量排名前30的发文期刊分布进行计量分析（详见图1.6），发现：教育发展研究发关于校长培训的研究的数量最多（36篇）、国家教育行政学院学报（31篇）次之、中国教育学刊（28篇）再次之。

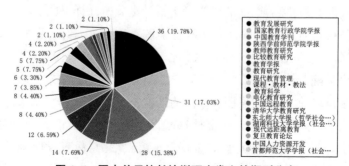

图1.6　国内关于校长培训研究发文的期刊分布

4. 国内研究述评

将关键词进行聚类，选取排名前 30 的主题词并对其进行综合优化分析，并去除校长培训、中小学校长培训、中小学、中小学校长、中学校长、校长、几点思考等无效词后得出 12 个主要的核心聚类词，分别为培训模式、岗位培训、培训课程、校长专业发展、提高培训、校长专业化、实践、名校长、农村中小学校长、影子培训、校长任职资格培训、培训策略。纵览整体中文文献，发现关于中学校长培训的文献，能发表在高级别刊物的概率普遍不高。可以将研究内容总结为以下两个维度：

从纵向看，学者们一般认为我国校长培训经历四个阶段：第一个阶段（1990 年前），由各地对上岗后的校长进行培训，以教育基础理论为主。第二阶段（1990 年—1995 年），根据《关于加强全国中小学校长培训工作的意见》，全国中学校长进行旨在提高政治、业务素质和履行岗位职责能力的培训。第三阶段（1996 年—2000 年），原国家教育委员会规定中学校长必须"持证上岗"、五年内完成提高培训，培训出现多层次、多系列特征。第四阶段（2001 年至今），以提高培训为主，注重校长专业化成长。

从横向看，我国的学者对校长培训研究主要围绕培训类别、课程设置、培训评价、地区培训现状等几方面进行。一是在培训类别上，根据《关于加强全国中小学校长培训工作的意见》，我国关于中学校长培训多聚焦于任职资格培训。根据内容和重点的不同可以归纳为以下三类：第一类是对中小学校长管理制度的研究；第二类是对中小学校长资格制度存在的问题及解决对策的研究；第三类是近年来对校长专业标准的研究。二是在课程设置上，各学者根据不同的出发点，设置不同类型的课程，例如以时间为线索，分阶段研究课程设置；以城乡为界限，分地域研究课程设置等。三是在培训评价上，认为中小学校长培训质量保障体系是全面保障中小学校长培训质量的组织和程序系统。四是在地区培训现状上的研究，不少学者对北京、上海、湖北等地区进行分区域研究，是近年来校长培训研究的热点之一。

总体看来，研究多从宏观的角度探讨中学校长培训的现状、必要性以及一些宏观性的对策，并未对中学校长培训状况的理念变化、类别变化、课程变化、参训人员结构变化等方面进行细致研究。还存在如下问题和不足：从研究视角上看，学者研究多聚焦中学校长任职资格培训宏观作用、功能及必要性，但缺乏从中学校长培训的实际调查出发，运用分析法分析效果的研究。

从研究方法上看，当前的研究成果大部分运用的是理论研究法描述和分析中学校长培训，仅有少部分采用实证研究法。运用史论结合，从历时性的视角进行海南省中学校长培训的研究暂且没有。

（二）国外研究

对 WOS 数据库进行搜索，以 "Principals" "School Leaders" "Headmasters" "Headteachers" "Principals' Professional Development" "Elementary School Principals' Professional Learning" "Supporting Principals' Learning" 等为主题词或关键词搜索，在 WOS 数据库中，筛选出相关性较强的文献 3330 篇，时间跨度从 1932 年至 2023 年。发表年度趋势，前期较为平缓，于 2020 年达到顶峰（详见图 1.7），近些年仍呈现出热点趋势。

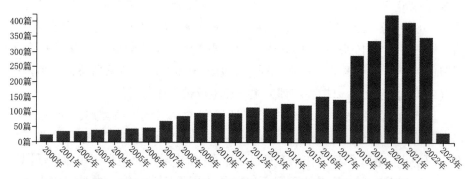

图 1.7　国外关于校长培训、校长专业发展研究的年度发文趋势

综合各国关于校长培训、校长专业发展的文献，可以看出无论是集权制还是分权制教育体制的国家都十分重视校长培训对教育质量提升的重要作用。同时，需要加强对校长培训的国家调控，充分发挥国家政策引领能力以及资金保障作用。重视地方实施的有效灵活，多方式、多渠道确保培训的设计与校长专业发展、国家教育发展的需求相一致。在此主要选取美国、英国、澳大利亚等国家进行分类陈述：

1. 美国校长培训

美国是联邦制国家，采用分权制的教育体系，由各州政府具体设计和承担校长培训的各项工作。此种制度使得美国各州的校长培训制度存在差异，但仍有很多共性的理念和实施方式值得参考。美国学校管理委员会（American Association of School Administrators）和全美校长协会（National Commission for the

Principalship）是美国最具规模的专门服务于校长培训的协会组织，主要基于对中小学校长的实际工作和专业化发展需求的分析，制定培训目标和评价指标，为美国中小学校长的职后培训提供高质、有效的培训服务。

美国的校长培训发展较早，1881 年，密歇根大学（University of Michigan）开设了美国历史上第一门学校管理课程，标志着美国中小学校长培训的兴起。[1]而后有学者将 20 世纪美国的校长培训划分为四个历史阶段：筹备时代（1820 年—1899 年）、规范时代（1900 年—1946 年）、科学时代（1947 年—1985 年）和辩证法时代（从 1986 年左右开始）。[2]经过两个世纪的不断完善，美国的校长培训制度现包括职前培育、入职指导和在职培训三阶段，成熟且层层递进的校长培训体系业已形成。同时随着当代数字化信息与技术的不断变迁，校长培训的环节以及目的指向也随之更迭。

美国学习政策研究所（the learning policy institute，LPI）于 2022 年发布《什么对学校领导学习至关重要?》（What Matters for School Leadership Learning?），认为强有力的学校领导对于塑造良好的学习环境、支持高质量的教师和教学、提高学生的成绩至关重要。通过对促进高质量校长学习计划的政策分析，认为校长培训的质量提升需要从四方面做起：其一，制定并更好地利用国家许可和项目批准标准。抓好培训证书质量关，确保培训项目内容与校长需要的知识相一致，以产生积极的学校成果。其二，在全州范围内投资建立支持校长专业学习的基础设施。利用《每个学生都能成功法案》和《2021 年美国纾困法案》资金，保障校长持续高质量的专业学习。其三，确保在高度贫困学校和有色人种学生集中的学校工作的校长有机会获得高质量的准备和专业发展。其四，在州和地方两级进行全面的政策改革，建立合格校长的强大渠道和连贯的发展系统。寻找有领导潜力的教师，并带领他们走上成为校长的道路，并继续为经验丰富的领导人提供高质量的学习机会，以促进实践的连贯性。

2. 英国校长培训

英国的校长培训有国家学校领导学院及其分支机构、大学和校本培训三

---

〔1〕 周俊："美国中小学校长培训项目导师制革新趋势探析"，载《中小学教师培训》2015 年第 9 期，第 75~78 页。

〔2〕 MURPHY J.，"Preparation for the school principalship：The United States' story"，*School Leadership & Management*，18（1998），359~372.

条途径。培训主要由教育部统筹管理，由国家学校领导学院负责，国家学校领导学院接受英国政府委托，专门负责校长培训组织与认证机构，依据地域特点和校长学习的实际，在西北部、东北部、中东部、中西部、英格兰西部、伦敦、西南部、东南部、约克郡建立了九个分支培训机构。具体而言，20 世纪 80 年代之前，英国为基础教育校长组织的培训及提供资金是零散的。[1]英国教育部在 1983 年采取了对现职校长进行学校管理、经营业务的研修制度的措施，1984 年正式公布关于校长进行研修的两项决定，在大学和其他高等教育机关，开设"学校经营管理"教育课程，派遣现职校长、新任校长、教导主任等前往研修。而后在教师培训机构的支持下，从 20 世纪 90 年代中期开始，随着"国家计划"和发展计划的实施，才逐步建立一个完善的校长从初始培训到定期在职培训的连续过程，贯穿校长职业生涯的各个阶段。[2]

英国中小学校长培训项目主要包含国家校长专业资格培训计划（任职资格培训）、中小学校长领导与管理计划（在职提高培训）、在职校长领导力提升计划（在职高级研修）。2000 年，英国国家学校领导学院（NCSL）成立并很快制定了一个"领导力发展框架"，包括学校领导力的五个阶段，围绕该框架建立了一个综合性的课程计划，其核心是一套与该框架相关的计划，包括中层领导、领导力途径、高级学校领导、行政领导和服务校长领导力计划。同时，英国对于中小学校长培训机构的管理采取市场机制。一方面，从培训机构的角度看，培训机构通过接受公开招标评估而获得培训资格，通过项目竞标的方式获得相应的培训项目；另一方面，从校长的角度看，英国政府为激励校长参加培训，对每个接受培训的新校长提供一定数额的资金支持。英国校长可以使用这笔资金自己选择培训单位。此方法促进了培训机构之间的竞争，从而有益于培训质量的提高。[3]

3. 巴基斯坦校长培训

巴基斯坦也非常重视校长培训对校长专业发展、校长领导力提升的重要

---

[1] BOLAM R., "Management development for headteachers: Retrospect and prospect", *Educational Management & Administration*, 25 (1997), 265~283.

[2] BRUNDRETT M., "The development of school leadership preparation programmes in England and the USA: A comparative analysis", *Educational Management & Administration*, 29 (2001), 229~245.

[3] 吕蕾："中外中小学校长培训机构政策比较研究"，载《中小学教师培训》2011 年第 7 期，第 62~64 页。

作用。1998 年以来，分别颁布《1998—2010 年国家教育政策》《国家教育政策》倡导巴基斯坦学校人员专业发展的重要性。《1998—2010 年国家教育政策》建议通过学校集群和其他技术将教师、教师培训者和教育管理者的在职培训制度化，从而提高专业发展系统的有效性。[1]另一方面，《国家教育政策》强调需要在所有领域进行改革，例如，职前培训和资格标准化；专业发展；教师薪酬、职业发展和地位以及教师队伍的治理和管理。巴基斯坦的校长选拔和准备方案由教育部负责。另外，巴基斯坦的大多数公立学校教育都是按性别划分的，因此在中学阶段男女学生有不同的学校。相应地，男女校长也是根据学校的类型来任命。校长的招聘和选拔一般通过公共服务委员会（PSC）进行，该委员会通常在纸质和电子媒体上发布校长职位的广告。经过审定后，校长需要参加竞聘考试，通过考试者将参加两到三个月的新任校长专业指导和培训计划。工作人员发展局（DSD）是省级主要的在职培训部门，负责为教师和校长开展此类专业培训项目。其他参与在职培训的组织包括省教师教育学院（PITE）、县培训和支持中心（DTSC）、教育委员会（PEC）等。[2]

4. 日本校长培训

自 20 世纪 80 年代以来，不断变化的社会和经济条件对日本教育提出了更高的要求，教育改革需求变得尤为迫切。针对这些需求，日本政府颁布了一系列教育政策，逐步将日本教育推向了行政自由化和分权化的时代。[3]日本校长主要由地区和地方行政部门任命，所有校长必须参加在职培训。[4]日本较为重视校长的学术背景、管理经验以及动态评价。一般来说，日本的校长须有教育领域的本科以上学位、30 年以上教龄且通过了任职考试，方能成为校长。[5]同时，日本为校长提供详细的在职培训计划。1999 年，日本文部

〔1〕　AGHA H. , "National Education Policy (1998-2010) and Education System Pakistan during 2008-2010 in Pakistan; A Detailed Analysis", (2013), 44~57.

〔2〕　NASREEN A. , ODHIAMBO G. , "The Continuous Professional Development of School Principals: Current Practices in Pakistan", *Bulletin of Education and Research*, 40 (2018), 245~266.

〔3〕　YAMAMOTO Y. , ENOMOTO N. , YAMAGUCHI S. , "Policies and Practices of School Leaderships in Japan: A Case of Leadership Development Strategies in Akita", *Educational Considerations*, 43 (2016), 27~36.

〔4〕　AKSOY M. , KARAGöZOĞLU A. A. , "Comparison of Teacher and School ManagersAssignment Policies Between South Korea, Singapore, Japan, Finland and Turkey", *Propósitos y Representaciones*, (2021), 851.

〔5〕　CISSE M. , OKATO T. , "The organizational strategies of school management in Japan: Focus on primary school principals", *Journal of College Teaching & Learning (TLC)*, 6 (2009), 39~49.

科学省的教育人员培训委员会声称，学校领导的专业发展应有助于提高他们在组织管理方面的技能和知识。[1]在此之后，由首相设立的国家教育改革委员会于2000年提交了"改变教育的十七项建议"。2002年，文部省专门开发了促进校长管理能力提升的专项培训课程，并设置了国家教师发展中心项目（NCTD，2015年）。这些项目的课程内容包括组织管理、学校合规、风险管理和其他与教育有关的问题。

总体而言，以校长专业发展为本的校长培训在世界各地都得到了不同程度的重视。由任职资格培训到提高培训再到高级研修业已成为各国广泛采用的校长培训阶梯性模式。存在区别的是，各国对不同培训阶段的重视不同：有的国家较为重视任职资格培训，有的国家较为重视高级研修，有的国家重视其中的两类，还有的国家对校长培训的支持力度很大，对各阶段的校长培训皆为重视。因此，校长培训已成为世界各国实现校长专业发展、提升校长领导能力、贯彻国家教育政策的有效工具。聚焦教育政策变化、精炼培训主题、更新培训方式、提升培训效果业已成为实现高质量校长培训不可回避的重要问题。

四、新时期加强校长培训的重要意义

（一）新时代教育高质量发展呼唤高质量的校长队伍建设

"校长是学校的第一责任人，是学校管理的核心，也是学校改革和发展的领路人。"[2]"一个好校长，就是一所好学校。校长的优秀程度，决定着学校的发展高度。"[3]党和国家历来都很重视校长的发展和培养工作，将校长队伍建设摆在教育工作中的突出位置。党的二十大报告明确指出："……办好人民满意的教育……坚持以人民为中心发展教育，加快建设高质量教育体系，发展素质教育，促进教育公平……"新时期的教育工作要以《中国教育现代化

---

〔1〕 AKSOY M. , KARAGöZOĞLU A. A. , "Comparison of Teacher and School ManagersAssignment Policies Between South Korea, Singapore, Japan, Finland and Turkey", *Propósitos y Representaciones*，（2021），851.

〔2〕 饶玲："农村中小学校长队伍建设及培训现状调查与思考"，载《中小学校长》2014年第7期，第54~57页。

〔3〕 刘鹏照："加强校长队伍建设 推动教育高质量发展"，载《中小学校长》2021年第11期，第47~48页。

2035》为依据，坚持目标导向、问题导向和效果导向相结合，深入实施《"十四五"教育发展规划》，着力建设制度更加完备、结构更加优化、保障更加全面、服务更加高效的高质量教育体系。因此，随着新时期社会主义现代化的建设与发展，我国教育的需求已从量的扩张转向质的飞跃。"办好人民满意的教育，建设高质量教育体系"的教育目标，为全国构建均衡、发展、可持续的教育之路指明了前进的方向。其中的落脚点就在学校，关键人物就是校长。校长作为一个学校的领导者和管理者，其先进的办学理念、判断能力、领导能力与管理能力往往决定着学校的发展水平。所以现代学校的改革发展需要专业化的校长，一个地区的教育水平往往取决于该区域校长队伍的专业化程度水准。

进入中国特色社会主义新时代，校长队伍建设被赋予更高的要求和期待，校长要承担起课程领导、教学领导和学习领导等许多全新的角色，亟需从职务型向职业型转变，从权力型向能力型转变，从传统的事务管理者向专业领导者转变，从经验型校长转变为专业化校长，只有这样才能正确引导和促进教师的发展、学生的发展，最终实现高质量教育发展的促进与提升。因此，加强高质量的校长队伍建设是新时期的时代之需、国家之需、教育之需、地方之需以及师生之需。然而，面对新时代、新征程、新使命，目前我国校长队伍建设现状不容乐观，存在区域间发展水平失衡、管理体制僵化、校长培训与校长日益增长的素质需求不匹配等多方面的问题。这些问题，制约着我国中小学办学质量和办学水平的提高，同时影响着我国教育的高质量发展进程。中学校长队伍的专业化建设迫在眉睫，需要教育研究重点关注。

（二）全面提升校长培训质量是校长队伍建设的科学路径

时代越是向前发展，知识和人才的重要性就越发彰显，校长队伍的建设就显得尤为关键。要想构建和提高校长队伍的综合素质，除了制度的引领与保障，培训也是非常重要的手段。2018年1月，中共中央、国务院《关于全面深化新时代教师队伍建设改革的意见》指出"加强中小学校长队伍建设，努力造就一支政治过硬、品德高尚、业务精湛、治校有方的校长队伍。面向全体中小学校长，加大培训力度，提升校长办学治校能力，打造高品质学校。实施校长国培计划，重点开展乡村中小学骨干校长培训和名校长研修。支持教师和校长大胆探索，创新教育思想、教育模式、教育方法，形成教学特色和办学风格，营造教育家脱颖而出的制度环境"。"高品质""高质量"逐渐成为我国新时代中小学校长培训工作的风向标。2022 年，教育部等联合颁布的《新时代基础教育强师计划》，是"兴国强教必先强师"的国家举措，也是高质量发展新阶段筑基础教育之基、提师资队伍之质的专业行动。该计划围绕"筑基提质、补短扶弱、做优建强、全面提高教师培养培训质量"等核心要素，系统部署了 15 项具体措施。其中第 8 项"深化精准培训改革"，着力聚焦职后培训，促进教师整体素质能力提升与专业化发展。因此，针对区域发展现状，建立与教育改革和推进素质教育要求相适应的中学校长培训体制、机制，优化培训思路、提升培训质量、完善培训评估，充分提升校长专业素养，发挥校长的办学主动性和创造性，是我国教育高质量发展人才培养的需要。

新时代的校长培训工作要深刻把握教育高质量发展阶段的新要求，坚持示范引领与整体提升结合，为基础教育改革发展培养高端引领人才。历年来，我国从国家到学校各个级别，从临时到长期各个跨度，从校长专业到校长管理生活的各个领域，开办了各级各类的校长培训项目，拓宽校长作为专业领导者的视野，提高校长的素质水平，增加校长自主发展的空间，促进校长终身学习，在促进校长专业队伍建设上，取得了卓越的成效。但是新时期教育高质量发展阶段体现了时代对教育发展的新要求，什么才是"高质量"的校长培训？原来的校长培训的成效究竟如何？新时期的"精准培训"从理念与实践层面应如何设计和实施？校长培训项目的布局、具体项目的设计、课程内容的创新、教学实效性的增强、培训资源的生成、训后跟踪的成效都是新时期校长队伍建设所呼唤的高质量的校长培训的必由之路。

（三）优化海南省校长培训供给是促进国际自由贸易港建设的有效举措

2018 年 4 月，习近平总书记在出席庆祝海南建省办经济特区 30 周年大会并发表重要讲话时明确指出，"党中央决定支持海南全岛建设自由贸易试验区，支持海南逐步探索、稳步推进中国特色自由贸易港建设"。[1]四年后，2022 年 4 月，习近平总书记再次来到海南，先后到三亚、五指山、儋州等地，深入科研单位、国家公园、黎族村寨、港口码头等进行调研后强调："……解放思想、开拓创新，团结奋斗、攻坚克难，加快建设具有世界影响力的中国

---

〔1〕 "习近平出席庆祝海南建省办经济特区 30 周年大会并发表重要讲话"，载 https://www.gov.cn/xinwen/2018-04/13/content_5282295.htm，最后访问日期：2022 年 11 月 5 日。

特色自由贸易港，让海南成为新时代中国改革开放的示范……"[1]海南全面深化改革开放、海南自由贸易港建设离不开"高水平的国际化人才培养"。海南教育事业的腾飞离不开基础教育奠定的坚实基础。海南省中学校长队伍作为海南自由贸易港建设的中坚力量，作为海南基础教育优质发展的重要基石，其专业化队伍建设的重要性不言而喻，要全面加强海南省中学校长培训，打造党和人民满意、适应中国特色海南自由贸易港建设需要的高素质专业化基础教育校长队伍，为加快推进教育现代化贡献力量。

　　"十四五"时期，海南教育事业发展面临着新的机遇和挑战，校长队伍能力素质有待提升。校长队伍专业化程度不高，主动谋划提升学校发展的能力不足，管理理念、政策水平、业务能力和安全意识等有待改进。校长国际教育素养亟待提升，推广中国文化、讲好中国故事的能力不足，风险防控意识较弱，难以满足海南自贸港建设对高质量教育的需要。校长的思想政治素质、职业道德水平、改革创新意识、教育管理水平等方面与海南自贸港建设对校长队伍的要求尚有差距。新时期的海南省校长培训工作要全面贯彻党的二十大和二十届一中全会精神，贯彻落实习近平总书记关于教育重要论述精神和全国教育大会精神、习近平总书记在庆祝海南建省办经济特区 30 周年大会的重要讲话，增强"四个意识"、坚定"四个自信"、做到"两个维护"，全面贯彻党的教育方针，坚持社会主义办学方向，落实立德树人根本任务，立足新发展阶段、贯彻新发展理念、构建新发展格局，遵循校长成长发展规律，以《义务教育学校校长专业标准》《义务教育学校管理标准》为依据深化改革，加深对"五项管理""双减政策"内容及内涵的理解，明确新时代背景下学校办学方向，推进教育治理体系和治理能力现代化，畅通校长专业发展通道，努力打造一批办学思想先进、办学特色鲜明、教育教学质量高的示范学校，培养一批具有较高知名度的教育家型校长。

第二节　校长专业发展

　　随着社会的发展，人民对教育的期望值也越来越高，对高质量学校办学

---

[1]　"解放思想开拓创新团结奋斗攻坚克难 加快建设具有世界影响力的中国特色自由贸易港"，载《人民日报》2022 年 4 月 14 日。

的呼声也越来越多。2021 年，国际经济合作组织（OECD）在《对标中国教育体系的表现：OECD 中国教育质量报告》中指出："通过继续提升学校领导者的管理水平，可以进一步加强中国教育治理的积极作用。"[1]高质量的学校发展不仅在于高质量的办学成果，还在于其不断、有效发展的过程。校长的专业化发展是高质量学校发展的前提和关键，是实现高质量办学的主导力量，也是现代中小学校长成长和成功的必由之路。在新时期深化基础教育课程改革，落实"双减""双新"的大背景下，校长培训研究要扎根教育实践、积极作为、不断回应新时期校长专业发展的新需求，以专业赋能基础教育高质量发展。

一、校长专业发展的内涵

对校长专业发展内涵的探讨，离不开对专业化、校长专业化、专业发展等相关概念的梳理，笔者将按照"专业化—专业标准—校长专业发展"的逻辑理路来分析校长专业发展的内涵实质。

（一）专业化

它是一个社会学概念，最早源于产业部门，意指产业部门中根据产品生产的不同过程而分成的各业务部分，这个过程就是专业化。随后，"专业化"延伸到管理领域，指"一个普通的职业群体经过不断发展达到专业标准，成为一种专门职业并获得较高的专业地位的过程"。[2]因此"专业化"的过程也是某一职业从非专业性、半专业性变为专业性职业的过程，只有达到和符合专业的标准，才能称得上专业。所以从这个角度来说，专业化与专业标准的形成密切相关。

（二）校长专业化

校长专业化包括校长职业群体的专业化和校长个体的专业化。校长群体专业化是指校长这一职业由准专业阶段向专业阶段不断发展，逐渐在整个职业层面达到校长专业标准的要求，让"校长"成为专门性职业并获得相应的

---

〔1〕 经济合作与发展组织编：《对标中国教育体系的表现：OECD 中国教育质量报告》，侯浩翔等译，上海教育出版社 2021 年版，第 12 页。

〔2〕 杨天平、孙孝花："校长：专业化教育者和职业化领导者的统一体"，载《教育理论与实践》2004 年第 12 期，第 19~23 页。

专业地位的动态过程。校长个体的专业化是指校长自身的专业发展，校长需要紧跟现代校长专业化发展的新理念，增强专业发展的主体意识，掌握校长专业化的内涵，明确专业发展的实现路径与行动策略，自觉走上持续专业发展之路。校长职业群体的专业化依赖于校长个体的专业发展，后者是前者的基础，没有校长个体的专业化即校长的专业发展，要实现校长群体的专业化是不可能的。校长专业化是我国教育改革发展新形势下对校长队伍建设提出的时代要求，校长专业化课程要促进校长教育思想、理论素养和实践创新能力的全面提升，促进办学思想和办学特色的凝练，培养基础教育领军人才核心团队，促进基础教育办学高质量发展。

（三）校长专业发展

专业发展是指一个职业经过一段时间后不断成熟，逐渐符合专业标准，成为专门职业并获得相应的专业地位的动态过程。[1]从广义上讲，专业标准包括专业知识、能力，专业自主，以及要经过长期的专业训练和形成成熟的专业组织等。从狭义上讲，它与所说的应具备的能力等概念是一致的。校长专业发展体现为校长专业素质结构处在一个不断更新、发展、丰富的过程，[2]是个体化角度的校长专业化。有的学者认为校长专业发展包含专业知识、专业能力、专业精神三个维度，通过一系列培养以及实践使校长逐步符合领导者、教育者、管理者三个角色的专业要求。[3]因此，从本质上说，校长专业发展是校长个体职业道德、专业知识、专业能力等方面不断积累且持续改进的过程。校长要成为一名合格且成熟的专业化校长，需要通过不断的学习与探究来拓展其专业内涵，提高专业水平，从而达到专业成熟的境界。

二、校长专业标准的阐释

（一）校长专业标准的内涵

校长专业标准是对校长素质标准的统一规定，指校长的专业知识、专业能力、专业精神等内在结构通过不断更新、完善，最终所要达到程度的规定

〔1〕　于川、霍国强："教师视域下校长专业发展的困境及其解决——基于校长专业标准的调查分析"，载《中小学校长》2022 年第 2 期，第 58~61 页。

〔2〕　褚宏启、杨海燕："校长专业化及其制度保障"，载《教育理论与实践》2002 年第 11 期，第 20~26 页。

〔3〕　赵月娥："中小学校长专业化培训课程设置研究"，西南大学 2009 年硕士学位论文。

性，是衡量目前处于准专业阶段的校长职业是否达到专业阶段的尺度。[1]制定校长专业标准是一个职业发展到规范化、成熟化的标志和尺度，也是衡量职业是否发展成熟的重要指标之一。

1. 中学校长专业标准制定的国内外发展情况

校长专业标准是对校长职业素养与办学行为的基本要求，是校长胜任力的外在表现，也是校长选拔、培训、考核和评价的重要依据。世界各国对校长专业标准的研究非常重视，不断修订和完善自己的校长专业标准，多年来不断更新，纷纷出台校长专业标准的升级版。

（1）我国中学校长专业标准的颁布实施。

2013 年 2 月，我国颁布了《义务教育学校校长专业标准》（详见附录一），为我国校长的专业成长、素质评价、外部监督提供了具体的指标框架。正式对校长这一职业提出了专业化的要求，并在制度层面保证校长这一职业成为专业性的职业。《义务教育学校校长专业标准》由基本理念、基本内容、实施要求三大部分组成，提出中小学校长应该具有"以德为先、育人为本、引领发展、能力为重、终身学习"五大基本理念，从校长的道德使命、办学宗旨、角色定位以及专业发展的实践导向和能力的持续提升等方面提出了明确的要求。同时提出了校长的六项专业职责：规划学校发展、营造育人文化、领导课程教学、引领教师成长、优化内部管理、调适外部环境。2015 年 1 月 10 日，《普通高中校长专业标准》（详见附录二）也正式颁发，《普通高中校长专业标准》也从"以德为先、育人为本、引领发展、能力为重、终身学习"五大基本理念，"专业理解与认识、专业知识与方法、专业能力与行为"三大维度提出了对高中校长的专业要求。

《义务教育学校校长专业标准》实施要求阐明了标准的适用性及使用者（包括各级教育行政部门、校长培训机构、校长）对标准的使用方式，强调校长对学校的"价值领导、教学领导和组织领导"，也体现了以教育家办学为导向的教育改革要求，获得了教育界的广泛认同。《义务教育学校校长专业标准》《普通高中校长专业标准》可以说为我国中学校长专业化发展提供了一把测量的"标尺"，给中学校长培训提供了科学合理的框架，厘清了校长培训的

---

[1] 李春玲、肖远军："中国与欧美国家中小学校长专业标准的比较分析"，载《教师教育研究》2020 年第 5 期，第 110~114 页。

课程理念，充实了校长培训的课程内容，是进行校长培训、评价的主要依据，为校长培训指明了专业道路。

（2）美国中学校长专业标准的制定情况。

美国对于校长专业标准的制定要早于我国。美国州际学校领导认证协会于1996年发布的面向20世纪的《学校领导标准》，是世界上最早的校长专业标准。随后于2008年颁布《教育领导政策标准》，现行的是2015年美国州首席学校官委员会（CCSSO）和国家教育行政政策委员会（NPBEA）发布第三个校长专业标准——《教育领导者专业标准》。2015年《教育领导者专业标准》从校长工作性质、工作范围以及工作价值等方面分析了教育领导者对学生学习的深刻影响，并形成了一个由①核心价值观与愿景、使命；②校长个体的道德与专业规范；③公平与文化回应；④课程、教学与评估；⑤关心和支持学生的社区；⑥学校人员的专业能力；⑦教师和其他工作人员的专业社区；⑧家庭与社区的有意义参与；⑨运营与管理；⑩学校改进动态10大维度，82条详细指标（详见附录三）相互支撑的标准体系。[1]美国《教育领导者专业标准》以促进"每个学生的学业成功和人生幸福"为核心目标。同时《教育领导者专业标准》基于当前的研究和校长的现实生活经验，阐明了校长领导力的基本构成，侧重校长领导工作与学生学习的关系；更加强调校长调动一切内、外部资源，为学生学习进步创设一个充满关怀与支持性的环境等，从而指导教育领导者的实践，以便能够推动学生的学习进步以及教育公平。最终确保教育领导者准备好应对当今和未来教育、学校和社会不断变革的工作挑战。且在《教育领导者专业标准》的应用上，美国各州要求以《教育领导者专业标准》以及教育领域中的相关政策，对校长培养项目进行审批与认证，明确培养项目必须实现的培养项目标准要求。客观上说，这些培养项目认证标准的维度以及核心内容都符合上述所提到的校长专业标准在设计、开发、评价、认证校长培养项目等方面发挥作用，有一定的借鉴意义。

（3）英国《国家卓越校长专业标准》制定情况。

英国政府很早就认识到一名优秀的校长对提高中小学校教育教学质量的重要性，虽然教育行政体制实行地方分权，但英国政府一直注重用国家规范

---

[1]　RESTON V., "National Policy Board for Educational Administration. Professional Standards for Educational Leaders", *American Association of colleges of teacher education*, 3（2015），207.

指引校长队伍成长，同时逐步形成了系统的国家校长专业标准和完善的校长专业发展体系。2015 年，英国发布《国家卓越校长专业标准》（National standards of Excellence for head teachers），替代了 2004 年的《国家校长标准》。《国家卓越校长专业标准》[1]确定了成功领导者所必须具备的知识和专业素质以及所应采取的行为，旨在通过标准促进校长自身实践和专业发展、提供评估校长的维度与指标、校长聘任和任命、为有志担任校长的中高级领导提供框架。2015 年英国《国家卓越校长专业标准》主要把校长专业标准划分为四大领域：素质和知识、学生和教职员工、制度和过程、自我完善的学校系统，26 个关键特征（详见附录四），这四大方面也代表了校长所需要承担的角色。2020 年，英国出台了《校长标准》，制定了包含学校文化、教学、课程和评估、行为、额外和特殊教育需求、专业发展、组织管理、学校改善、合作工作、治理和问责制在内的 10 项校长标准（详见附录五）。[2]新标准更注重校长专业标准与教师专业标准之间的联系，前 6 项标准建立在教师标准的基础上，而其他 4 项标准侧重校长的具体领导职责。

总体而言，校长专业标准的制定、实施是提升校长专业发展的有力途径，为校长专业化发展指明了方向。但一方面，各国的校长专业标准，都是基于本国的实际发展情况而制定的，需要辩证地借鉴；另一方面，各国的专业标准都是发展性的，其内容不是僵化的，最为重要的是通过实际办学、教育教学检验标准的适用度，不断为校长队伍建设和校长管理制度改革提供驱动力。

三、校长专业发展的特点

校长的专业发展主要可以分为两个层次：一是广泛意义上校长作为人的发展；二是校长作为从事学校领导这一特殊职业的专业人员的发展。校长专业发展主要是指校长作为"学校校长"这一"专业角色"的发展。如前所述，校长专业发展是校长内在专业知识体系、管理理念、态度行为不断更新、演进和丰富的过程，因此，校长的专业发展是校长的自主发展、持续发展和

---

〔1〕 "National standards of excellence for headteachers"，载 https://dera. ioe. ac. uk/21834/1/National_Standards_ of_ Excellence_ for_ Headteachers. pdf，最后访问日期：2022 年 11 月 10 日。

〔2〕 "Headteachers' standards 2020"，载 https://www.gov.uk/government/publications/national－standards-of-excellence-for-headteachers/headteachers-standards-2020，最后访问日期：2022 年 11 月 1 日。

终身学习的过程。归根结底，校长专业发展是校长职业生命的内在生成和自我完善的过程。在这个过程中，具体呈现出情境性、自主性、阶段性、智慧性、反思性等特点。

（一）情境性

情境是指在一定时间内各种情况的相对的或结合的境况。学校管理情境是学校管理必须考量的重要因素。校长的学校管理行为是校长办学思想在一定场域中的呈现，在一定情境下发生，是特定时空条件下呈现出来的一种工作状态，伴随着情境的变化而变化。因此，校长的专业发展往往就在这种不断变化的情境中，不断发展，体现出明显的"情境性"特征。情境的变化，让校长的专业发展不能"复制"，充满变化和富有创造的实践情境对校长的持续专业发展有良好的促进作用，可以最大限度刺激校长的专业成长，帮助校长利用已有知识与经验洞悉和解决学校管理问题。

（二）自主性

伴随着社会经济的不断发展变化，学校管理每天都在面临各种各样的新课题和新问题，这就需要校长不断学习且善于学习，促进自身的发展，适应社会的进步。校长的专业发展是一个以校长为能动性主体的专业成长过程，是指校长在学校教育管理及其相关的活动中，其先进知识、管理智慧、办学经验和行为态度等方面不断发生积极变化的过程。因此，在发展过程中校长需要明确自己的年度发展目标，清晰自己的专业发展路径与举措，通过自我现状评估、发展环境认识、个人发展目标、个人规划及实现设想、结果考量等方式主动将自身专业发展与学校发展规划进行有机结合。

（三）阶段性

校长专业发展是一个长期的、连续的、动态的、终身的过程，具有阶段性、递进性。自校长成为"校长"以来，一个学校校长的专业发展经历了新手阶段、胜任阶段、能手阶段、专家阶段这四个阶段。新手校长是指新任职或拟任职的校长。因个人发展背景以及各个地域、学校情况的不同，经历这一阶段的具体时间长短因人而异。伴随着教育教学管理经验的不断提升，经过一定的调整和适应期后，校长会逐渐掌握管理经验、方式和方法，这个时候新手校长就进入了胜任阶段。而后伴随着校长专业的成长以及管理经验的丰富，会逐渐凝练出办学经验与办学思想，形成办学成绩与口碑，校长由经验型逐渐转化为能手型。教育家型的校长指对教育进行更深层次的思考，作出更为理性、更为系统、更为深刻的分析与论证，从而形成自己的教育思想的校长，也是我国校长培养的发展目标。

（四）智慧性

校长的学校教育教学领导实践需要面临诸多不确定的、模糊的、突发的、负担生命发展的不可控因素，如何处理这些因素所造成的现实问题，在复杂微妙的管理情境中迅速、自信、恰当地作出选择和行动，无一不体现着校长的管理智慧。在校长专业发展的路径中，所体现出的智慧性不容忽视。校长的管理智慧来源于其专业发展道路上不断提升的综合管理素质；来源于校长对教育事业的情怀；来源于个人成长中的学习和感悟；来源于教育管理实践行动中的不断创新；来源于学校中每一名师生的相互成就；来源于对教育真谛的不断探寻。校长智慧的充分展示促进了自身的专业发展。

（五）反思性

反思是校长对自己实践经历和形成经历的条件和背景的回想和省思。反思是推进校长专业发展富有能动性、创新性的核心因素。"思"在校长专业发展中的作用尤为重要。"一个好校长代表着一个好学校"，"好校长"的形成需要"思"的过程。需要校长从具体管理过程入手，基于管理事实建构发展问题、寻找解决路径、生成管理理论、完善管理行为。"反思"这一过程的不断循环，将促进校长不断改进自己的办学思路、办学行为，最终成为成功的校长。因此，校长的反思贯穿专业发展活动的始终。校长的反思不仅仅局限于校长的个人自我反思活动，还可以通过构建"校长工作室""校长工作坊"等形式，搭建校长专业发展共同体，促进群体协作反思的生成，最终更有效地促进校长专业发展。

第三节 校长培训：实现校长专业发展的有效路径

校长专业发展从个人角度看，是职业成长中有意识的、持续的个人追求之路；从社会角度看，它是系统建设应对新社会变革的教育领导力的关键机制。威廉·福斯特曾说，归根结底，领导力就是人类在寻求更完美结合的过程中相互深入联系的能力。领导力是一项具有共识的任务，是一种理念贡献与责任分担，这里的"领导者"只是暂时的领导者，他所发挥的作用必须得到其追随者的认可，领导力存在于群体努力寻求自身意义的过程中。因此，培养校长是一项历史性的、系统性的事业。而校长领导力的形成、校长专业化的发展需要借助相应专业化的校长培训来实现。

一、校长的专业发展过程是教育理论与管理实践紧密结合的过程

康德曾言："感性无知性则盲，知性无感性则空。"校长的专业发展必然是在教育理论的指导下的一种人为的建构过程，不可能完全基于管理实践中的经验总结。正如尤吉·贝拉所言："理论上，理论和实践没有差别；在实践中，却有。"教育实践不只是维护、传承教育价值，更重要的是能增进或创造教育价值。脱离理论指引的校长专业发展实践，容易偏离正确方向。同样，脱离在实践过程中践行与反思的校长专业发展理论，也将沦为纸上谈兵。校长专业发展理论、教育管理理论究竟能否起作用，起多大作用与校长自身主观能动性的发挥密切相关。因此，在实际生活中，教育家型的校长往往会结合自己对教育理论、教育管理、教育思想的深刻理解进行教育教学管理实践探索，形成自己有价值的办学思想，再将思想付诸教育管理实践、改造实践，这是一个循环往复、生生不息的过程。

二、校长的专业发展过程是不断地吸纳、继承与创新的综合过程

教育教学改革的过程必然是摸索的、渐进的，改革的实践总是具体的。校长专业发展要服务于校长教育教学管理实践，就必须基于教育教学管理实践探索，不断创新。这是一个涉及反省、质疑与批判，吸纳、继承和创新的过程，引领学校、教师与学生不断向前发展。校长专业化成长要求校长要随着社会经济发展的要求，教育革新的步调，不断转变教育观念，破除落后、滞后的管理意识，不断学习国内外先进的教育思想，各名校、兄弟院校先进的办学理念，带领学校走向先进办学、科学办学以及现代化教育管理。同时，在专业化的过程中，校长要进行反思，注重归因，系统总结、提炼自己的实践经验，提升到理论的高度，形成自己的教育思想和办学特色。

三、校长的专业发展过程需要基于校长生存状态提供机制保障

对校长专业发展的实质以及成长路径分析，制定并实施与校长专业发展相关的标准和制度是确保校长专业发展的重要条件，可以为校长专业发展提供正确导向和有力保障。本章已经分析过校长专业标准是对校长素质标准的

统一规定，指校长的专业知识、专业能力、专业精神等内在结构通过不断更新、完善，最终所要达到程度的规定性，是衡量目前处于准专业阶段的校长职业是否达到专业阶段的尺度，也是衡量校长个体专业化程度的尺度。我国现行的《义务教育学校校长专业标准》《普通高中校长专业标准》为校长的培养、发展、管理提供了质量保障。同时，需要注意的是任何制度标准的有效落实，必须落脚到发展者本人的生活、工作现实。"校长"这一职业是一个有着较高的社会期望及工作压力的职业，[1]不少校长的职业倦怠感较为严重，[2]远远高于普通教师，职业倦怠会使校长精神疲惫，对自己积极评价减少，对职业发展产生消极、疏远的态度。因此，对校长专业发展的引导需要加大对校长生存现状的关注与行动支持。

四、校长的专业发展过程是集个人学习与培训引导于一体的过程

校长的专业发展是一个能动自觉的过程，但这并不意味着校长的专业发展只是一个自我学习、自我发展的过程。校长的专业发展需要外部的有效引导。国际经济合作组织（OECD）经调查后提出，能够对一支优秀的教师队伍起到促进作用的大部分因素，在中国均已存在。在中国，教师在整个职业生涯中都有机会获得定期和相关的专业发展培训，从而帮助他们获得克服新挑战所需的技能。[3]校长培训对校长专业发展有着明显的促进作用。明确校长的核心职能，制定培训策略，倡导校长专业化，是我国自 20 世纪 90 年代起教育发展领域的一项重大改革举措。从校长培训发展的性质或状态来看，校长培训不同于一般学校知识和技能的教学，也不同于社会其他行业的培训取向和行为，而是提高校长素质和能力、改进学校教育和管理工作、促进学校发展的教育训练和支持性服务。因此，需要不断关注校长培训专业化的发展。

综上所述，校长作为一所学校的管理核心需要较高的专业素质水平。对

〔1〕 叶宝娟等："职业韧性对农村小学校长职业倦怠的影响：胜任力和工作满意度的链式中介作用"，载《中国临床心理学杂志》2017 年第 3 期，第 520~523 页。

〔2〕 姚计海、刘丽华："中小学校长心理授权与工作倦怠的关系研究"，载《心理发展与教育》2011 年第 5 期，第 529~535 页。

〔3〕 经济合作与发展组织编：《对标中国教育体系的表现：OECD 中国教育质量报告》，侯浩翔等译，上海教育出版社 2021 年版，第 3 页。

校长来说，实现规范办学、特色办学、高质量办学，在此过程中实现个人的专业发展，是教育领域、各级教育管理机构、培训机构以及校长自身必须深入思考且不断践行的富有挑战性的工作。我国进行大范围的校长培训已有 30 多年的时间，极大地提高了我国校长队伍的整体素质。在实际培训中构建以促进校长专业发展为主线，以提升培训质量为核心，以创新培训机制为动力的校长培训对于推动中小学教育改革和发展至关重要。因此，本书着力从中国校长培训的 30 多年历程回顾切入，以海南省中学校长各级各类培训项目实施情况的历时性研究为基础，拟探求解决以下几个核心问题：

（一）梳理我国中学校长培训工作发展阶段历程

自 1989 年国家教育委员会颁布的我国第一个系统的校长培训规划——《关于加强全国中小学校长培训工作的意见》起，我国中学校长成体系、成系统的培训工作持续至今已有 30 余年的历史。在此期间，在国家政策的引领下，我国中学校长培训历经了"任职资格培训""提高培训""骨干研修""高级研修"以及"卓越校长领航工程"等阶段，基本为中学校长构建了一条系列化的、层层递进的专业化成长路径。多年来为我国中学校长队伍建设以及中学校长个人职业发展起到了引领与促进作用。但随着时代的发展，国家与社会对于校长各方面素质的要求正在逐步提高，已经由最初的校长基本任职素质导向转变为现如今倡导的教育家办学素质、专家型校长素质导向。中学校长培训的理念也需要随着时代的发展不断更新，中学校长培训的制度、方法、课程皆需因此不断完善。基于此，只有适时地对中学校长培训 30 多年来的发展情况进行整理分析，才能更加明确地了解中学校长培训工作在此期间的发展路径、取得的成效以及存在的问题，才能更好地为我国的中学校长培训工作"把好脉、开好方"。

（二）回顾海南省中学校长各级各类项目的实施情况

三十年来，海南省中学校长培训经历了一系列历时性变迁，项目设置也几经调整。在教育部、海南省教育厅的规划指导下开展了中学校长任职资格培训、中学校长提高培训、农村中学校长能力助推培训、省级骨干校长培训、卓越校长工作室等各级各类培训项目。发展至今，海南省中学校长培训在项目设置的宏观角度上存在哪些变化？造成此种变化的历史原因为何？梯度构架如何？在培训目标的设置、课程维度的构建、授课教师的选择、培训对象的结构等方面的历时性有无变化？变化究竟如何？笔者将按照时间顺序，重点以中学校长任职资格培训、中学校长提高培训、骨干校长培训、卓越校长工作室建设这四个明显代表校长专业成长路径的阶段性培训项目 30 多年来的相关政策、培训环节、培训内容进行具体回顾，详尽分析此类项目在 30 多年间培训目标的设置、课程维度的构建、授课教师的选择、培训对象的结构等方面有无变化，变化为何？由此窥探宏观层面下海南省中学校长培训的现状、问题以及可为空间。

（三）分析海南省中学校长生存现状与现实需求

习近平总书记在出席庆祝海南建省办经济特区 30 周年大会并发表重要讲话时明确指出："……党中央决定支持海南全岛建设自由贸易试验区，支持海南逐步探索、稳步推进中国特色自由贸易港建设……"为海南自由贸易港建设培养"高水平的国际化人才"，是校长的责任与使命，是校长培训工作的初心与担当。因此，本书着力回答两个问题：一是时代要求需要做什么、培训什么——（1）"海南全岛建设自由贸易试验区""稳步推进中国特色自由贸易港建设"的时代背景下，校长专业发展需求会发生哪些变化？（2）新时代信息技术环境日益更新，智能化教学方式已经被大量引入学校，此种时代背景下，校长培训内容是否可以做到同步更新？二是校长需要做什么、培训什么——在长期的培训中，发现近几年的受训校长结构有所变化，培训需求有所调整，在"海南全岛建设自由贸易试验区""稳步推进中国特色自由贸易港建设"的时代背景下，大量高级人才、骨干校长被引进海南省中学教育体制，对于这一群体，针对性的培训工作应该做何调整？

正确认识新时代的校长培训工作，既是校长队伍建设的基础，也是对新形势下时代对校长培训工作提出的新要求。新时代的校长培训工作要深刻把握教育高质量发展阶段的新要求，正视校长日益增长的多元化培训需求与校长培训不平衡不充分的发展之间的矛盾。要对此精准把握、深刻认识，坚持示范引领与整体提升相结合，为基础教育改革发展培养高端引领人才，为我国教育均衡发展、乡村振兴提供坚实的人力资源保障。

第二章

我国中学校长培训工作发展阶段历程与追溯

　　我国的校长培训工作起步较晚，新中国成立后的很长一段时间我国的中小学校长培训并未形成专门化的培训制度。直至1989年，国家教育委员会颁布《关于加强全国中小学校长培训工作的意见》，我国中学校长培训工作才踏入正式发展阶段。一般来说，我国中学校长的培训大致可以划分为五个阶段：萌芽阶段（1966年之前），现代学校的建立与逐步完善让校长的角色渐渐趋于明确，校长负责制雏形初具。恢复阶段（1977年—1988年），中学教育干部的培训从"大跃进""文化大革命"的影响中慢慢恢复起来。全国各地自行对上岗后的校长进行培训。规范阶段（1989年—2000年），逐渐明确了校长岗位培训的实施框架，最终提出了"岗位培训、提高培训、高级研修"三层培训主张。"八五"时期更多关注校长任职培训，"九五"时期更多关注校长提高培训。我国的中学校长培训由最初的无序、停滞正式走向了规范化、制度化。巩固阶段（2001年—2010年），校长培训的效果指向与具体教育改革的目标紧密相连，校长培训被视为成功实施素质教育的重要保障。深化阶段（2011年至今），"高品质""高质量"逐渐成为我国新时代中小学校长培训工作的风向标。新时代的校长培训工作要深刻把握教育高质量发展阶段的新要求，坚持示范引领与整体提升相结合，为基础教育改革发展培养高端引领人才，为乡村振兴和中西部欠发达地区农村教育改革发展提供坚强师资支撑。

第一节　萌芽阶段的中学校长培训（1966年前）

　　追溯中学校长培训的历史，不可避免地需要对"校长"角色的诞生进行相应的梳理。"校长"职业的形成在我国经历了一段漫长的发展时期。我国"校长"职业的萌芽虽然可以追溯到夏商时期，但就"校长"作为专门称谓来看，直到清朝末期以京师同文馆为代表的新式学堂出现，才有了现代意义上的"校长"职业的雏形。1902 年，壬寅学制——《钦定学堂章程》规定，"中学堂应设总理一员，以主持全学教育，统辖一切事宜"。这里的"总理"就可以理解为"校长"的角色，但相对而言更偏近于"首席教师"。随后，1904 年，癸卯学制——《奏定学堂章程》规定，"大小学堂，理原一贯，惟各学堂各有取义……学堂所重不仅在教员，尤在有管理学堂之人。必须有明于教捷法，管理法者，实心从事其间，未办者方易开办，已办者方能得法；否则成效难期，且滋流弊"。并任中学堂校长为"监督"。"监督"既是学堂的负责人，也是学堂的教员。具体工作包括教学管理、教师管理、学生管理和政务后勤等方面。

民国时期，"校长"这一称谓正式产生。1912 年初，民国政府颁布《普通教育暂行办法》，"规定所有学堂一律改为学校，监督或堂长一律改为校长"。1912 年 12 月颁布的《中学校令施行规则》规定，省立中学的校长由省行政长官任用，县立中学由县知事呈请省行政长官任用，私立中学由设立人任用并呈报省行政长官。[1]可以看出，《中学校令施行规则》对校长的任职条件、奖惩等作出了规定，这是我国校长制度的初步建构，也是我国中小学校长制度正式诞生的标志和起点。1932 年，当时《中学法》规定，"中学设校长一人，综理校务并担任教学，其时间不得少于专任教员教学时间最低限度的二分之一"。《中学法》还对普通公立学校校长的任用作出了统一的规定，一律采用"委任制"。在此基础上，1942 年，《中等学校教务处理办法大纲》进一步明确指出："中等学校校长，领导员生，综理校务，必须刻苦淬砺，以身作则。"该大纲还明确规定了中学校长所需承担的规划校务改进与发展、厘定及审核各项章则、聘请或遴选各科教员、调阅学生各科作业簿以及试卷、办理对外联络事宜等 14 项主要工作。1942 年 11 月，《奖励中等学校教员休假进修办法》提出，连续服务满 9 年，成绩突出的教师可申请休假进修一年。由上可见，这一阶段，现代校长队伍从无到有，校长管理制度初具雏形。首先，中学校长必须具备一定的教育教学经验或行政工作经验，是学校的行政负责人，主要负责校内行政、教学督导、对外联络等方面的工作。这样的素质要求也逐步产生了培训等各种各样的需求。但校长并没有以专业化的角色

---

〔1〕 于述胜：《中国教育制度通史》（第 7 卷），山东教育出版社 2000 年版，第 22~23 页。

出现，仅以教员的身份享受一定的培训进修机会。

新中国成立以后，我国中学实行过多种领导体制。1949 年至 1956 年社会主义过渡时期，我国教育亟需完成由半殖民地半封建社会教育制度向社会主义社会教育制度的转变。如何对待旧教育、旧社会，如何"先破后立"找到适合新中国的教育方针、制度、方法成为当时教育界面临的重要问题。为此，我国主要借鉴了苏联教育经验，形成了高度集中统一的教育行政管理体制。中等、初等学校均为公办学校，校长是体制内人员，教育工作适应社会的要求，强调教育管理工作的集中与统一。1952 年《中学暂行规程（草案）》第 29 条规定，"中学采校长责任制，设校长一人，负责领导全校工作"。校长由各级人民政府任命，严格按照上级的要求进行学校管理，很少具有机动性。在校长的选拔方面，并没有明确的学历、教学经验、行政工作经验等要求。大部分校长对行政工作具有丰富的经验而对教育教学工作经验尚缺。1954 年 6 月政务院发布的《关于改进和发展中学教育的指示》规定，各级教育行政领导机关必须进一步加强对中学的领导。"对学校领导干部，除在经常工作中通过检查工作、总结工作以及校长会议等方式予以提高外，各地应有计划地采取分批轮训的办法，提高他们的政治与业务水平。"1955 年，教育部在北京创立教育行政学院，每年举行一期为期一年的教育管理人员培训工作。1955 年至 1960 年，教育行政学院共举办了四期培训班，培训了高级中学、完全中学、师范学校、工农速成中学的正副校长和教导主任等共 2051 人。可见，当时的分批轮训工作基本以提高教育管理人员的岗位胜任能力为目标，使得教育管理人员的素质有了初步阶段性的提高，但专门只针对校长的培训工作尚处萌芽阶段。

1957 年至 1966 年，我国经过社会主义改造开始进入社会主义探索时期，教育管理也随之发生变化。1957 年 2 月 27 日，毛泽东在最高国务会议第十一次（扩大）会议上的讲话中提出："我们的教育方针，应该使受教育者在德育、智育、体育几方面都得到发展，成为有社会主义觉悟的有文化的劳动者。"这就将马克思主义关于人的全面发展学说引入社会主义教育方针中，为后来的教育制度的变化带来了深刻的影响。1963 年，中共中央颁布《全日制中学暂行工作条例（草案）》，明确指出：全日制中学实行党支部领导下的校长分工负责制。学校的一切重大问题必须经过党支部讨论决定。校长是学校行政负责人，要贯彻执行党的教育方针，执行上级党委、教育行政部门和党支部的决议，负责领导和组织学校的教学工作和进行思想政治教育工作；领导、组织教职工的政治、文化、业务学习和师生学工、学农、学军；办好校办工厂、农场；管理教师、学生、职工的生活，注意保护他们的健康，管理学校的校舍、设备和经费，努力改善教学条件。这一时期由校长负责制转变为党支部领导下的校长负责制。但是，由于对于党政权限范围界定不清，造成了一些乱象。随后，1958 年至 1960 年，我国经济建设掀起了以高指标为主要标志的"大跃进"运动，这一运动很快波及了教育领域，并引发了一场"教育大革命"，"教育大革命"批判"三中心"（教师中心、课堂中心、书本中心），主张用社会"大课堂"（田间、地头和工厂车间）代替学校"小课堂"，以"大跃进"的精神来加快教育进度和发展速度。全国各地中小学兴起大量缩短学制、精简课程、增加劳动的教育改革，教育管理人员的培训亦受到强烈冲击。

可见，这一阶段是校长培训的萌芽时期。现代学校的建立与逐步完善让校长的角色渐渐趋于明确，校长负责制曾一度被采用。学校中的管理人员与教学人员得到了区别对待，建立了教育行政学院，专门对教育行政干部进行培训，教育行政干部培训强调"政治与业务并重"。但受到政治生态的影响，"文化大革命"期间我国的教育事业遭到严重打击，知识分子受到抨击，学校管理者变为贫下中农，校长培训被迫停止。

第二节　恢复阶段的中学校长培训（1977 年—1988 年）

1976 年 10 月，党中央果断调整路线，结束了长达十年的"文化大革命"，拨乱反正使国家进入新的历史发展时期。中国共产党及国家各级组织的整顿、冤假错案的平反等工作开始进行，各领域"左"的思想开始得到纠正，教育领域也随之转变，尝试建立规范的教育秩序。党的十一届三中全会后，党的政治路线、思想路线、组织路线得到了根本转变，教育部《加强教育学院建设若干问题的暂行规定》的战略地位得到凸显，教育事业得到了调整和恢复。1978 年，我国《宪法》[1]第 13 条规定："……教育必须为无产阶级政

---

〔1〕《宪法》，即《中华人民共和国宪法》。为表述方便，本书中涉及我国法律文件直接使用简称，省去"中华人民共和国"字样，全书统一，后不赘述。

治服务，同生产劳动相结合，使受教育者在德育、智育、体育几方面都得到发展，成为有社会主义觉悟的有文化的劳动者。"十一届三中全会以后，中小学再次确立了"校长负责制"的管理体制，但与1957年至1966年时期"党支部领导下的校长分工负责制"不同的是，它一方面吸取了"文化大革命"中的教训，不断加强和完善各级党委对教育工作的领导，肯定了学校的一切重大问题须经过党支部讨论决定，另一方面更强调了校长的行政职能，赋予了校长充分的权力，在很大程度上避免了党政不分、以党代政的现象。校长的办学自主权不断扩大，教育管理人员的培训也得到了恢复和迅速发展。

1979年前后，全国各地先后恢复或重建了教育学院，相继成立了教育干校或教育进修学校。同时颁布了一系列政策，促进了我国普教系统干部培训体系的构建。一是1980年，教育部先后召开教育工作会议和全国师范教育工作会议，并于当年8月发布了《关于进一步加强中小学在职教师培训工作的意见》。二是1982年2月19日，教育部制定并下发的干部培训的指导性文件——《关于加强普通教育行政干部培训工作的意见》指出：据统计，普教方面的教育行政干部，全国总数100多万人。其中未受过教育专业训练和不熟悉学校管理和教育行政管理的干部占60%……必须抓紧时机，采取有效措施，争取在三五年内，把中小学和地、市、县教育部门主要领导干部培训一遍，逐步实现干部教育的正规化、制度化，并力争在干部普遍轮训一遍基础上，建立起中小学干部定期轮流离职学习的制度。三是1982年10月21日，国务院批转的普教校长培训基地建设指导性文件——《关于加强教育学院建设若干问题的暂行规定》指出："教育学院要有计划地分期分批培训教育行政干部，提高他们的思想政治水平、教育理论水平和管理水平。培训教育行政干部，要从干部的实际情况出发，根据不同对象举办不同要求的培训班。各省、自治区、直辖市人民政府要制定培训教育行政干部规划，使干部培训工作制度化、正规化。"四是1984年3月3日，教育部发布《关于全日制普通中等学校领导班子调整工作意见》，提出从学历、思想、能力、年龄四个方面制定标准选拔中学行政领导。规定：选择学校领导班子成员，应立足于教育系统，主要从普通中学的干部和教师中选拔，各省、市、自治区教育部门，要逐步建立和完善干部的选拔、配备、考核、培训、管理等项制度。这四个文件都是应当时教育干部群体未受过教育专业训练和不熟悉学校管理和教育行政管理的情况占大比重、在职教师素质参差不齐的实际情况而制定的，教育行政干部的培训也由最初的笼统变得逐渐清晰起来，一方面在培训组织上，建立了以国家教育行政学院为典型的各级各类教育管理干部培训基地，另一方面在指导思想上，逐渐注重教育干部培训的正规化和制度化，强调定期轮训。同时，这一时期的政策文件明确了培训成绩成为任职与晋升的重要依据，使培训初步与校长任职联系起来。培训的课程内容包括政治理论、教育理论和科学管理知识。

这一阶段，中学教育干部的培训从"大跃进""文化大革命"的影响中慢慢恢复起来。教育干部培训在一定程度上帮助绝大部分中小学校长实现了从不适应学校管理工作需要到基本适应学校管理工作需要的发展，但带有明显的补偿性和基础性，培训目标十分笼统，即"提高校长思想政治水平、教育理论水平和管理水平"。但纵向来看，这一时期校长仍被当作一般教育管理干部对待，没有形成专门针对校长角色的培训课程体系。

第三节　规范阶段的中学校长培训（1989 年—2000 年）

1989 年 12 月 19 日，国家教育委员会颁发首个相对系统完整的中小学校长培训政策性文件《关于加强全国中小学校长培训工作的意见》，启动了全国"百万中小学校长培训工程"，标志着我国的现代校长培训制度开始建立，为之后我国的校长培训发展确定了基本架构。自此，我国的校长培训从教育行政管理干部培训单独剥离出来，校长培训工作由非规范化正式踏入了规范化和制度化的阶段。该意见正式提出"开展中小学校长培训工作，应以马克思主义为指导，贯彻理论联系实际的原则，并做到按需施教，学用结合，注重实效。要将干部的培训与考核、任用紧密地结合起来，逐步建立起比较完善的中小学校长培训制度""争取用 3 至 5 年时间将全国中小学校长再轮训一遍，使大多数中小学校长的政治、业务素质得到较大提高"。同时指出"开展岗位职务培训，是中小学校长培训工作的重点"。首次规范的、明确的轮训制度为提高我国中小学校长队伍的思想水平、专业水平以及教育管理能力提供了明确的目标与制度规范。

1990 年 7 月 2 日，国家教育委员会发布《关于开展中小学校长岗位培训的若干意见》，明确了"中小学校长的岗位培训，是按照岗位规范的要求，在校长现有政治、业务素质的基础上进行的。通过培训，使校长具备管理学校的一定的马克思主义理论水平、基本政治素质、专业知识和工作能力"，特别强调了中小学校长的岗位培训是"取得任职资格的定向培训"。同时为确保培训质量，明确制定《全国中小学校长岗位培训指导性教学计划（试行草案）》，要求各地举办中小学校长岗位培训班，应参照《全国中小学校长岗位培训指导性教学计划（试行草案）》进行。"中小学校长参加岗位培训，经考试、考查成绩合格，发给岗位培训合格证（或专项结业证）。岗位培训的成绩列入本人档案，是任用、考核校长的依据之一。印制和核发岗位培训合格证是严肃的工作，各省、自治区、直辖市和有关部委教育主管部门应对此作出严格规定。"[1]这一时期的"全国中小学校长岗位培训"培训时间较为弹性化。如全脱产，培训时间为三个月左右。如以业余、自学方式进行，可在一年时间内，利用每周脱产半天（或每月集中两三天）及另在寒暑假集中15天至20天学习规定的课程（可单科独进），在自修的基础上，接受约300学时的面授辅导（包括收看电视讲座）及考试、考查等。随后又颁布了《全国中小学校长岗位培训课程教学大纲》，对校长培训的课程设置、实施方式以及教学计划有了明确的指导意见。

1991年6月25日，国家教育委员会颁布《全国中小学校长任职条件和岗位要求（试行）》，对中小学校长任职的基本条件、主要职责、岗位要求作了详细的阐述，具体来说"校长任职的基本条件"包括三个方面：一是政治素质要求、业务要求和作风要求；二是学历要求、职称要求、教育教学经历要求，并应接受岗位培训，获得"岗位培训合格证书"；三是身体健康，能胜任工作。文件明确说明校长"都应接受岗位培训，并获得'岗位培训合格证书'"。因此，这一文件的发布，可以看作我国中小学校长任职资格制度的开端。同时文件要求"各地应采取有力措施，通过组织岗位培训和日常的政治业务学习及工作锻炼，使中小学校长努力达到'条件'的基本要求；同时逐步做到按'条件'选拔、任用新的校长。要充分利用'条件'，大力推进当前的岗位培训工作及校长队伍管理与建设的规范化、制度化、科学化"。进一步为校长培训工作指明了方向、阐明了方法。

1992年12月10日，中央组织部、国家教育委员会联合发布《关于加强全国中小学校长队伍建设的意见（试行）》，明确指出中小学校长队伍建设的

---

[1]　"国家教委颁发关于培训中小学校长的文件"，载《人民教育》1990年第9期，第31页。

重要性："中小学校长在发展我国社会主义教育事业中担负着重要责任。建设一支政治坚定、德才兼备、相对稳定的中小学校长队伍，是关系到我国中小学坚持社会主义办学方向，认真贯彻教育方针，培养千百万合格的社会主义事业建设者和接班人的战略任务。"要求"'八五'期间，结合当地实际，采取行之有效的方法，对全体中小学校长进行一次岗位培训。以后每五年轮训一次，形成校长培训制度"。同时该意见专门把"培训"作为一个重要部分列出，要求"加强中小学校长后备干部的培训工作。今后新任命的校长，应取得岗位培训合格证书，持证上岗""各级教育行政部门都要重视和加强中小学校长培训工作，将其列入重要议事日程，并明确培训工作管理机构；要关心和加强中小学校长培训基地的建设，为其创造良好条件，充分发挥作用。要努力进行教育教学改革，改进教学方法，提高师资水平，不断提高培训质量"。这一意见中关于中小学校长任免、培训、考核、奖惩、待遇以及校长队伍建设工作的领导等规定，虽然是初级阶段的培训规定，但初步确定了"五年轮训"制，推进了我国中小学校长培训制度建设。

1994年7月3日，国务院发布《关于〈中国教育改革和发展纲要的实施意见〉》，明确规定："要有计划地对中小学的校长、教师进行培训""为了加强对中小学教师教学工作的管理，提高校长的领导水平，要制订中小学校长岗位规范，实施'百万校长培训计划'，争取1997年左右在全国实行中小学校长持证上岗制度"。"持证上岗"的规定第一次从制度和法律上保证了中小学校长资格证书制度在全国开始实施，使得校长培训与校长管理建立了稳定的衔接制度，可以看作我国中小学校长任职资格制度的正式确立，具有深刻意义。

1995年12月28日，国家教育委员会发布《关于"九五"期间全国中小学校长培训指导意见》，指出，"继续加强中小学校长培训工作，进一步提高中小学校长的政治、业务素质和管理能力，是一项事关基础教育改革和发展全局的基础性工作，对普及九年义务教育及全面提高中小学教育质量和管理水平具有重要的战略意义"，要"从社会主义市场经济体制下教育改革与发展的需要和中小学校长队伍的实际出发，积极探索并逐步形成分层次、分类别、灵活有效的中小学校长培训新格局"，决定在"'九五'期间，要在岗位培训的基础上，继续对中小学校长进行提高性培训"，"培训的主要层次可包括：新上岗校长的岗位培训；已接受过岗位培训校长的提高培训；起示范作用学校校长的高级研修等"。自此校长培训逐渐关注校长个人专业成长的周期性以及阶段性的问题，由"任职培训"至"提高培训"再至"高级研修"的阶梯式校长培训体系开始尝试构建。

1999年12月30日，教育部发布《中小学校长培训规定》，第5条明确规定："参加培训是中小学校长的权利和义务。新任校长必须取得'任职资格培训合格证书'，持证上岗。在职校长每五年必须接受国家规定时数的提高培训，并取得'提高培训合格证书'，作为继续任职的必备条件。"同时第6条规定："中小学校长培训要以提高校长组织实施素质教育的能力和水平为重点。其内容主要包括政治理论、思想品德修养、教育政策法规、现代教育理论和实践、学校管理理论和实践、现代教育技术、现代科技和人文社会科学知识等方面。培训具体内容要视不同对象的实际需求有所侧重。"这一培训目标的改变具有重要历史意义，体现出对校长角色的理解从单纯的学校管理者向领导者的转变。第7条规定："……任职资格培训：按照中小学校长岗位规范要求，对新任校长或拟任校长进行以掌握履行岗位职责必备的知识和技能为主要内容的培训。培训时间累计不少于300学时。在职校长提高培训：面向在职校长进行的以学习新知识、掌握新技能、提高管理能力、研究和交流办学经验为主要内容的培训。培训时间每五年累计不少于240学时。骨干校长高级研修：对富有办学经验并具有一定理论修养和研究能力的校长进行的旨在培养学校教育教学和管理专家的培训。"《中小学校长培训规定》对培训内容、培训形式、组织和管理、培训责任等方面的具体事项进行了全面规定，至此，我国中小学校长培训制度正式形成。

从上述关于我国中学校长培训政策的梳理中，可以看出在我国第八个五年计划时期（1991年—1995年）至我国第九个五年计划时期（1996年—2000年）是我国中学校长培训规范化的重要时期。这十年间在国家政策的大力扶持下，逐渐明确了校长岗位培训的实施框架，最终提出了"岗位培训、提高培训、高级研修"三层培训主张。"八五"期间更多关注校长任职培训，"九五"期间更多关注校长提高培训。我国的中学校长培训由最初的无序、停滞正式走向了规范化、制度化。

第四节　巩固阶段的中学校长培训（2001 年—2010 年）

2001 年 2 月 22 日，教育部发布了《全国教育干部培训"十五"规划》，提出"'十五'期间，教育干部培训工作的主要目标是：按照不同工作岗位对干部在思想政治、职业道德、领导素质、业务能力等方面的要求，采取灵活多样的方式，分类分层施训，提高各级各类教育干部的政治、业务素质、道德修养和组织实施素质教育的能力，建设布局合理、分工协作、开放高效的教育干部培训网络，编制符合需要、内容规范实用的教育干部培训教材，逐步建立和完善灵活有效的干部培训制度"。这是对于《中小学校长培训规定》目标的深入化和具体化。同时为贯彻《中小学校长培训规定》和《全国教育干部培训"十五"规划》，进一步推进中小学校长培训改革，我国在总结"八五""九五"中小学校长培训经验的基础上，还制定了《全国中小学校长任职资格培训指导性教学计划》和《全国中小学校长提高培训指导性教学计划》两个文件。《全国中小学校长任职资格培训指导性教学计划》提出了任职资格培训课程设置应当以"应知应会"作为重点内容，首次提出了"宽基础+活模块"和"统一性+灵活性"的课程设置模式，形成基本课程、选修课程、综合实践课程相结合的课程结构。《全国中小学校长提高培训指导性教学计划》则强调中学校长培训需以提高培训综合运用理论讲授、自学读书、研讨交流、案例分析、考察调研、论文撰写等多种方式，以实践经验、问题交流为主要内容，通过案例、专题论文或研究报告等，形成个人研究和集体研究成果。可以看出从 2001 年开始，我国在提高校长任职能力的基础上，不断重视校长提高培训，注重校长的专业化成长。培训课程设置灵活、丰富，针对不同的受训群体有不同的侧重点。同时，校长培训注重国家引导与地方实际相结合，不再是全国统一的模式套用，而是在各省域出现了一些变化，体现了一些地域特征。

2002 年 2 月 1 日，教育部颁布《关于进一步加强和改进中小学校长培训工作的意见》，要求以进一步健全培训制度、加强培训的针对性和实效性、提高培训质量为主线，努力建设一支符合实施素质教育需要的高素质、专业化的中小学校长队伍，以改革创新为动力，逐步形成"教育部宏观管理、地方政府分级负责、院校依法施训、个人主动学习"的校长培训管理体制和运行机制。这就明确把我国中小学校长队伍专业化的工作正式提上议事日程。同时，强调要针对新世纪中小学校长培训具体目标，在课程设置、课程结构、培训内容、培训方法等方面做出相应调整。要密切关注和了解当前基础教育改革，特别是基础教育课程改革的动态和走向，研究它们对中小学校长培训提出的新要求。培训要积极配合和推动基础教育改革与发展，委托全国中小学校长培训专家委员会组织评审出供"十五"全国中小学校长任职资格培训和提高培训使用的基本课程教材。这些教材基本打破了传统的以学科为中心的知识结构，是结合校长的教育实践与教育问题而组织的专题形式教材体系。

2004年3月3日，国务院批转了教育部《2003-2007年教育振兴行动计划》，这一计划明确提出"严格掌握校长任职条件，积极推行校长聘任制"。"强化学校管理人员培训，加快培养一大批高素质、高水平的中小学校长、高等学校管理骨干和教育行政领导，全面提高管理干部素质。将干部培训与终身教育结合起来，构建开放灵活的干部培训体系"，将干部培训与终身教育结合起来，并提出加强农村校长的教育培训工作。2005年3月28日，教育部印发了《教育部2005年干部培训工作要点》，提出要"进一步抓好中小学校长培训工作。加大对农村尤其是西部农村中小学校长培训的支持力度。在中小学校长培训中心举办示范类常规班基础上，通过公开招标方式推出西部地区中小学校长培训项目，调动各级干训机构的积极性与主动性，扩大培训的覆盖面。中小学校长的各类培训，以如何进一步加强和改进未成年人思想道德建设作为重要内容，按照全面推进素质教育和新一轮基础教育课程改革的目标和要求，将新课程改革作为中小学校长业务培训的主要内容。在教学手段和教材建设方面，努力采用如远程教育、网络教学等现代教育技术手段开展中小学校长培训"。2006年3月7日，教育部研究制定了《2006年教育干部培训工作要点》，要求"进一步抓好中小学校长培训工作。按照全面推进素质教育的要求，加强分区分类指导，以基础教育课程改革、校园文化建设、规范学校管理和加强学校安全工作、农村义务教育经费保障机制建设、深化中小学人事制度改革等为重点培训内容，切实提高全国中小学校长培训工作的质量和水平""加大对西部和东北地区农村中小学校长培训的支持力度，继续通过公开招标方式在西部和东北地区推广实施中小学校长培训项目""逐步建立满足实施素质教育要求的中小学校长培训课程教材体系。积极采用远程教育和网络教学等现代教育技术手段开展中小学校长培训工作"。由《教育部

2005年干部培训工作要点》《2006年教育干部培训工作要点》可以看出，农村地区尤其是中西部地区农村校长培训受到了国家的重视。远程教育、教育信息化培训方式、培训内容在校长培训中的比重也不断增大。

2007年的《全国教育系统干部培训"十一五"规划》明确指出"普通中小学校长培训重点围绕实施素质教育这一中心任务，立足促进基础教育改革发展、普及和巩固九年义务教育的需要，加强分区分类指导，更加注重面向基层、面向农村、面向薄弱学校。以教育法律法规、廉政建设规定、学校基本管理、加强和改进未成年人思想道德建设、基础教育课程改革、评价与考试制度改革、和谐校园建设、学校安全与卫生管理、学校经费管理与使用、中小学人事制度改革、信息技术应用等为重点内容，认真开展任职资格培训、提高培训、专题培训和高级研修，分类别进行中小学校长的全员培训""把农村中小学校长培训摆在重要位置。进一步面向基层，集中优势培训资源，采取'送培下乡'等方式，深入地县一级，开展农村地区、边远贫困地区和少数民族地区的专题培训，重点抓好农村义务教育经费保障机制改革校长培训、寄宿制学校校长培训、农村中小学现代远程教育工程校长培训、中国移动西部地区农村中小学校长培训、中国—联合国儿基会校长培训与爱生学校管理等项目的实施工作。组织经济发达地区通过代培代训、挂职学习、经验交流、信息共享等多种形式为欠发达地区中小学校长培训提供支持"。采取"送培下乡"等方式为欠发达地区中小学校长培训提供支持，为农村教育的发展注入了新鲜的力量。同时在校长培训课程教材建设中出现了一个重大举措——以分类制定全国教育系统干部培训课程开发指南取代了全国统一使用的干部培训教材。

2008年的《2008—2012年全国中小学校长培训指导性教学计划（征求意见稿）》提出"根据建设社会主义新农村的任务，以农村中小学校长培训为重点，集中优势资源，深入地县一级，面授培训和远程培训相结合，积极开展针对农村地区中小学校长的专题培训"，这表明我国中小学校长培训的广度与深度都在逐渐提高。教育部相继发布《关于组织实施中西部万名农村寄宿制学校校长国家级远程专题培训的通知》和《关于举办农村义务教育中小学校长预算管理专题培训班的通知》，以提升中西部校长的安全管理和财务管理水平，"专题式"的校长培训丰富着以往任职培训、提高培训的主题，培训从教育管理的实际角度出发，聚焦现实问题，切切实实为校长解决在实际教育管理中面临的突出问题。

2010 年 1 月 18 日，中共教育部党组《关于教育系统深入开展大规模培训干部工作的实施意见》提出："中小学校长培训……要紧密围绕实施素质教育的中心任务，认真开展以任职资格培训、提高培训、高级研修和专题培训为主要形式的全员培训。要将农村校长培训摆在突出位置，加强民族地区校长培训，重视城市薄弱学校校长培训……为促进义务教育均衡发展和城乡教育协调发展，实施'中西部农村中小学校长素质提升计划'，依托国家级和省级培训机构，用 5 年时间将中西部农村（包括县镇）中小学校长全部轮训一遍……为培养一大批能够引领教育改革创新的优秀校长和实施素质教育带头人，实施'中青年骨干校长培养计划'，连续 5 年每年重点遴选 1000 名有较大发展潜力的中青年骨干校长，开展更加有针对性的提高培训。在全国遴选一批具有较高办学水平和办学特色的中小学校，作为全国中小学校长培训实践基地……为促进教育家型校长成长和储备教育家型校长后备人才，实施'全国优秀中小学校长高级研修计划'。依托教育部中学和小学校长培训中心，连续 5 年每年遴选一批特别优秀的中小学校长，进行为期 1–3 年的重点培养，努力造就一批教育家型的杰出校长。加大中小学校长海外培训力度，组织实施'中小学校长海外研修计划'，每年遴选一批中小学校长赴海外学习。"该意见：一是强调了中小学校长培训的多层次发展，为不同基础的校长提供不同的培训内容；二是强调义务教育的均衡发展，重视农村校长、薄弱学校校长的素质提高，并提出用 5 年时间将中西部农村中小学校长全部轮训一遍，极大地解决了我国所面临的教育均衡与教育公平的问题；三是提出中青年骨干校长培训计划，注重校长队伍的合理配置，为校长队伍发展注入年轻的血液；四是教育家型校长培养，打造我国中小学校长的领军人物，为校长群体提供办学楷模。五是加大海外培训，让培训做到"走出去""引进来"。

与此同时，2010 年 12 月，教育部还发布了《关于修改和废止部分规章的决定》，提出将《中小学校长培训规定》（教育部令第 8 号）第 12 条"省、自治区、直辖市政府教育行政部门对申请承担中小学校长培训任务的机构要进行资格认定。普通师范院校、教师进修院校、有条件的综合大学，经国务院教育行政部门或省、自治区、直辖市人民政府教育行政部门批准，可以承担中小学校长培训任务"修改为"省、自治区、直辖市人民政府教育行政部门对承担中小学校长培训任务的机构的资质条件予以规范，加强对中小学校长培训机构的监督检查和质量评估。鼓励有条件的综合大学、普通师范院校、教育学院、教师进修学校等机构发挥各自优势,以不同形式承担中小学校长培训任务"。对于培训机构的规范与管理,引导各类培训机构发挥所长灵活办训,有利于我国校长培训工作的落实与效果的提高。

综上所述,我国第十个五年计划时期("十五"期间,即 2001 年—2005 年)至我国第十一个五年计划时期("十一五"期间,即 2006 年—2010 年),我国中小学校长培训走向了巩固发展的阶段。在这一阶段中,校长培训的效果指向与具体教育改革的目标紧密相连,校长培训被视为成功实施素质教育的重要保障。因此,校长培训的发展以提升"校长实施素质教育的能力"为核心,校长高级研修受到更大的重视。校长培训规模明显扩大,校长高级研修、青年校长培训、农村校长培训受到重视。培训课程构建更为合理,分层次、分类别、多方式的中学校长培训格局基本建立。注重中央和地方相结合,提高培训的针对性和实效性。但是,"十一五"之前,虽然国家通过逐步出台一系列政策文件来完善中小学校长的培养、选拔、培训工作,培训深度和广度都得以增加,但是,仍然存在很多不足之处。一方面,在制度上、现实上仍存在一定的局限性,实际的培训效果尚未达到最初的美好愿景。另一方面,学校的自主权仍然有限,学校办学依旧受到较大的行政制约,离"教育家"办学的目标仍然相差甚远。

第五节 深化阶段的中学校长培训(2011 年至今)

"十二五"期间(2011 年—2015 年),我国中学校长培训,更多关注教育家型中小学校长培训。《国家中长期教育改革和发展规划纲要(2010-2020 年)》的颁布为我国教育的发展指明了方向。该规划纲要指出,要"建立健全义务教育学校教师和校长流动机制……制定校长任职资格标准,促进校长专业化,提高校长管理水平。推行校长职级制。创造有利条件,鼓励教师和校长在实践中大胆探索,创新教育思想、教育模式和教育方法,形成教学特色和办学风格,造就一批教育家,倡导教育家办学"。校长"职级制"自《国家中长期教育改革和发展规划纲要(2010-2020 年)》颁布后,正式由"试行"改革过渡到"推行"阶段。职级制的确立,有助于释放校长活力、促进学校现代化治理。同时,新时期我国要"办一流的学校""一流的教育"，要全面推进素质教育，要真正实现"由懂教育的人来办学"就必须重视"倡导教育家办学"。《国家中长期教育改革和发展规划纲要（2010-2020年）》倡导教育家办学，有效促进了让优秀人才投身于教育事业，有助于回归教育本源、提升基础教育水平。

2012年，教育部印发的《国家教育事业发展第十二个五年规划》规定，"制订各级各类学校校长的任职资格标准……探索建立中小学校长和幼儿园园长资格制度。中小学校长和幼儿园园长要具备丰富的教学（保教）经验，一般从教学一线选拔任用……改革校长选任制度。推动各地制订实施办法，开展面向全社会公开招聘和校内民主选拔各类学校校长试点……创造教育家成长的环境。健全校长考核评价制度，引导校长潜心办学。实施中小学校长国家级培训计划和校长、骨干教师海外研修计划，有针对性地开展校长任职培训、提高培训、高级研修和专题培训"。"中小学校长一般从教学一线选拔任用""面向全社会公开招聘各类学校校长"有利于选聘出满足学校发展需求的校长，也同时意味着校长培训主体的变化。"有针对性地开展校长任职培训、提高培训、高级研修和专题培训"也意味着我国中小学校长培训在实现培训普及化、多元化的基础上，对不同地区、类别、层次的中小学校长有针对性地实施"普及巩固"和"好中拔优"的政策，逐步实现中小学校长培训的规范化并向专业化迈进。

2013年2月，教育部颁布实施新中国成立以来我国第一个关于校长专业化发展的标准——《义务教育学校校长专业标准》，意味着我国中小学校长培训工作已经由注重培训对象的全员覆盖转变为更加注重校长培训的过程实施，更为注重培训质量的提升与培训效果的追踪，这对我国中小学校长专业化发展有着深远的影响，是我国教育与发达国家接轨的一个重要标志。《义务教育学校校长专业标准》提出中小学校长应该具有"以德为先、育人为本、引领发展、能力为重、终身学习"五大基本理念，从校长的道德使命、办学宗旨、角色定位以及专业发展的实践导向和能力的持续提升等方面提出了明确的要求。同时提出了校长的六项专业职责：规划学校发展、营造育人文化、领导课程教学、引领教师成长、优化内部管理、调适外部环境。校长对学校的价值领导、教学领导和组织领导，也体现了以教育家办学为导向的教育改革要求，获得了教育界的广泛认同。同时，2015年1月10日，《普通高中校长专业标准》（详见附录二）也正式颁发，《普通高中校长专业标准》也从"以德为先、育人为本、引领发展、能力为重、终身学习"五大基本理念，"专业理念与价值、专业知识与技能、专业能力与行为"三大维度提出了对高中校长的专业要求。《义务教育学校校长专业标准》《普通高中校长专业标准》可以说为我国中学校长专业化发展提供了一把测量的"标尺"，给中学校长培训提供了科学合理的框架，厘清了校长培训的课程理念，充实了校长培训的课程内容，是进行校长培训、评价的主要依据，为校长培训指明了专业道路。

2013 年 9 月，教育部《关于进一步加强中小学校长培训工作的意见》（教师 [2013] 11 号）指出，"围绕立德树人根本任务，以促进校长专业发展为主线，以提升培训质量为核心，以创新培训机制为动力，进一步提高校长培训工作专业化水平，努力造就一支品德高尚、业务精湛、治校有方、人民满意的中小学校长队伍，为推动基础教育改革发展、实现中国教育梦提供坚强保障……加强统筹规划，开展校长全员培训……重点加强农村地区、集中连片特殊困难地区、民族地区校长培训，加大薄弱学校校长培训力度"。在培训内容上，要"精选培训内容，满足校长专业发展需求。各地要全面推行需求调研，针对不同层次、类别、岗位校长的需求，围绕校长在规划学校发展、营造育人文化、领导课程教学、引领教师成长、优化内部管理和调适外部环境等方面的专业素质要求，丰富优化培训内容。将职业道德教育作为校长培训必修内容。任职资格培训重点提升校长依法治校能力。提高培训重点提升校长实施素质教育能力。高级研修重点提升校长战略思维能力、教育创新能力和引领学校可持续发展能力……建立培训学分管理制度，探索建立培训学分银行，推动校长非学历培训与学历教育课程衔接、学分互认"。首先，《关于进一步加强中小学校长培训工作的意见》明确了"品德高尚、业务精湛、治校有方、人民满意"是新时期我国校长培养、培训的方向。其次，《关于进一步加强中小学校长培训工作的意见》对各层次校长培训的重点予以明确，对我国各地域基础教育的均衡发展给予了极大的关注，这对于校长培训工作的实施具有重要的指导作用。最后，"学分管理制度"的提出，探索推动校长非学历培训与学历教育课程衔接、学分互认，可以不断夯实校长的学历层次和综合素质。《关于进一步加强中小学校长培训工作的意见》的提出一定程度上促使我国中小学校长培训工作逐渐从"有培训"转向"好培训"，从数量扩张转向质量提升，真正满足广大中小学校长专业发展的个性化、差异化需求。

在此基础上，为促进教育均衡发展，发挥"示范带头"作用，不断增强校长培训生机活力，提升校长培训质量，教育部于 2014 年 6 月 26 日颁发《关于启动实施中小学校长国家级培训计划的通知》。一方面由教育部直接组织实施"校长国培计划"——中小学校长示范性培训项目，主要面向全国中小学校长示范性培训项目，主要包括边远贫困地区农村校长助力工程、特殊教育学校校长能力提升工程、卓越校长领航工程、培训者专业能力提升工程。发挥高端引领作用，培养一批能够创新办学治校实践、具有先进教育思想、社会影响较大的优秀校长尤其是教育家型校长。另一方面中央财政专项支持中西部省份按照"国培计划"要求，实施农村中小学校长培训项目，对中西部农村校长开展有针对性的培训，为农村特别是边远贫困地区培养一批实施素质教育、推进基础教育改革发展的带头人。我国中小学校长国家级培训格局正式形成。同年 12 月发布的《中小学校长信息化领导力标准（试行）》提出：校长是学校信息化工作的带头人、组织者和践行者，信息化领导力是中小学校长必备素质能力之一。决定"全面提升中小学校长信息化领导力"，表明了校长培训应新时期信息化发展的需要而做出了相应的调整。"信息化领导力"的发展是新时期校长专业发展的重要方面之一。

"十三五"期间（2016 年—2020 年），我国中学校长培训更多关注中小学名校长的领航和对中西部农村校长的帮扶带动。2015 年 4 月 21 日，"校长国培计划"——卓越校长领航工程首期中小学名校长领航班在北京开班，全国 31 个省级教育厅（教委）和新疆生产建设兵团教育局分管中小学校长培训工作的负责人、首批中小学名校长领航班培养基地负责人及参训校长共 120 余人参加了启动仪式，标志着我国正式启动最高层次的中小学校长培训工作，用分层分类、递进连续的培养体系全面提高中小学校长培训的内涵与质量，向培养一批高素质的研究型和教育家型的名校长迈进。名校长领航培训可以帮助优秀校长升华教育思想、生成标志性成果、提升引领能力，促进我国造就一批具有鲜明教育思想和教学模式、能够引领基础教育改革发展的教育家型校长，并通过相应的对口支援、协作帮扶等社会服务，使这部分校长辐射带动欠发达地区基础教育事业发展和质量提升。

2015 年 6 月 1 日，国务院颁发《乡村教师支持计划（2015—2020 年）》要求"建立乡村教师校长专业发展支持服务体系。将师德教育作为乡村教培训的首要内容……全面提升乡村教师信息技术应用能力……按照乡村教师的实际需求改进培训方式，采取顶岗置换、网络研修、送教下乡、专家指导、校本研修等多种形式，增强培训的针对性和实效性"。2017 年 7 月，为进一步提升乡村校园长培训针对性和实效性，教育部研究制定了《乡村校园长"三段式"培训指南》《乡村校园长"送培进校"诊断式培训指南》《乡村校园长工作坊研修指南》《乡村校园长培训团队研修指南》四个乡村校园长培训指南。《乡村校园长"三段式"培训指南》提出了乡村校园长"集中培训+影子培训+返岗实践"培训模式，且原则上集中培训不少于 5 天，影子培训不少于 7 天，返岗实践不少于 50 天。三段式培训模式采用依次递进、有序过渡的形式，将理论学习、实践体验、反思改进三个环节进行有机融合，促进了乡村校长专业素质和领导能力的系统提升。《乡村校园长"送培进校"诊断式培训指南》指出，区县教育行政部门要将"送培进校"诊断式培训纳入乡村校园长培训规划，制定"送培进校"培训周期计划与年度计划，按照"现场诊断、对话反馈、行动改进"三步骤进行送培进校，且原则上同一乡镇每年送培不少于 2 次，每次不少于 2 天。《乡村校园长工作坊研修指南》旨在建立以本地优秀校园长为坊主、若干乡村校园长（含小规模学校负责人）为坊员的乡村校园长工作坊，开展工作坊研修，建立"同学习、谋发展、共成长"的学习共同体，形成骨干引领全员的常态化研修模式。《乡村校园长培训团队研修指南》则着眼于培训者培训，通过提高培训者的素质，促进培训的方案设计、教学实施和组织管理有机结合。上述四个培训指南对全国各地校长培训工作的开展给出了国家级培训层面的专业化示范和指导，我国的校长培训工作不断深化发展。

进入中国特色社会主义新时代，教师队伍、校长队伍建设被赋予更高的要求和期待，新时代的好教师、好校长要做有理想信念、有道德情操、有扎实知识、有仁爱之心的"四有好老师"，要做学生锤炼品格的引路人，做学生学习知识的引路人，做学生创新思维的引路人，做学生奉献祖国的引路人。2018 年 1 月，中共中央、国务院《关于全面深化新时代教师队伍建设改革的意见》指出"加强中小学校长队伍建设，努力造就一支政治过硬、品德高尚、业务精湛、治校有方的校长队伍。面向全体中小学校长，加大培训力度，提升校长办学治校能力，打造高品质学校。实施校长国培计划，重点开展乡村中小学骨干校长培训和名校长研修。支持教师和校长大胆探索，创新教育思想、教育模式、教育方法，形成教学特色和办学风格，营造教育家脱颖而出的制度环境"。"高品质""高质量"逐渐成为我国新时代中小学校长培训工作的风向标。新时代的校长培训工作要深刻把握教育高质量发展阶段的新要求，坚持示范引领与整体提升结合，为基础教育改革发展培养高端引领人才，为乡村振兴和中西部欠发达地区农村教育改革发展提供坚强师资支撑。

综上所述，从"校长"角色的萌芽到"校长负责制"的诞生，从经历"大跃进""文化大革命"时期的"恢复阶段"的中学校长培训到现在深化发展的校长培训，我国的中学校长培训在百年之间经历了从无到有，从规范发展（制度化）到规模发展（多元化）转向内涵发展（结构化）的发展过程，取得了令人瞩目的成就。尤其是近些年以来，我国政府颁布了一系列重要文件，出台了相应政策，在形成较为完善的培训网络体系的同时，也兼顾了不同地区的教育的均衡发展，我国中学校长群体的整体素质得到了明显的提高，也基本建立了一套适合国情的、法治化、规范化的培训制度，形成了一支经验比较丰富的师资培训和管理的队伍，初步形成了较具特色的培训教材体系，同时还建设了一批具有影响力的培训基地。校长培训作为校长专业发展的重要抓手，促进其不断制度化、规范化、科学化的发展是时代之需、育人之切。

第三章

海南省中学校长培训项目三十年回顾与分析

百年大计，教育为本。1988 年 4 月，七届全国人大一次会议正式批准设立海南省，划定海南岛为经济特区。从此，海南这个美丽的海岛获得了前所未有的发展机遇，进入了深化改革、扩大开放的历史新阶段。30 多年来，在党中央坚强领导和全国大力支持下，海南经济特区坚持锐意改革，勇于突破传统束缚，重视教育工作发展，取得了多项瞩目的成绩。一直以来，海南省坚持把校长队伍建设作为教师队伍建设的重要基础工作之一，始终将其作为战略性、基础性工程来抓，深化改革创新，加强顶层设计，"十三五"时期更是先后出台了《海南省乡村教师支持计划（2015-2020 年）》《海南省引进中小学优秀校长和学科骨干教师工程实施方案》《海南省中小学教师职称制度改革工作实施方案》等重要文件，筑牢教师队伍建设的"四梁八柱"。同时，为全面贯彻落实中共海南省委《关于贯彻落实〈海南自由贸易港建设总体方案〉的决定》，中共海南省委、海南省人民政府《关于全面深化新时代教师队伍建设改革的实施意见》等文件精神，海南省大力实施人才强省战略，培养打造具有国际视野和"有理想信念、有道德情操、有扎实学识、有仁爱之心"的"好校长、好教师"，在国家的指引下，不断规范中小学校长持证上岗制度。通过多方的努力和共同奋斗，海南省的中小学校长培训工作取得了诸多成绩。

海南省中学校长培训三十年历程回顾

| "九五" | "十五" | "十一五" | "十二五" | "十三五" | "十四五" |
| 1995年 | 2000年 | 2005年 | 2010年 | 2010年 | 2020年 |

| 1. 1988年海南建省后，随着我国《关于加强全国中小学校长培训工作的意见》等相关文件的颁发，海南省中学校长任职资格培训工作逐渐开展起来2. 海南省于1997年正式开展第一期中学校长提高培训项目 | "十五"期间，进一步扩大中学校长任职资格培训和提高培训项目的范围，在集中培训的基础上，逐步引入"网络培训"方式 | 1. 校长培训内容与形式不断丰富，尝试探索校长论坛、跟岗实践、影子培训等多种培训形式2. 开展中学校长高级研究培训 | 1. 启动好校长全员培训示范性项目2. 尝试构建校长专业成长阶梯。开展海南省第一批骨干校长遴选培训工作3. 重视农村薄弱学校校长培训工作 | 1. 海南国际自由贸易港建设为海南校长队伍建设提出了新要求2. 重视培训项目的质量提升，扎实做好各级各类项目评估工作3. 开展海南省首批中学卓越校长工作室遴选与建设，注重骨干校长的辐射、引领、带动作用 | 1. 注重校长培训的提质增效，培训主题进一步细化2. 实践指向性更强，注重校长信息化能力提升、依法办学、突发事件应对等专项培训项目的丰富与实施3. 重视校长专业发展共同提建设，通过引进校长的办学经验推广等方式，加强校长队伍建设 |

图3.1　"九五"至"十四五"期间海南省中学校长培训项目实施情况简图

由图3.1可以看出，30多年来海南省中学校长培训项目呈现出阶梯性的变化，项目维度更加丰富，校长专业成长路径更加明晰，项目的实施更加细化，取得了不错的成绩。尤其在"十三五"期间，海南省为全面落实立德树人根本任务，聚焦义务教育薄弱环节改善、内涵质量提升和教育教学改革，深入发展素质教育，实施基础教育提质工程后，海南省于2015年、2021年分别印发了《海南省中小学"好校长、好教师"培养工程（2015-2020年）实施方案》《海南省中小学"好校长、好教师"培养工程（2021-2025年）实施方案》，从2015年起至2025年，组织实施"好校长、好教师"培养工程。该培养工程主要包含中学校长任职资格培训项目、中学校长能力提升省级示范性培训、中学省级骨干校长培训以及中学卓越校长工作室项目等，是海南省中学校长培训规范化、制度化、多元化发展的重要节点。该培养工程着力于对全省中学校长实行分层分类分岗全覆盖培训，做到人人争当"好校长"。多年来，海南省中学校长培训重视结合海南自贸港对师资队伍建设需求，着力打造品德高尚、业务优良、治校有方、人民满意的"好校长"队伍，对全省中小学校长全员培训，以期满足海南省基础教育提质发展需要，为加快建设海南自贸港提供教育人才智力支撑。

同时，30多年历史悠久，培训项目繁杂多样，为进一步明晰30多年来海南省中学校长培训理路，本章将着重选取中学校长任职资格培训项目、中学校长能力提升省级示范性培训、中学省级骨干校长培训以及中学卓越校长工作室这四个典型性、梯度性项目为主要研究对象。依据时间序列探求不同时期各级各类海南省中学校长培训的不同情况，梳理海南省中学校长培训的历时性变化。最后尝试对培训项目实施中的现实矛盾进行研究，以期探寻解决这种矛盾的科学方法，使中小学校长培训可持续发展。

第一节　海南省中学校长任职资格培训实施情况分析

自1989年国家教育委员会颁布《关于加强全国中小学校长培训工作的意见》正式启动全国"百万中小学校长培训工程"，校长岗位培训正式开始。1999年，《中小学校长培训规定》提出"新任校长必须取得'任职资格培训合格证书'，持证上岗"。与此同时，我国针对不同时期分别提出"九五""十五""十一五""十二五""十三五""十四五"规划，在这30多年的发展期间，中学校长任职资格制度不断完善。特别是1988年海南建省后，随着我国《关于加强全国中小学校长培训工作的意见》《中小学校长培训规定》等相关文件的颁发，海南省中学校长任职资格培训工作逐渐开展起来，始终紧紧围绕国家基础教育改革与发展全局来组织推进。经历了初步发展、改革发展和规范发展三个时期，呈现出从开始培训目标笼统向培训目标明确，培训规范化、制度化状态发展，继而进入专业化，科学化不断演进的走势，取得了不错的培训效果，同时也存在不少亟待改进的问题。

一、项目实施情况概览

教育部颁发的《中小学校长培训规定》第5条规定：参加培训是中小学校长的权利和义务。新任校长必须取得"任职资格培训合格证书"，持证上岗。《全国中小学校长任职资格培训指导性教学计划》、教育部《关于进一步加强中小学校长培训工作的意见》明确指出，各地要严格执行新任校长持证上岗制度，新任或拟任校长必须参加不少于 300 学时的任职资格培训。海南省认真落实全国中小学校长任职资格培训指导性教学文件，坚决贯彻《义务教育学校校长专业标准》《普通高中校长专业标准》的要求，遵照中小学校长岗位规范要求，对海南省新任或拟任校长进行以提高组织实施素质教育的能力和水平为重点、以掌握履行岗位职责必备的知识和技能为主要内容的培训，持续至今已有 30 多年的历史。

校长任职资格制度是校长职业发展的最基本制度，是校长培训的第一环节，进行任职资格培训并获得培训合格证书，既是校长资格需要满足的实体要件，也是获得校长资格的程序要件。学校教育管理人员通常从一线教师中产生，即"教而优则仕"，但教学和领导、管理是两项差异较大的工作，需要有较为完善的职前培训，并引导校长候选人了解、适应校长的角色和职责。建立中小学校长储备培训制度，分析校长任职资格培训各要素以及各要素之间的影响，多方合力形成教育管理者候选池，培养组织内部管理人才，缩短初任校长的适应期，对保证校长质量、提升学校领导水平十分重要。中学校长任职资格培训是深入实施科教兴琼、人才强省战略，造就一大批"有理想信念、有道德情操、有扎实学识、有仁爱之心"的好校长的具体措施。30 多年的任职资格培训历程，逐步形成了"坚守理想信念、提升道德素养、规划学校发展、营造育人文化、领导课程教学、引领教师成长、优化内部管理、调试外部环境"八大课程模块，"院校集中培训+远程网络研修+返岗实践研修"的复合式培训方式，"现场学习与网络研修结合、理论引领与实践活动同步、工作内容与学习课程对接、集中培训与自主修炼互补"的培训特色，重点提升海南省未来教育精英能力素质，校长持证上岗率达到并保持在 95% 以上。对任职资格培训效果进行评价也是一种倾向于"不断改进"的形成性评价，试图在评价的过程中找出使任职资格培训有效和低效的原因，从而改进今后的培训活动，提升培训效果。实施至 2022 年，海南省中学校长共举办 35 期任职资格培训。本书将阶段性选取 5 个时间（第 17 期、第 22 期、第 27 期、第 31 期、第 35 期）作为研究节点，以期更好地研究海南省中学校长任职资格培训的历时性变化。研究思路如图 3.2 所示：

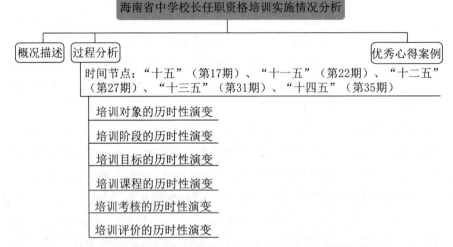

图 3.2 海南省中学校长任职资格培训项目实施情况分析简图

二、培训对象的历时性演变与评析

《全国中小学校长任职资格培训指导性教学计划》、教育部《关于进一步加强中小学校长培训工作的意见》明确指出，各地要严格执行新任校长持证上岗制度，新任或拟任校长必须参加不少于 300 学时的任职资格培训。因此，中学校长任职资格培训应该是对即将上岗或上岗时间不长的校长进行有针对性的岗位角色意识培训，是根据中学校长岗位职责，按照中学校长岗位规范要求所进行的校长岗位技术培训，旨在促进校长进一步学习和理解领导学校改革和发展的重要理论、先进办学经验和方法，使之能初步形成自己领导学校改革和发展的思想、理论、策略和方法体系，具有职后培训的短期性的特点。

在培训对象方面，30 多年来，海南省中学校长任职资格培训基本按照《全国中小学校长任职资格培训指导性教学计划》、教育部《关于进一步加强中小学校长培训工作的意见》的培训要求，以新任和拟任校长为培训主体。但实践操作过程中，可以发现以下三个问题：

第一，"九五"期间，海南省中学校长任职资格培训项目在海南省内主要由两家机构实施，北部片区由海南教育学院承担，南部片区由通什师范专科学院承担。至 1999 年，共实施 12 期中学校长任职资格培训。1999 年 1 月，为贯彻落实党的十五大精神，推进海南高校体制改革，优化教育结构，合理配置教育资源，海南省委、省政府决定将海南师范学院与海南教育学院合并，成立新的海南师范学院。合并后，海南师范学院推出了继续教育发展五年规划，研讨了培养与培训一体化的办学模式，开展了全省中小学校教师队伍现状调查，向教育主管部门提交了全省继续教育方案，提出了全省师资培训工作意见。2000 年开始，全海南省的中学校长任职资格培训皆由当时的海南师范学院，也就是现在的海南师范大学承担。由于"九五"期间培训组织机构的分散造成了培训史料的部分缺失，只遗有 2002 年统计的海南省中学校长任职资格培训"九五"期间培训情况统计表一份（表 3.1），略微反映当时培训情况。

表 3.1　海南省中学校长任职资格培训"九五"期间培训情况统计表

（统计数字截至 2002 年 8 月 20 日）

市县（学校）	在库校长数	参加培训情况统计	
		已取得合格证书人数	占总数百分比
琼山	69	61	88.4%
文昌	64	60	93.8%
琼海	65	51	78.5%
万宁	64	63	98.4%
乐东	64	57	89.1%
陵水	41	36	87.8%
东方	43	36	83.7%
保亭	19	17	89.5%
琼中	23	23	100%
白沙	22	19	86.4%
五指山	20	13	65%
海南二中	4	4	100%
三亚	58	53	91.4%
定安	25	23	92%

市县（学校）	在库校长数	参加培训情况统计	
		已取得合格证书人数	占总数百分比
屯昌	26	18	69.2%
澄迈	42	42	100%
临高	48	44	91.7%
儋州	55	52	94.5%
华热农大附中	4	4	100%
昌江	43	41	95.3%
海钢公司	8	8	100%
共计	807	725	89.8%

第二，30多年来海南省中学校长任职资格培训对象的数量呈现下降趋势，可能伴随着国家教育干部培训的正规化和制度化以及"定期轮训"制度的稳定与深化，海南省各市县相应培训期内的当任、新任校长经过全员轮训后，大部分已经取得任职资格证书，需要进行任职资格培训的新任或拟任校长的总量在逐渐减少。此外，可以看出在校长任职资格培训工作中，虽然我国早已明确规定中小学校长"持证上岗"制度，但当前海南省的中小学校长大多是先上岗再培训获得证书。培训对象大多为"新任"校长，而面向未来的"拟任"校长微乎其微，甚至一些经过提高培训、高级研修的"资深"校长为"持证上岗"而"回炉"培训的异象亦非鲜见（表3.2）。

表3.2 海南省中学校长任职资格培训基本情况历时性变化表——培训对象

期数	培训对象
第17期 （2004年）	新任中学校长（含后备干部）106名，其中正校长29名，书记1名，副校长76名。
第22期 （2009年）	新任中学校长108名，其中正校长17名，书记3名，副校长79名，教导主任4名，教育科科长2名，干事1名，办公室主任1名，总务主任1名。
第27期 （2014年）	新任和未取得校长任职资格或拟任的中学校长60名，其中正校长14名，副校长40名，副书记1名，主任5名。

期数	培训对象
第 31 期 （2018 年）	新任或拟任中学校长 87 名，其中正校长 13 名，书记 2 名，副校长 70 名，副书记 2 名。
第 35 期 （2022 年）	新任或拟任中学校长 91 名，其中正校长 16 名，书记 3 名，副校长 66 名，其他 6 名。

第三，学员所在学校的办学层次、所处地域等方面亦存在诸多不同，由 2022 年海南省第 35 期中学校长任职资格培训对象情况统计表（表 3.3）所示，参训学员包含初中校长、高中校长、完全中学校长等各级各类中学校长 91 名。对其混合编班，同堂受训。虽有省情影响，但在一定程度上也确实影响着任职资格培训的针对性以及实效性。

表 3.3　海南省第 35 期中学校长任职资格培训对象情况统计表（参训学员共计 91 人）

序号	项目	选项	人数小计	占比
1	任职学校 所处地域	城镇	38	41.76%
		乡镇	33	36.26%
		农村	13	14.29%
2	任职学校类型	初级中学	42	46.15%
		高级中学	3	3.30%
		九年一贯制	29	31.87%
		十二年一贯制	3	3.30%
		完全中学	14	15.38%
3	分管的工作	全面	19	20.88%
		教育	21	23.08%
		教学	25	27.47%
		后勤	10	10.99%
		其他	16	17.58%

三、培训阶段的历时性演变与评析

在学习期限方面，从海南省中学校长任职资格培训基本情况历时性变化表（培训阶段）（表3.4）中可以看出：30多年来海南省中学校长任职资格培训严格按照《全国中小学校长任职资格培训指导性教学计划》、教育部《关于进一步加强中小学校长培训工作的意见》的培训要求实施，每期累计培训学时均为300学时。培训阶段安排随着时代变化，由"十五"期间的"集中学习、小组研讨、实践考察"三种方式，逐步递增且丰富至"集中面授、实践考察、小组研讨、跟岗实践、网络研修、总结汇报"六种方式，环节阶段安排呈现出更为丰富合理的态势。自"十五"时期开始，海南省中学校长任职资格培训皆融入了"网络研修"的培训方式，"集中+网络+跟岗"的培训方式已然成为校长任职培训的常态方式。同时自"十二五"时期开始，海南省中学校长任职资格培训中集中理论培训时间由最初的15天，逐渐调整为7天集中培训，与此同时增加7天的跟岗实践（影子培训），并为校长影子培训设置了详细的"'影子培训'导师的聘任与责任及学员的任务"（详见附录六），保障项目的实施质量。培训各阶段实施重点如下：

集中理论培训阶段：主要聘请省内外知名教育管理专家、著名一线校长、教育行政领导，开展集中专题研修。

网络研修阶段：主要依托网络学习平台，提供专题课程，学员从中选取一定学时进行远程研修学习，并参与网络研讨与考核。

影子培训阶段："影子培训"诞生于教育部—中国移动中小学校长培训项目。该项目在中小学校长国培体系中，是中西部农村校长培训项目的代表，是"蓝色梦想——中国移动教育捐助提升计划"的重要组成部分，也是中国移动西部农村中小学校长培训项目（2009—2011年）的继续与深化。设置"影子培训"环节，意在"按照既定的研修目标和方案，通过参训校长和基地校长'如影随形'的近距离接触，让参训校长在基地学校的现场环境中，细致观察基地校长的日常领导与管理行为以及学校的主要工作，并充分发挥主动性，把看、听、问、议、思、写等自主学习方式整合为一体，以深刻感受与领悟基地校长的办学思想、教育理念、管理方法以及基地学校的规章制度等"。[1]可以说，"影子培训"是践行经典经验干预和影响的实践观摩与现场反思，是对现实问题解决策略方法的收集以及对问题解决背后"为什么这样

---

〔1〕 教育部—中国移动中小学校长培训项目执行办公室编著：《中小学校长影子培训启思录》，教育科学出版社2017年版，第39页。

做的探索"，对校长的专业成长有很好的指引作用。海南省中学校长任职资格培训也积极借鉴了此种培训方式，明确了影子培训导师的聘任要求："必须是办学思想正确、办学成绩显著且有一定特色，忠诚教育事业，理论素养好、综合素质高，具有一定人格魅力的中学正职校长"以及六项具体的责任义务。同时对学员的具体学习任务也作出了相应的规定，用以保障项目的实施效果。

校长论坛阶段：阅读指定书目，根据读书内容和学校的实际情况，反思学校管理，撰写读书笔记，并向项目组提交校长论坛研讨主题建议。在集中理论培训、网络研修、读书反思、主题建议的基础上，根据分管工作、共性问题等，进行研讨交流，通过头脑风暴寻找解决问题的方法，通过分享吸取优秀学校、同类学校的优秀经验。

总结结业阶段：受训学员总结各阶段的学习收获，反思自身工作，邀请省内外优秀校长与学员面对面对话，在学习、反思、实践的基础上撰写学校改进报告。

因此，30多年来海南省中学校长任职培训已从最初的"理论培训+实践考察"双阶段，逐渐转变为"集中培训+网络研修+跟岗实践+总结研讨"多阶段，整体安排基本考虑了校长需求和成人在职学习的特点，重视发挥学员的主体作用、主体能动性，将理论培训与实践感知相结合，逐步重视信息技术对教育管理的重要作用，并通过跟岗实践、经验交流、研讨互动等多项安排积极引导校长学员边学边用、边学边思。

表3.4　海南省中学校长任职资格培训基本情况历时性变化表——培训阶段

时期	期数	学时	阶段分配	集中培训时间
"十五"期间	第17期（2004年）	300学时	集中培训共2次，每次7天，100学时实践考察200学时	第一次集中：2004年7日至4月13日集中培训 第二次集中：2004年5月14日至20日集中培训
"十一五"期间	第22期（2009年）	300学时	集中培训共2次，每次7天，100学时实践考察200学时	第一次集中：2009年4月8日至14日集中培训 第二次集中：2009年5月8日至14日集中培训 网络培训：2009年5月至8月 教育考察：2009年9月中旬起分批组织

续表

时期	期数	学时	阶段分配	集中培训时间
"十二五"期间	第27期（2014年）	300学时	集中培训7天，70学时 网络研修100学时 校长论坛60学时 影子培训70学时	第一次集中：2014年10月 网络研修：2014年10至11月 影子培训阶段：2014年12月 校长论坛阶段：2014年12月 总结结业：2014年12月
"十三五"期间	第31期（2018年）	300学时	集中培训8天，64学时 跟岗实践与学校访学7天，56学时 网络研修180学时 学习成果展示交流及结业，2天，16学时	集中培训：2018年4月22日至27日 网络研修：2018年4月27日至5月20日 跟岗实践与学校访学：2018年5月13日至18日 学习成果展示交流及结业：2018年5月30日至31日
"十四五"期间	第35期（2022年）	300学时	集中理论培训7天，56学时 跟岗实践7天，56学时 汇报总结1天，8学时 网络研修180学时	集中理论培训：2022年6月15日至21日 网络研修：2022年7月至10月 跟岗实践、学校访学、总结汇报：2022年11月27日至12月4日

四、培训目标的历时性演变与评析

中学校长任职资格培训的项目培训目标可以说是中学校长任职资格培训组织的"灵魂"。一方面必须依据国家教育行政部门对中学校长任职资格所提出的要求而制定，另一方面也需要充分结合当地的省情、地情、校情进行具体分析而制定。只有把国家的要求，省里的需求以及校长自身的发展需要相结合才能制定出客观的、现实的中学校长任职资格培训目标，才能真正对初任校长起到实践的指导作用。从表3.5中几个时间节点海南省中学校长任职资格培训项目培训目标的设计情况可以看出，30多年间海南省中学校长任职资格培训项目培训目标的设置呈现出一定的共性。总体来说，都是根据《中小学校长培训规定》以及《全国中小学校长任职资格培训指导性教学计划》中对于校长任职资格培训基本要求而制定的，主要是以系统理论、管理能力为中心的任职必需的专业基础知识、基本技能或能力，注重感知性的培训。但经过对比分析，也可以看出培训目标设置在呈现共性特征的基础上，也显现出一些变化性的特征。例如培训目标的设置逐渐由笼统走向明确，逐渐强调培训目标的全面性、专业性和发展性，注重个体目标与社会目标、精神目标与知识技能目标、阶段目标与持续目标的统一，且在 2014 年后将校长思想政治素质的培训培养提升到了一个新的高度，重视校长思想政治素养的夯实工作。培训目标逐渐由只关注国内教育动态转为国内外相结合，依法治校以及职业道德的目标权重不断增加，由强调任职校长的专业知识培训逐步转为对专业职责意识的强化等。

表 3.5　海南省中学校长任职资格培训目标历时性变化表

时期	期数	培训目标
"十五"期间	第 17 期（2004 年）	1. 组织和引导中学校长深入学习和掌握邓小平理论基本内容，学习党和国家的各项方针政策和法律、法规。全面提高中学校长的思想政治素质和道德修养，树立正确的世界观、人生观、价值观，坚定社会主义和共产主义信念，忠诚党的教育事业。 2. 强化中学校长的教育管理知识和能力的培训。在学习社会主义市场经济理论、精神文明和法治建设理论基础上，重视现代教育科学理论，特别是现代教育管理知识和教育政策法规的学习；围绕教育改革和发展中的重点和难点问题，开展专题研讨，切实提高中学校长的管理水平和创新能力。 3. 基础教育课程改革内容培训。了解课程改革的目标、课程结构、课程标准、课程管理、教师的培养和培训等内容，为新课程的实施做好准备。 4. 学习科技、历史、文学、艺术、人文等方面的基本知识，以开阔视野、陶冶情操、全面提高校长自身综合素质。通过培训，使新任校长树立正确的办学思想，具有履行职责必备的思想政治素质、品德修养、知识结构和管理能力。
"十一五"期间	第 22 期（2009 年）	1. 通过培训使学员基本掌握学校管理的基本理论；了解和逐步达到新校长必须具备的基本素质和能力要求；培养全面实施素质教育的能力。 2. 提高学员人文科学和社会科学方面的修养，学会从人文和社会的视角审视教育问题，提升学员的整体素质。 3. 初步掌握海南省基础教育目前存在的一些热点、难点问题的解决办法。

续表

时期	期数	培训目标
"十二五"期间	第27期（2014年）	通过培训，使校长树立正确的办学思想，具备履行职责必备的思想政治素质、品德修养、知识结构和管理能力。具体目标如下： 1. 了解国内外教育改革和发展动态，掌握教育科学基本理论，科学规划学校发展，提高组织实施素质教育的能力。 2. 了解现代管理科学基本知识，掌握现代学校管理理论和方法，提高内部管理和调试外部环境的能力，提升学校管理水平。 3. 熟悉国家的教育法规和教育政策，形成依法治校的意识，提高依法治校的能力。 4. 提升职业道德，增强校长"育人先育己、正人先正己"的责任感和使命感。 5. 提升校长人文素养，强化营造育人文化、引领教师成长的能力、领导课程教学的能力和组织教育教学的能力。
"十三五"期间	第31期（2018年）	通过培训，新任或拟任中学校长坚定理想信念，提高道德素养，了解专业职责，掌握履行岗位职责所必需的知识和技能，提高校长思想政治素养和提升依法治校能力。 1. 学习领会习近平新时代中国特色社会主义思想，准确理解和把握社会主义核心价值观的深刻内涵，加强中华优秀传统文化和社会主义先进文化理解，提高校长思想政治素养。 2. 理解国家中长期教育改革与发展纲要，熟悉国家的教育政策和法规，明确办学方向，具有依法治校的意识和能力。 3. 掌握履行岗位职责必备的现代教育理论、现代学校管理理论和方法，掌握校长管理必须的知识和技能。 4. 了解国内外教育改革与发展动态，具有组织实施教学改革、课程改革能力和水平。 5. 提高人文素养，增强自我学习能力和自我发展能力，不断更新和完善自身的知识结构，成为与时俱进的合格校长。
"十四五"期间	第35期（2022年）	通过培训，使新任或拟任中学校长进一步树立正确的教育思想，具备履行校长职责必备的思想政治素质、品德修养、教育知识、管理知识和管理能力。具体目标如下： 1. 始终坚定正确的政治方向。引进国家教育行政学院、海南省委党校优秀师资，加强中国特色社会主义理论、"十四五"规划、党史学习教育、党性教育等，强化校长政治意识、突出政治属性，把提高政治觉悟、政治能力贯穿全过程，引领校长做好新时代学校党建工作内容，深度关注基层党组织领导下的校长负责制变革，助力提高学校政治建设能力。

时期	期数	培训目标
		2. 强化自贸港专业化能力培训。深入学习自由贸易港总体方案、相关政策、实践案例、法律法规，系统掌握省委七届十次全会精神，强化自由贸易港建设的制度认知、政策认知、任务认知，切实增强政治自觉、思想自觉和行动自觉。 3. 增强依法治校的意识能力。深入解读并掌握国家的教育政策和法规，牢固树立法治理念，提高依法治校治教能力，用良好的法律意识、法治思维指导各项办学活动。 4. 提高科学管理学校的水平。关注"双减"背景下学校改革发展问题，掌握履行岗位职责必备的现代教育理论、现代学校管理理论和方法。遴选优秀教育实践基地校，通过现场教育教学实践活动了解"双减"背景下教育改革与发展动态，提高组织实施素质教育和课程改革的能力和水平。 5. 提高校长人文和科学素养。增强自我学习能力和自我发展能力，明确校长职业发展路径，不断更新和完善自身的知识结构，成为适应社会发展和教育改革的学校管理新生力量。

同时，我们也可以发现海南省中学校长任职资格培训目标设置的一些问题：一是可能由于在此期间培训机构变更、具体培训者岗位变化等多方面的原因，多年间在海南省中学校长任职资格培训目标的定位上，部分时期缺乏一定的系统性、连贯性。二是海南省中学校长任职资格培训或多或少地存在着"三唯"与"一不唯"偏向。"三唯"即"唯上"——根据国家以及省市教育行政部门的相关规定设计培训方案；"唯邻"——参考兄弟院校的做法设计培训方案；"唯己"——固守历年的工作经验设计培训方案。"一不唯"是指对参训学员的需求调研缺失。这种设计思路容易造成培训内容供需脱节，进而削减学员学习的主动性和积极性，影响培训效果。

五、培训课程的历时性演变与评析

总体来说，多年来海南省中学校长任职资格培训的课程设置经过多年实践，不断改进，已经形成集中面授、分散研修、研讨交流、参观考察、读书自学、作业巩固和论文撰写等比较成熟、相对固化的培训形式，基本以社会发展变化对校长新要求和校长主体发展需要为核心进行设置，具备与时俱进的特色。在具体实施过程中，培训机构多以集中面授、专家讲座为"主打"，其他形式为辅助。首先，海南省中学校长任职资格培训的课程以《学校管理的理论与实践》《教育法制基础》为主干课程，讲授新任校长必须掌握的学校管理基本知识，体现了"应知应会"的特点。另外，一直坚持以新课程的理论与实践为核心内容，体现了"与时俱进"的特点。同时将专家的理论传授、优秀校长的经验介绍、到先进学校的教育考察相结合，课程和活动内容都在实施新课改的背景下进行。此外多年来一直致力于将校长成长理论与实践相结合，从"校长论坛""教育考察""影子培训""返岗研修"等多种形式入手，强调人人参与研讨，联系本校实际发言；参与考察学习，从对比中找差距；人人完成规定作业，巩固所学知识，基本符合国家对校长任职资格培训所提出的要求与期望。具体课程在各阶段的演变，详见下表。

表 3.6　海南省中学校长任职资格培训基本情况历时性变化表——理论课程

时期	期数	集中培训课程名称	课程评析
"十五"期间	第 17 期（2004 年）	1. 学校管理理论与实践 2. 中小学教育科研与应用 3. 新课程的理念与实践 4. 邓小平教育思想学习纲要 5. 当代教育理论专题 6. 教育法制基础 7. 中国传统文化与教育	课程设置主要从校长的政治素养、管理素养、科研素养、法律素养、人文素养等方面促进校长能力发展。
"十一五"期间	第 22 期（2009 年）	1. 学校管理理论与实践 2. 中小学教育科研与应用 3. 校本培训的理论与实践 4. 现代教育技术 5. 教育法制基础 6. 学校安全教育专题 7. 青少年心理健康教育 8. 现代教育技术 9. 人文教育与素质教育 10. 学校发展规划的理论与实践	课程内容设置在原有的理论培训的基础上增加了"校长论坛""考察实践"等环节，更加注重学员学习的实践体验。降低了政治理论、教育理论课程的比重，增加了《现代教育技术》《校本培训的理论与实践》《学校安全教育专题》《青少年心理健康教育》等课程，可以看出，课程的设置与校长的管理实践需求结合得更为紧密，角度更为丰富。

时　期	期数	集中培训课程名称	课程评析
"十二五" 期间	第 27 期 （2014 年）	1. 中小学校长培训新政策解读 2.《海南省实施〈中华人民共和国教师法〉办法》解读 3. 规划学校发展的理论与实践 4. 依法治校与校园安全管理 5. 校长，教育思想的践行者 6. 危机公关及媒体策略 7. 中学校长卓越领导力的提升 8. 中学教学管理 9. 应当给学生什么样的教育	2013 年《义务教育学校校长专业标准》颁发，对校长培训的课程设置起到了一定的引领作用。海南省中学校长任职资格培训课程相较于前十年有了相应的改善。同时从制度管理与人文关怀、学校制度管理的细节及落实、学生安全事故防范、学校教学常规管理思想等主题可以看出，培训课程正随着相应时期的校长需求而变化，更聚焦校长管理实践中的具体问题，具有较强的可操作性。但距离我国校长专业标准六项维度的要求还有差距。
"十三五" 期间	第 31 期 （2018 年）	1. 海南省基础教育现状与新任校长的责任与使命 2. 走进传统文化——海瑞精神 3. 学校涉及的法律问题及案例解读 4. 新时代背景下校长的职业道德与职业能力 5. 校长阅读与校长人文情怀 6. 学校发展规划的理论与实践 7. 学校发展规划案例解读 8. 学校教育中的美育德育一体化 9. 校长的课程领导力 10. 推动教学改革，促进学校发展 11. 翻转改变课堂，智慧成就精彩 12. 学校教师队伍的建设 13. 现代学校制度建设 14. 学校管理经典案例漫谈 15. 家校（社区）合作沟通的一般理论与方法	"十三五"期间，海南省中学校长任职资格培训课程全面落实我国"校长专业标准"提出的校长的六项专业职责：规划学校发展、营造育人文化、领导课程教学、引领教师成长、优化内部管理、调适外部环境入手细化培训课程。增强了校长课程领导力、翻转课堂、家校（社区）合作沟通的内容。更聚焦校长的成长经验、教学智慧、管理困惑等，更容易引起校长的共鸣，提高培训课程的吸引力。

续表

时期	期数	集中培训课程名称	课程评析
"十四五"期间	第35期（2022年）	1. 义务教育学校校长专业标准解读 2. 新时代学校德育质量提升的原理与路径 3. 乡村薄弱学校转型发展的湾岭方案 4. 中学学校管理经验介绍 5. 学校发展规划的研制与实施建议 6. 新时代校长领导力漫谈 7. 做有情怀的校长办有温度的教育——兼谈新时期校长的师德师风建设 8. 学校管理漫谈 9. "双减""五项管理"、考试管理政策下的学校教育与管理 10. 教育基本法律法规及依法治校	海南省第35期（2022年）中学校长任职资格培训班在以往培训经验的基础上，课程内容结合海南省自由贸易港建设需求，深入执行《义务教育学校校长专业标准》《普通高中校长专业标准》，实行"院校集中培训+远程网络研修+返岗实践研修"的复合式培训方式，坚持"现场学习与网络研修结合、理论引领与实践活动同步、工作内容与学习课程对接、集中培训与自主修炼互补"，以期提升海南省未来教育精英能力素质，为海南国际自由贸易港建设培养造就高素质、专业化的中小学校长队伍提供优质人才支持，综合体现了鲜明的时代特征。

在《义务教育学校校长专业标准》《普通高中校长专业标准》的指导下，30多年来海南省中学校长任职资格培训集中培训阶段的课程设置取得了长足的进步。课程设计逐步变得规范化、清晰化且与时代发展、教育发展、校长发展紧密结合。但审视现行海南省中学校长任职资格课程，依然存在四个问题亟待改进：一是应努力实现"普适+针对"的培训课程方案，以满足不同地区和层次的学员需求。任职资格培训的校长往往来自海南省不同市县的新任或拟任校长，包含十二年一贯制、九年一贯制、完全中学、普通高中以及普通初中等，同时包含校长、副校长、书记、副书记等不同职务的校长，也包含城镇中学的校长、农村地区的校长等。这些学校具有不同的教学质量和学校性质，主管全面和分管具体的副校长的培训需求也有显著差异，培训课程设计需要考虑实际情况的差异。二是课程的授课多数停留在讲授式、案例式、体验式、研讨式、互动式等教学方法，有时结合小组讨论、课堂研讨、学员讲堂、现场教学等教学环节。但大多处于教师引导，学员配合的状态，并没

有充分发挥学员的主观能动性，多数教学停留在理论讲授上，用开放、优化的策略进行资源整合尚不完善，尚待开发一些行之有效的实践课来检验学员对校长任职资格培训课程的掌握程度。三是课程性质上，重视必修，忽视选修，刚性有余，弹性不足且疏于指导。在课程设置方面，应该考虑增加一些灵活性，使学员能够根据自己的需求和时间安排选择适合的课程。这可以包括提供在线学习资源、录播课程或混合学习模式，以便学员可以自主学习和进一步探索感兴趣的主题。四是课程师资上专家学者比重过大。多年来海南省任职资格培训的理论培训者团队中均以专家学者为主，跨界专家学者几乎难觅踪迹，熟悉中小学管理、富有实战经验的一线实践专家"出场"并"出彩"的也较少。但实际培训效果评估中，参训校长最欢迎的教师类型是一线优秀校长，其次才是专家学者。中小学校长任职资格培训作为校长专业发展起点阶段的初始培训，要注重"一线"经验的实践引领，才能更好地引起校长学员的"学习共情"，才能更好地帮助培训学员将培训理论转化为管理实践。

六、培训考核的历时性演变与评析

2001 年，《全国中小学校长任职资格培训指导性教学计划》指出，中学校长任职资格培训"学完每门课程，都应进行考核。考核包括必修内容的卷面检测，对学员结合工作实际撰写的专题论文、研究报告或教改方案的评判，还包括对学员参加面授的考勤以及对自学、研讨情况的考查……有条件的地区，可采用学分制"。多年来，海南省任职资格培训考核方式也存在着一些较为明显的变化。第 17 期至第 22 期任职资格培训考核均兼顾了课程考试以及论文考察。第 27 期后考核形式则以读书心得、学校发展规划、管理案例为主，以上形式均以开放式考察为重。具体考核方式情况详见下表。

表 3.7　海南省中学校长任职资格培训基本情况历时性变化表——培训考核

时期	期数	学员考核方式
"十五"期间	第 17 期（2004 年）	1. 题目包括填空、选择、简答、论述等形式，主要考查学员掌握基本理论以及应用情况。 2. 撰写一篇论文作为终结性评价方式，3000 字以上。

续表

时期	期数	学员考核方式
"十一五"期间	第 22 期（2009 年）	1. 考核科目包含：《学校管理理论及实践》《中小学教育科研》《教育法规》等，题型包括填空、选择、简答、论述等形式，主要考查学员掌握基本理论以及应用情况。 2. 撰写一篇论文作为终结性评价方式，3000 字以上。
"十二五"期间	第 27 期（2014 年）	1. 网络研修考核。 2. 读书心得一篇。 3. 根据集中理论培训、远程培训、在岗读书与反思及研讨、交流等阶段学习的收获和体会，结合自身工作实际，在比较中寻求学校教育教学管理等工作改进的切入点，提出具体的改进计划，提交一份学校管理行为改进方案。
"十三五"期间	第 31 期（2018 年）	1. 网络研修考核。 2. 读书心得一篇。 3. 学校管理案例一个。 4. 学校发展规划一篇。
"十四五"期间	第 35 期（2022 年）	1. 网络研修考核。 2. 理论培训阶段研修心得一份。 3. 结合培训目标、培训内容和自身工作实际，提交一篇研修成果，题目为"学校发展规划——以××学校为例"，作为培训的学习成果。内容要求结合学员所在学校实际情况，数据翔实，分析深入、策略可行，无抄袭现象，不得直接复制年度总结及经验报告，字数要求为 1500 字以上。

校长任职资格制度是校长职业发展的最基本制度，是校长培训的第一环节，进行任职资格培训并获得培训合格证书，既是校长资格需要满足的实体要件，也是获得校长资格的程序要件。因此，将校长任职资格培训的考核结果作为其培训结业及任职考核的重要依据，是促进校长提高自身素质和能力的重要一环，是保障我国中学新任职校长队伍资格水平的重要一环。现行海南省中学校长任职资格培训的考核方式分为两个部分：一是平时考核，主要是参训情况，课程鉴定结果只有"合格""不合格"两种；二是终极考核，主要通过学员的《读书心得》《学校发展规划》等来进行考核。两部分考核方

式的权重配比并没有明确，考核的结果均以"合格""不合格"来鉴定。考核合格者统一颁发结业证书。虽然考核结果存在"合格""不合格"两种，但实际培训过程中，除了不能完成学习规定任务的情况，基本考核结果均以"合格"为主。这样的"合格"评定标准与我国设置"校长任职资格制度"初衷存在一定的不符。有校长直言："我认为考核评价机制也要完善，不能认不认真一个样，有没有效果无所谓，应付式的就不好了。"

校长任职资格培训应该是一项严肃而有挑战性的过程，旨在确保校长具备必要的素质和能力来胜任教育领导的重要职位。考核制度的不科学、不合理、不完善将降低校长对任职资格培训的参与度，降低校长任职资格培训制度的公信力，降低校长任职资格证书的含金量。因此，在考核方式和评定标准上应该更加科学、客观和全面。笔者建议海南省中学校长任职资格培训制度应大力加强考核标准的研究力度，探求"考试+考核"的双向机制，从而满足校长任职资格培训的实际需求，保障校长任职资格培训的质量。

七、培训评价的历时性演变与分析

任职资格培训效果评价也是一种倾向于"不断改进"的形成性评价，它试图在评价的过程中找出使任职资格培训有效和低效的原因，从而改进今后的培训活动，提升培训效果。因此，中小学校长任职资格培训不仅要有科学可行的评价，而且必须建立健全培训的评价反馈和修正机制，只有这样，才能不断提升校长任职资格培训的科学性、前沿性、实用性和示范性。回顾海南省中学校长任职资格培训历程，可以发现海南省中学校长任职资格培训评价主要是由培训机构自行设计并操作的学员满意度测评，多年来的培训在评价指标方面趋于一致，涉及对培训课程、培训专家、培训机构等多方面的评价（因评价维度趋于一致，具体评价情况，本书选取第27期中学校长任职资格培训班培训效果问卷调查结果引入附录七，以便对照）。

海南省中学校长任职资格培训效果问卷评价维度还是较为详细的，涉及培训收获、培训内容与培训形式、授课老师、项目管理、对项目改进的建议与意见等，基本可以反映出学员评价的各个方面。但是培训评估不仅仅包含学员的反映层面，还应该包含学员学习真实收获层面以及学员返岗行为改进以及产生的实际培训效益层面。单一的学员评价不能反映出培训效果的综合情况。与此同时，项目在培训过程中和培训结束后，缺乏培训反馈、评估和跟踪，导致培训不能适时调整培训内容，改进培训活动。评估只是采用问卷调查和查看学员作业的方式，评估方法单一，且对学员培训的后续跟踪不及时、不到位，不能很好地改进培训。需要增加在培训中的反馈，增加多元化的反馈方式，及时调整培训内容和培训方式。要进一步争取进行第三方委托评估、学校实地考察、听取各方意见，建立博客、QQ 群、班级公共邮箱等平台，进行后续跟踪，以改进以后的培训。

八、学员心得案例摘录

品味智慧　荡涤心灵
——海南省第 26 期校长任职资格培训班读书心得（节选）

本人于 2013 年 6 月至 11 月参加了由海南省教育厅组织的第 26 期中学校长资格培训班的培训，其间，听取了不少专家、导师的精彩报告，随后按照要求通过远程网络进行了学习和自主读书活动。"养心莫善寡欲，至乐无如读书。"只要时常与书本为伍，品味书香，积累智慧，荡涤心灵，陶冶情操，读书的快乐就会与日俱增。下面就本人的读书活动说几点自己的些许感受。

本次培训一共下发了三本书，其中读得较深入还是托德·威特克尔写的《优秀校长一定要做的 18 件事》和周俊写的《教育管理热点案例研究》。两本书有很多共性，即如何更好地与人沟通与交流，丰富自我的内涵，促进学校发展。

教育其实就是人教育人、培养人、引领人的工作。校长的责任是管理和引领，首先也就是要做好人的工作。怎样做好人的工作，我想有几个关键词：吸纳、尊重、培养、评价、关怀。这是《优秀校长一定要做的 18 件事》这一本书中的核心内容。文中写道：有两种方法可以使学校在很大程度上取得进步，一是吸纳更优秀的教师，二是提高现有教师的素质。这两点说得很到位，优秀的教师自会做出优秀的教育。同时还要让每位教师更好地成长起来，要多关注教师的个人发展，积极提升老师的个人素质，鼓励和支持教师的个人发展，这时老师就会成为学校的活水，只要引导得当，学校就会充满活力。文中的另外几条建议很好：

1. 一旦意识到你所面对的候选人有很大的发展前景，你就必须立即使他清楚你对他的期望。

2. 在经验和才能两个指标里，以才能为招聘重点才是高瞻远瞩的表现。

3. 不要仅仅把优秀教师捧得高高的来让人仰慕，也不要把他们作为模范从集体中分离出来。应该建立一种教师之间能够互相观摩互相交流的机制。

4. 不要因为优秀老师的能干而让他们承担许多工作。如果总是让最好的老师去完成一些不重要的工作，就等于是在浪费一种可贵的资源。如果能让别人来做一些不太重要的事，既能保护优秀教师，同时也能使其他教师得到锻炼。

这些闪光的智慧让人茅塞顿开，只要把这些想透了，做事就会少走弯路，更容易了。

打铁还需自身硬。校长又该如何很好地丰富自身的内涵？周俊所写的《教育管理热点案例研究》有很多妙点呈现。校长成长有两条路径：一是对校长进行培训；二是校长本人进行自我开发和修炼。其实，每个人的成长就是一个学习与内化的过程。如果能将个人所学不断沉淀为自己的知识与智慧，完善自我修为，"君子之守，修其身而天下平"，就会成为一个不误人、不折腾的校长。怎样进行自我修炼？

文中有很好建议：1. 撰写个人日记；2. 加入学会和专业团体；3. 为刊物撰稿；4. 培训和教育他人。按以上方法，只要日积月累，坚持不懈，就会成为一个合格的校长，优秀的校长。

做好了人的工作，接下来就是学校的发展了。学校的发展首先是规范。依法治校，建立切合本校的制度；做好家校的联系与沟通；以教育科研来兴校，逐步建立自己的学校文化，以文化来管理和建立价值观。那么，做好这些以后，还要明白学校的中心工作是什么。我想还是学生的成长与发展，这是学校工作的重心。校长必须坚定学校的一切工作都应该是有利于学生发展的。当外界赋予学校很多事务时，校长一定不要因为热点问题而转移了学校工作的重点，无论作出什么决定或采取什么行为，都应该考虑这样是不是最有利于学生的。老师们也是如此。由此，在对一些事情进行判断时，思路就清晰多了，主要看这种行为是否有利于学生的发展。

书中还有很多的智慧，但"弱水三千，只取一瓢饮"。这段培训的日子，很多时候我都在平平仄仄书香墨雅之间一路行走，不时会有些许的新奇与感动，我会静静地沉淀，以便在今后的工作中不断改进与提升。

成功来自方法和坚持

——参加第28期中学校长任职资格培训班学习体会（节选）

有幸和来自全省各市县的40多位新任或拟任中小学校长一起，参加校长任职资格培训班。通过集中培训，系统地学习了国内外最新教育理论、管理理念和教育教学管理经验；系统地研究探讨了各学校在教育教学管理工作中共同面临的热点和难点问题，感觉收获非常大。通过学习，在很大程度上提升了履行校长职责必须具备的思想政治素质、品德修养、教育知识、管理知识和管理能力。收获是全方位的，无法一一表述，一个总的体会是一个好校长的成长来之不易，一个好校长的成功来自科学的方法和不懈的坚持。

一、要加强学习，提升能力

不管是海南省几位知名校长的专题讲座，还是小组研讨交流，抑或典型案例分析解读，都让我充分体会到，作为校长，职业光荣，职责重大，有幸能担任一个学校的校长，是上级领导和广大教职员工的信任，也是自己努力奋斗进取的回报，但要想当好一个合格的校长，必须全面掌握国家的教育政策和法规，不断提高科学管理学校的能力和水平，才能真正履行好校长的岗位职责。

提高能力，最重要的方法是学习，比如此次培训班的集中学习，既要加强理论知识的学习，也要注重实践的锻炼提高，在小组研讨和各组汇报特色典型案例时，全体学员非常踊跃，纷纷结合自己的岗位实践，共同探讨学校教育教学管理中的一些难点、热点问题，一些好的经验、好的做法，让人拍手称快，也让人叹为观止，大家学得聚精会神、如痴如醉，也深受启发，效果非常好，能力在不知不觉中得到提高。集中学习结束后，回到工作岗位，仍然要继续加强自身的学习，既要认真学习理论知识，尽快让自己的教育教学管理知识形成体系，也要立足本职岗位，在实践中学习提高，提升能力，促进工作。

二、要坚定办好学校的信心和决心，要为成功找方法

三位一线校长的报告内容特别激励我，他们的内容切合实际，他们的话语通俗易懂，他们的风格平易近人，他们都是用智慧和方法创造了学校发展的辉煌业绩，而且农垦中学和城西中学都是在特别困难或特别薄弱的基础上，通过一系列有效方法，加上持续的坚持和努力，用心做事，用情爱校，终于

办出特色，办出成绩，值得认真学习和借鉴。他们的成功，坚定了我在困难情况下办好学校的信心；他们的成功，提醒了我要为成功积累经验，要为成功找到合适自身特点的方法；他们的成功，激励了我要当好校长，要努力争取当名校长，要努力成为教育专家，要让自己真正有能力为学校发展，为海南省基础教育事业的辉煌作出应有的贡献。

三、用创新寻求突破，用坚持引领跨越

任何成功都不是偶然，长期的努力使其必然。这次培训班的学员基本上都来自偏远农村学校，大多数的学校现实情况不容乐观，学生生源质量、师资配备等诸多方面存在困难。面对困难，面对难题，学员们没有气馁，没有放弃，从小组研讨情况来看，大家都在努力提升自己的能力，吸取别人的好经验，积极思考自己的工作。我认为，最重要的是学会运用这次培训的优秀成果，用创新创造突破学校发展的难题，用坚持和不懈的努力来引领教育事业实现跨越。当真正办好了学校，办出了成绩，当成长为全省知名校长，成长为全国知名校长时，大家的口碑就是这次学习的最大收获。

明晰角色　认清形势　不断求索
——海南省第 35 期校长任职资格培训班研修心得（节选）

我有幸参加了 2022 年中学校长任职资格培训班的学习，在为期 7 天的学习时间里，受到了很大的启发。这也使我进一步理解了校长应具备的理论素养和能力素质，提升了校长的领导力、管理力、执行力，实现学校快速发展。应该说，这次学习不仅使我开阔了眼界，拓宽了思维，更明确了自己的责任和使命。虽然时间很短，但受益匪浅。此次培训学习的主要形式是理论学习、学习名校管理经验和考察参观。

这次培训，我获得了几点深切感受：

1. 对校长在学校建设发展中的角色地位理解得更深刻。《激发潜能　引领发展》《校长的领导力——学校发展的引擎》等专题报告，演绎了这些名校怎样一步步打造学校特色。精辟的论述，先进的教育、教学、管理的理念，都在教育引导着我，促使我反思而奋力前行。

2. 认清形势，明确了我今后工作的目标，心底踏实了。培训让我更加理解了学校该做什么，不该做什么。让我们更明白了独特的办学视角和管理思

想决定了学校今后的发展。伴随着基础教育课程改革和学校管理体制改革的深入，校长负责制的内涵在不断丰富和发展。在这种形势下，校长自主权首先体现在办学思想、办学特色及课程设置等方面。校长，已不再是传统意义上的"一校之长"。在新的时代背景下，作为一校之长，应该担当好改革发展、全局工作等重要角色。

3. 找到差距，增添措施。通过此次培训学习，深感我们的教育与发达地区的教育不仅是教育投入的不足与教育观念的落后，还有管理意识的粗放随意。我们作为教育相对滞后的地区，首先要规范办学行为，通过制度规范办学，也要根据教育发展的多元化或特色发展的需要，在办学评估与学校管理等方面给予一定的选择性，这样才能促进海南教育的快速发展。

几点思考：

1. 怎样做好学校课程改革及学校发展的设计师。

学校的改革发展是一个动态、连续的过程，只有起点而没有终点。在学校各项规划和计划的制订过程中，校长起着举足轻重的作用，因为这些规划和计划其实就是校长教育思想的集中反映。所谓校长的教育思想，就是校长对教育的本质和育人功能的理性认识，对教育发展趋势的总体把握，对教育与社会政治、经济、文化关系的深刻理解。然而，校长绝不可以凭借自己的主观臆断或一厢情愿去制订、设计学校规划，而需要充分依靠全体教职员工及学生的力量，群策群力去完成。校长不能把自己的既定想法有意无意地强加给老师，而是要以和谐、民主、尊重的姿态去感召和激发教师的智慧，以自己先进的思想、开阔的视野、丰厚的积淀去引领教师的智慧，使他们积极地、自觉自愿地加入学校规划的制订和设计中，以集体智慧构建学校的发展蓝图。

2. 如何进一步提升教师能力素质，在改革创新上做教师的引路人。

没有改革就难以发展，缺乏创新发展就会滞后。作为管理者，我们究竟可不可以通过一种有效手段，让教师反思自己的能力素质是否适应新时期的教育教学岗位，自己是否还应该继续学习，不断完善自己。能否制定一套激励机制使我们的教师乐意、主动地接受培训，将"要我培训"转化为"我要培训"。如何构建一种新型的学校文化，为教育管理者与教师搭建平等对话、交流的平台，为教师形成终身教育思想创造良好的氛围和条件。

3. 如何将学习名校特色教育的办学经验转化，最终形成我校独特的办学特色。

　　足球校园是我校办学特色。我校的现实情况是一所单设初中学校，全校有11个教学班，学生550名，教职工34人。教师总量虽多，但是学科配备不合理。学校生源背景参差不齐，留守儿童数量也多。由于种种特殊的原因，近年生源素质下降趋势明显，形成了办学的外部压力。自2013年学校高中部迁入市实验高中以来，学校的教育教学水平、社会效应都取得了较大的突破。通过学习考察，我深深地知道：作为校长，唯有不断加强自身学习，更新自己的教育教学观念，才能促进教育内涵发展，使学校教育办学水平更彰显教育的生命力。希望通过全体罗峰人的共同努力，实现"着力生命教育，追求和谐发展"的办学目标。

　　总之，校长培训，时间虽短但收获颇大，用心品味用之不竭，学以致用思考更深。真正做好教育，需要一份宁静之心，少一点浮躁，多一份清醒，少一点功利，多一份淡薄。在今后的工作中，我们将继续以科研为先导，以德育为首位，以教学为中心，以队伍建设为突破口，全面实施"以生命教育为核心，以立人教育为目标"的素质教育，在教育现代化的号角声中，不断实现学校建设和管理的新跨越。相信我校在大好教育新形势下会阔步前行，明天会更好。

第二节　海南省中学提高培训项目实施情况分析

　　1999年《中小学校长培训规定》第7条规定："……面向在职校长进行的以学习新知识、掌握新技能、提高管理能力、研究和交流办学经验为主要内容的培训。培训时间每五年累计不少于240学时……"中学校长提高培训是任职资格培训合格之后的再培训，是岗位培训的拓展和提高，是面向在职校长进行的以学习新知识、掌握新技能、提高管理能力、研究和交流办学经验为主要内容的培训，目的是贯彻自学、研讨为主的原则，从实际出发，综合利用理论教学、自学读书、研讨交流、案例分析、考察调研、论文写作等多种教学方法，达到更新教育观念，提高校长解决当前学校管理中遇到的难点和热点问题的能力。因此，校长提高培训必须做到"有效"，必须达到"提高"的目的，否则就会出现办了提高培训班却未真正提高，流于形式走过场的局面。因此，中小学校长提高培训工作的起点更高，难度更大，任务更重。

30 多年来，海南省中学校长提高培训工作不断加强过程管理、终结测评和追踪问效机制，引导校长学员将所学内容运用到学校教育教学管理实际之中，促进学校办学行为的改进。

一、项目实施情况概览

中小学校长提高培训是在中小学校长岗位培训基础上的一次拔高性培训，是校长岗位的继续教育。1995 年 12 月 28 日，国家教育委员会发布的《关于"九五"期间全国中小学校长培训指导意见》指出，"继续加强中小学校长培训工作，进一步提高中小学校长的政治、业务素质和管理能力，是一项事关基础教育改革和发展全局的基础性工作，对普及九年义务教育及全面提高中小学教育质量和管理水平具有重要的战略意义"，要"从社会主义市场经济体制下教育改革与发展的需要和中小学校长队伍的实际出发，积极探索并逐步形成分层次、分类别、灵活有效的中小学校长培训新格局"，决定在"'九五'期间，要在岗位培训的基础上，继续对中小学校长进行提高性培训"。"九五"期间，海南省中学校长提高培训从 1997 年 4 月开始，但由于各种原因，全员校长提高培训并未完全完成。1999 年《中小学校长培训规定》颁发后，海南省全面开展中学校长提高培训工作，并于 2001 年开始实施 1999 年《中小学校长培训规定》颁布后的海南省第一批校长培训项目。实施至今已开展了 20 余年，并相继印发了《海南省"十五"期间基础教育干部培训规划》《海南省"十一五"期间基础教育干部培训规划》等多项文件保障提高培训工作的有序进行。2015 年，海南省颁发《海南省中小学"好校长、好教师"培养工程（2021—2025 年）实施方案》，明确规定"对在职中小学校长，进行每五年累计不少于 360 学时的提高培训……贯彻实行五年一周期不少于 360 学时的中小学教师全员培训制度"。

海南省中学校长提高培训是根据时代要求和教育改革发展的新需要，对广大中小学校长进行的以知识更新补缺为主要内容（新观念、新知识、新技能、新方法）的再培训、再进修、再学习。通过培训，使广大校长不断提高政治思想素质和职业道德水平，了解现代学校管理思想和学校管理基本理论，掌握现代教育教学方法和现代教育技术，进一步提高管理水平和依法治校的能力，提高组织和领导基础教育课程改革的能力和水平，提高反思、实践、组合、建构的能力，达到学会学习、转变观念、转换角色、改善行为、促进发展的目的。因此，本书将阶段性选取 2001 年（"十五"期间），2006 年（"十一五"期间）、2012 年（"十二五"期间）、2017 年（"十三五"期间）、2022 年（"十四五"期间）作为研究节点，以期更好地研究海南省中学校长提高培训的历时性变化。研究思路如下图 3.3 所示：

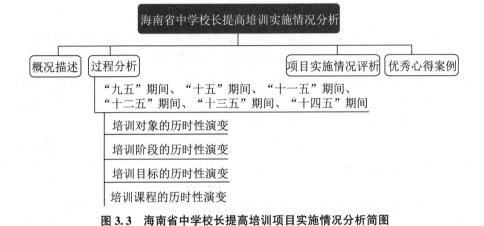

图 3.3　海南省中学校长提高培训项目实施情况分析简图

二、培训对象的历时性演变与分析

了解参训对象的学历层次、能力水平、学校情况等是有效开展培训的前提。在培训对象方面，30 多年来，海南省中学校长提高培训基本按照《中小学校长培训规定》《海南省中小学"好校长、好教师"培养工程（2021—2025 年）实施方案》的培训要求，对在职中小学校长，进行每五年累计不少于 240 学时的提高培训，培训对象的覆盖面较广。但在培训时期上，存在两个明显阶段。一是海南省中学校长提高培训在"九五""十五""十一五"期间更多地采取了分期、分批制的提高培训，存在同一批培训对象参加跨年度的提高培训、同一年度的分批次培训等情况。二是"十二五"时期区别于以往，在"国培计划"、海南省"好校长、好教师"培养工程的引领、要求下，校长提高培训实施更加规范化，校长提高培训变为分主题式年度性培训，构建了中学校长示范性提升培训、农村校长能力助力提升培训等项目维度。校长可根据个人情况选择参加，满足五年 360 学时的研修任务即可。其中海南省中学校长示范性提高培训项目可以看作中学校长提高培训项目的发展版，自

2015 年始每年由省级培训部门牵头，各市县上报参训人员名单，每年培训 50 人至 100 人已取得任职资格培训合格证书的现任中学正、副校长和完全中学党支正、副书记。为避免重复，本书选取 2014 年中学校长提高培训及 2018 年、2022 年中学校长提高培训示范性项目实施情况作为代表，阐述"十二五""十三五""十四五"时期海南省中学校长提高培训的变化趋势。

（一）"九五""十五""十一五"期间的海南省中学校长提高培训对象

1995 年 12 月 28 日，国家教育委员会发布《关于"九五"期间全国中小学校长培训指导意见》，指出"继续加强中小学校长培训工作……从社会主义市场经济体制下教育改革与发展的需要和中小学校长队伍的实际出发，积极探索并逐步形成分层次、分类别、灵活有效的中小学校长培训新格局"，决定在"'九五'期间，要在岗位培训的基础上，继续对中小学校长进行提高性培训"。因此，自"九五"时期开始，海南省就在国家文件的指导下开展具体的海南省中学校长提高培训。具体情况见下表 3.8：

表 3.8　海南省中学校长提高培训基本情况历时性变化表——培训对象

海南省中学校长 提高培训年度	培训对象
"九五"期间	"九五"期间共有 571 名中学校长取得提高培训合格证书
"十五"期间	"十五"期间共有 830 名中学校长取得提高培训合格证书
"十一五"期间	"十一五"期间共有 897 名中学校长取得提高培训合格证书

（二）"十二五""十三五""十四五"时期的海南省中学校长提高培训对象

"十二五"时期开始，海南省中学校长提高培训在"国培计划"等项目的引领下，尝试开展了一系列改革性的探索。一是培训的年度期数变得更加规范化，由原先的同一年度多期，不同年度期数区别过大等情况逐渐梳理为每年度一期的常态化培训项目。二是培训机构的变迁。2014 年之前的海南省中学校长提高培训项目主要由海南师范大学牵头实施，2015 年至 2021 年的海南省中学校长提高培训，转为海南省中学校长示范性提高培训项目，由海南热带海洋学院牵头实施。2022 年再次转由海南师范大学实施。以 2014 年、2018 年、2022 年为例，海南省中学校长提高培训项目情况如下：

表 3.9 海南省中学校长提高培训基本情况历时性变化表——培训对象

海南省中学校长 提高培训年度	培训对象
"十二五"期间	以 2014 年为例，实施主体单位为海南师范大学，对已经取得"任职资格培训合格证书"的 80 名中小学在职校长进行提高培训。
"十三五"期间	以 2018 年为例，实施主体单位为海南热带海洋学院，对已经取得"任职资格培训合格证书"的 58 名中小学在职校长进行示范性提高培训。
"十四五"期间	以 2022 年为例，实施主体单位为海南师范大学，对已经取得"任职资格培训合格证书"的 60 名中小学在职校长进行示范性提高培训。

因此，在培训对象上，纵观整个 30 多年发展历程，可以看出海南省中学校长提高培训的对象基本按照国家对于"校长提高培训"的对象定位选拔，主体由"已取得任职资格培训合格证书的现任中学正、副校长和完全中学党支部正、副书记"组成，主要面对在职中学校长，进行每五年累计不少于 360 学时的提高培训。同时，"十二五"之后，在"国培计划"、海南省"好校长、好教师"培养工程的引领、要求下，海南省中学校长提高培训项目尝试进行质量提升，从省级层面每年举办示范性提高培训，且不完全依赖于一家培训实施机构的培训思路，也在一定层面上促进了海南南北部培训的侧重、融合与发展。

三、培训阶段的历时性演变与分析

在学习期限方面，从海南省中学校长提高培训基本情况历时性变化表（表 3.10）中可以看出：30 多年来海南省中学校长提高培训严格按照《中小学校长培训规定》《关于进一步加强中小学校长培训工作的意见》的指示精神和培训要求实施，"九五""十五""十一五"每期累计培训学时均为 240 学时，培训的主要方式是针对同一批学员开展多年度培训，2 年至 3 年内完成 240 学时的研修任务。《关于进一步加强中小学校长培训工作的意见》颁布后，根据意见精神，按照年度计划实施海南省中学校长提高培训，变多年度培训为单年度系统培训，每期累计培训学时增加为 360 学时。

随着时代的发展、培训观念的转变、提高培训类型的扩展，有关培训组织、培训阶段逐步变得丰富，由"九五"期间的"集中培训+实践考察"两种方式逐步递增且丰富至"集中理论培训、远程网络研修、在岗自主研修、跟岗实践"等多种方式。尤其"十五"期间引入的"校长论坛"的培训方式，让校长以"新课程背景下的学校发展探讨"为主题，让校长按校长的实际分工"带着问题交流研讨"，共设正职校长、政工副校长、教学副校长、后勤行政副校长四个分论坛，最后提交了论文247篇，是海南省"九五"以来规模最大的一次全部由校长参加的论坛，是当时在中学校长培训方法上的一次创新。"论坛"期间问卷调查结果表明：78%的校长认为"按工作性质分组开展中期研讨"的方式很好，但是校长论坛的形式在后期的几个五年发展中并没有持续性出现。

从30多年培训阶段的划分上看，虽然海南省中学校长提高培训力求合理化、有效化，但培训的年度连续性实施思路有所中断、培训阶段的安排上相较之前不够精细，可能是由于培训机构的主体性变迁，也可能是由于培训管理者的变化交替，还可能是因为当前各级各类培训项目的增多造成了培训管理者对提高培训项目的认知不足，有待进一步考证。

表3.10　海南省中学校长提高培训基本情况历时性变化表——培训阶段

时期	期数	学时	阶段分配
"九五"期间	分四期进行轮训	两年内完成240学时	集中培训 实践考察
"十五"期间	分两期进行	三年内完成240学时	集中培训 网上学习 校长论坛 实践考察
"十一五"期间	分两期进行	三年内完成240学时	集中学习 交流研讨 网上学习 在岗研修 教育考察
"十二五"期间	自2013年始，转变为年度培训；本时期以2014年为例	单年度360学时	集中理论培训 远程网络研修 在岗自主研修 影子培训 校长论坛

时期	期数	学时	阶段分配
"十三五"期间	本时期以2018年示范性提高培训为例	单年度360学时	集中理论培训 远程网络研修 在岗自主研修 影子培训 校长论坛
"十四五"期间	以2022年示范性提高培训为例	单年度360学时	集中理论培训 在岗自主研修 跟岗实践

四、培训目标的历时性演变与分析

对海南省中学提高培训项目的合理化实施需要设计明确且针对性强的培训目标，这是项目环节安排、课程设计与开发的起点和依据，也是评判培训是否达到培训效果的标准。从表3.11几个时间阶段海南省中学校长提高培训项目培训目标的设计情况可以看出，多年来海南省中学校长任职资格培训目标的设置存在很大的变化，这与校长提高培训项目的定位有关。校长提高培训是针对已经参加过任职培训的中学校长以学习新知识、交流新经验、研究新问题为主要内容，以帮助校长形成办学新思路，进一步提高组织实施素质教育的能力的培训。因此，在培训主题的凝练上会有变化，但是需要认识到，地方性的校长提高培训需要在关照国家关于校长提高培训总体定位"是让校长学习新知识、掌握新技能、提高管理能力、研究和交流办学经验为主要内容的培训"的基础上，关照地方实际需要。同时，亦需要注意地方培训的年度主题间的关系等。

表3.11　海南省中学校长提高培训历时性变化表——培训目标

时期	期数	培训目标
"十五"期间	分两期进行	以全面加强中学校长的能力建设为核心，以校长职业道德建设为重点，以新课程背景下的学校管理和师资队伍建设为主要内容，创新培训手段，更新培训内容，努力提高中学校长培训工作的质量与水平。

续表

时期	期数	培训目标
"十一五"期间	分两期进行	1. 通过培训，使广大校长不断提高政治思想素质和职业道德水平，掌握现代教育教学方法和学校管理理论，基本掌握现代教育技术；进一步提高管理水平和依法治校的能力，提高实施基础教育课程改革的能力。 2. 着重解决"科学进行学校规划""提高课堂教学实效""研究校本培训，提高教师素质"等当前学校管理中存在的问题。
"十二五"期间	以2014年为例	1. 更新教育教学理念，树立科学的管理思想，掌握先进的办学理念和办学方法；完善以学校日常管理为核心的职能结构，提升中学校长的核心领导力。 2. 提升学校管理诊断能力。学会采用科学的方法和程序，对学校整体或某一方面的问题进行评估诊断，提高中学校长的学校诊断与发展规划能力。
"十三五"期间	以2018年示范性提高培训为例	1. 使校长了解当代社会、经济发展形势和国内外教育改革与发展动态，开阔视野，了解教育科学新知识，研究和掌握教育规律，进一步提高组织实施素质教育的能力和水平。 2. 掌握现代管理理论和学校管理理论，研究学校管理规律，了解并基本掌握现代教育技术，进一步提高管理水平和依法治校的能力。 3. 进一步增强学习意识和创新意识，更新知识结构，提高学习能力和创新能力。
"十四五"期间	以2022年示范性提高培训为例	通过系统的理论培训和实践研修活动，借鉴先进办学经验，加强学校精细化管理培训，树立精进理念，打造新时代高品质学校，助力海南自由贸易港建设，具体目标： 1. 通过培训，使参训校长了解当前教育改革与发展的新动态和新趋势，掌握中学教育的最新政策要求，加深对"五项管理""双减政策"内容及内涵的理解，明确新时代背景下学校办学方向，弘扬红色文化，加强党史学习教育，进一步落实立德树人根本任务。 2. 通过培训，更新中学校长教育理念，增强角色认识，提高中学校长职业认同感、使命感和责任感。 3. 通过培训，掌握现代管理理论和技术，不断完善以教育管理知识和实际智慧为核心的知识结构和能力结构，提升改革学校内部教育教学管理以及全面实施素质

时期	期数	培训目标
		教育的能力，促进学校教学和德育工作创新和管理水平的提高。 4. 通过培训，明确新时期教育发展目标和规划蓝图，准确把握、理解内涵，清晰认识教育发展改革路径，提升自身的领导力和决策能力，推进学校治理的现代化。 5. 通过实地观察，学习先进学校的校园管理模式，加强精细化管理培训，深刻体验、领悟基地学校的教育教学和管理的思想，进一步提高办学治校的能力。

五、培训课程的历时性演变与分析

校长培训课程设计的组织与实施，必须注重多维度合一的价值取向。要坚持有利于提升、提高培训校长项目学员的自主发展意识与能力，有利于推进度过新任职阶段的校长提升素质、发展能力，推进学校管理的内部改进与品牌建设，同时要带动周边地区基础教育发展以及教师队伍建设，所以提高培训应该是任职校长的高一阶梯的发展，注重"提升"的同时，切实解决校长在办学过程中所遇到的实际问题。纵观30多年来海南省中学校长提高培训的课程设计，笔者发现海南省中学校长提高培训课程设计的两个典型性长处。一是重视校长思想政治素养的提高。由于所处的社会环境不同，责任主体也会选择不同的道德责任层次。校长作为学校的办学责任人，可以帮助学校从一个组织转化为一个有共享盟约的共同体。因此，新时期校长培训要着力夯实思想政治建设，提高基本政治素质，贯彻党的教育方针和政策，普及国家有关教育工作的法律、法规和规章制度。二是注重校长的课程领导力建设。校长不应仅仅是学校的行政管理者，更应是关注课程设计、课程开发、课程实施与评价，对整体课程与教学产生影响的教育领导者。课程是学校的核心竞争力，开发课程就是开发学校的品牌，开发学校的未来。提升校长课程开发领导力，对于特色学校课程的研发具有重要意义。30多年来海南省中学校长提高培训的课程设计演变，详见表3.12。

表 3.12　海南省中学校长提高培训基本情况历时性变化表——理论课程

时期	期数	集中培训课程名称
"九五"期间	分四期进行轮训	1. 素质教育研究 2. 邓小平教育思想专题 3. 学校法制基础专题 4. 中学教育科研 5. 中学教育评估 6. 比较中学教育 7. 计算机 8. 社会主义初级阶段理论 9. 社会主义市场经济与基础教育
"十五"期间	分两期进行	1. 校本培训 2. 网络知识 3. 校长与新课程实施 4. 校长专业发展 5. 学校管理理论与实践 6. 新课程背景下的现代教育评价
"十一五"期间	分两期进行	1. 青少年思想道德建设专题 2. 心理健康专题 3. 教育科研方法专题 4. 教育评价专题 5. 学校安全教育与防范专题 6. 学校管理专题 7. 课程与教学改革专题 8. 现代教育技术专题
"十二五"期间	自 2013 年始，转变为年度培训，本时期以 2014 年为例	1. 中小学校长培训新政策解读 2. 新课程背景下的教学设计与教学模式 3. 从职业化角度审视教师发展 4. 学校绩效管理 5. 教师团队建设与激励 6. 学生自我管理与学习团队建设
"十三五"期间	本时期以 2018 年示范性提高培训为例	1. 校长的领导力、创造力和学习力 2. 学校德育 3. 班级文化建设 4. 选课走班制 5. 教师教研能力提升 6. 学宪法讲宪法

续表

时期	期数	集中培训课程名称
"十四五"期间	以2022年示范性提高培训为例	1. 学校文化创设与实践 2. 学校质量发展模型及评价 3. 课程领导力3.0 4. 弘扬陶行知精神，修身立范塑灵魂 5. "双减"背景下学校管理改革的思考 6. 新时代视域下学校团队建设与德育工作策略 7. 学校办学理念与课程建设分享 8. 铭记党的百年光辉历史，不忘初心，再创辉煌 9. 牢记嘱托战贫困，巴山渝水换新颜 10. 学校核心竞争力与学校品牌建设

梳理30多年课程发展脉络后发现，海南省中学校长提高培训课程设计存在一些问题。一是缺乏课程设计主线思维。多年来各阶段的培训课程虽有进步，但整体看来课程顶层设计思维仍有待加强。二是针对性仍然较弱。看似面面俱到，但设计逻辑较弱。三是与实践的结合仍不够紧密。校长提高培训面对的是任职期后的校长，他们在教育管理过程中会面临诸多困惑。因此，中学校长提高培训应着力结合时代需求、省情需求、校长个人需求，以《义务教育学校校长专业标准》《普通高中校长专业标准》中学校长的素质能力维度为指导，同时结合时代要求以及校长管理实际问题，凝练培训主题，聚焦问题设计课程。

六、项目实施情况评析

中学校长省级示范性培训是岗位培训的拓展和提高，是面向在职校长进行的以学习新知识、掌握新技能、提高管理能力、研究和交流办学经验为主要内容的培训。期望为海南省中学校长搭建一个高端宽广的能够使其得到先进教育理论启迪、办学经验分享、办学思想交流和先进文化浸润的绿色生态平台，帮助校长开阔视野，改进思维方式，提高理论水平，提升思维能力和领导学校优质发展的能力，为参训校长搭建专业成长平台。回顾海南省中学校长提高培训发展：

自1997年始，"九五"期间分四期对海南省已经取得任职资格的校长进行提高轮训，共设十门课程（包括专题）：素质教育研究（40学时）、邓小平教育思想专题（20学时）、学校法制基础专题（15学时）、中学教育科研（15学时）、中学教育评估（15学时）、比较中学教育（15学时）、计算机（60学时）、社会主义初级阶段理论（15学时）、社会主义市场经济与基础教育（10学时）、实践与考察（35学时），共240学时。"九五"时期的海南省中学校长提高培训尚在发展的初始阶段，在培训的设计、课程的安排上还存在较大的提升空间。

"十五"期间，海南省中学校长提高培训主要根据以往中学校长培训的做法同时结合国内兄弟院校的成功培训经验，在制订提高培训班的方案时，在课程设置、培训方式等方面进行了大胆的改革。一是按需要设置培训课程。根据海南省在开展的新一轮教师全员培训中普遍存在的一些问题，如培训方法单一、培训质量不高的现状，开设了《校本培训》专门课程，让作为第一责任人的校长，进一步明确校本培训的重要性和开展校本培训的方式方法，从而加强对校本培训的组织领导，提高师资力量。同时，根据当时中学校长网络知识缺乏、利用信息技术进行网上学习和管理的能力较低等问题，开设了《网络知识》专题课程，让校长在利用网上资源方面起带头作用，达到"雪中送炭"的目的。二是创新培训形式。首次将"网上培训"引入培训项目中。这是海南省"互联网+"培训探索的开端。三是引入了"校长论坛"的培训方式。

"十一五"期间，海南省中学校长培训致力于用现代业务知识提高素质和能力的实践，致力于构建与教育事业发展相适应，符合干部成长规律的分层次、分类别、多形式、重实效、充满活力的中学校长培训格局和新机制。培训主题鲜明、课程设置针对性强、理论与实践紧密结合。一方面在课程内容设置上，力求理论联系实际，理论与案例相结合；另一方面在培训方法上采用理论讲授、交流研讨、参观考察、自学反思等方式，不断提高学员的理论水平和实际运用能力。创新培训模式，实施参与式培训。把培训变成学习，鼓励学员现场与专家交流互动，组织学员进行分组讨论，积极反思、相互交流。培训班强调人人参加研讨，人人参与考察学习，体现了"参与式培训"的特点。最有特色的是尝试针对校长不同的角色分工给予不同的主题菜单式的培训，增强了培训的吸引力。以《校本研修》专题为例，进一步完善了学员关于校本培训的理论框架。通过学习，学员进一步掌握了校本培训、区域校本培训共同体、教育叙事研究的基本理论，明确了校本培训在促进教师专业发展、学生发展和学校发展中的重要作用，为学员今后更好地实施校本培训工作指出了明确的方向和途径。一定程度上"十一五"期间的校长提高培训对培训方式的探索值得借鉴和发扬。

2010年，海南省人民政府《关于加强农村中小学教师队伍建设的意见》（琼府〔2010〕26号）明确指出，"加大对校长上岗培训和能力提高培训的力度，努力造就一支思想政治道德素质好、组织管理能力强和业务水平高的校长队伍……要加强对农村教师培训组织与管理，引入竞争机制，创新培训方式，增强培训效果。各教研培训机构、各师范院校要积极主动地承担农村教师培训任务"。以2014年中学校长提高培训为例，其整体课程设计基本依据《指导性教学计划》的规定，选择一些校长学员必须了解的政策法规、教育教学、学校管理等方面的知识，邀请相关方面的专家，开发出一些基本课程；同时，为开阔校长学员的办学视野，组织校长赴省外基础教育办学经验丰富、办学特色鲜明的学校考察学习，并作为培训课程的一部分，计入学分。此外，在培训课程的组织上，还设置了在岗研修、行为改进学习阶段，促进培训效果的实践转化。

2014年，为造就一支包括幼儿园园长、特殊教育学校校长在内的高素质专业化中小学校长队伍，教育部于2014年6月6日发布通知，宣告启动实施中小学校长国家级培训计划。[1]这项计划包括中小学校长示范性培训项目和中西部农村校长培训项目。其中教育部直接组织实施面向全国的中小学校长示范性培训项目。为进一步贯彻相关文件精神，着力加强海南中小学幼儿园校长（园长）、教师队伍建设，全面提高其整体素质和专业化水平，造就一大批"有理想信念、有道德情操、有扎实学识、有仁爱之心"的好校长、好教师，2015年，海南省教育厅制订了《海南省中小学"好校长、好教师"培养工程（2015—2020年）实施方案》，加大各级各类教师培训。其中"海南省中学校长示范性提高培训项目"正式启动。经过几年的探索实施，本时期以2018年示范性提高培训为例。该项目由海南热带海洋学院具体实施，组织海南省中学校长示范性提高班学员赴广西南宁学习，主要通过专题讲座（研

---

〔1〕 "教育部正式启动实施中小学校长国家级培训计划"，载《中国教育学刊》2014年第7期，第27页。

讨）、智慧课堂展示、实地参观等方式并以校长的领导力、创造力和学习力，学校德育建设，班级文化建设，选课走班制设计与管理，教师教研能力提升，依法治校能力提升等为主要培训内容。

"十四五"期间，以 2022 年度项目实施为例，凝聚了"加强党史学习教育和精细化管理，提升中学校长办学治校能力"的培训主题。主要以习近平新时代中国特色社会主义思想为指导，深入贯彻《关于全面深化新时代教师队伍建设改革的意见》《深化新时代教育评价改革总体方案》《关于进一步减轻义务教育阶段学生作业负担和校外培训负担的意见》等有关文件精神，通过弘扬红色文化，加强党史学习教育，借鉴外省先进办学经验，增强立德树人和精细化管理办学理念，进一步加强海南省中学校长队伍建设，培养和造就一支政治过硬、品德高尚、业务精湛、治校有方的高素质专业化校长队伍，促进海南省教育优质均衡发展，展现了国家的战略定位，也体现了时代发展的需要。

纵观海南省中学校长提高培训项目，可以发现该项目的实施是一个不断探索进步的过程，每个阶段的培训都有其特色和亮点。但伴随着时代变迁、需求的变化以及机构的调整，当前海南省中学校长提高培训的整体性思路以及项目实施成效仍需加强。要基于国家的战略定位以及"提高培训"实施的本真定位，侧重校长能力的提高，不能贪多，什么内容都培训，什么内容都不精，也不能只见树木不见森林。提高培训可为且必要，需要加大变革力度，按照新时期强师计划要求，实施精准培训改革，完善自主选学机制，全面夯实校长队伍建设。

七、学员心得案例摘录

《没有办不好的学校》读书心得（节选）

按照海南省教育厅 2014 年中学校长提高培训的要求，每位参训校长学员要从海南省中学教师培训中心推荐的《我的教育视界》《没有办不好的学校》《新学校十讲》三本书中，系统阅读后，找其中的一本书撰写一篇读书笔记，作为培训作业提交海南师范大学继续教育学院的专家批阅。下面，就我读过的华东师范大学出版社出版的郑杰撰写的《没有办不好的学校》一书，谈谈自己的心得体会。

一、校长必须抱定"我能把学校办好"的信念

校长是引领学校发展的第一方阵，是第一责任人，是先知先觉者，学校在发展过程中不可避免地存在这样那样的困难和障碍，可以是物质条件，也可以是精神条件；可以是外部环境，也可以是内部小气候；可以是机制体制的问题，也可以是领导干部的管理问题，教师队伍的建设问题，学生教育培养的问题。但只有校长坚定地抱有"没有办不好的学校"的理想信念，才会确信办法总比困难多，才不会为失败找理由，而是不断为成功找办法，直面自己学校各个方面存在的不足，脚踏实地地调动所有人的积极性，最广泛地发挥不同层次和领域的人的聪明与才智，耐心细致地指导和推动学校各项工作改革与深化，用每天做好一件事的坚韧品质，去破解学校发展中的问题。校长缺乏能够办好学校的信念，即缺少了领导的精神钙质，最终会导致自身潜能的埋没，就会少了创造性工作的能力。相信自己，只要站在校长的岗位上，就要敢于挑战自己，完善自己，超越自己。相信自己，用诚实、坚韧、勤奋、拼搏的态度，定能把学校引入更好、更快的发展轨道。

二、办好学校校长要尊重客观规律

书中郑杰校长也诚恳地提醒各位校长"没有办不好的学校"是有一定的前提的，换言之，就是校长在办学中要尊重客观规律。客观规律包括：

第一，校长要与时俱进，能够顺应环境变化。现代学校不再是"理想国"，学校里的人也不再是"理想人"，学校是社会的学校，学校里的人也都是社会人，因此，校长要善于学会与社会的方方面面沟通协调，要善于团结一切可以团结的力量，为学校发展创设出宽松的外部环境；要善于发现校内人员的合理需求，给予教职员工成长的空间、时间。简言之，就是要尊重每一位教师，欣赏每一位学生，给师生创设适合他们健康成长、幸福生活的工作条件和工作环境，努力去寻找适合学生自主成长、教师自由成长的机制和途径，让校园里的每一个人都有出彩的机会。

第二，积极争取政府的支持。政府是管理学校的主体，更是建设学校的主体。学校发展需要大量的资源，需要政策的扶持，资金的投入，人力资源的配置，需要硬件建设，也需要软件建设。简言之，人、财、物一个都不能少。如果校长只是消极等待，或是自我封闭式地自力更生，必将让学校错失发展的大好机会。因而，校长要主动走出校园，走进上级政府部门的办公室，

去宣传自己的办学理念，去陈述学校发展中的合理诉求，去谋取学校发展的项目、政策、资金、设备、人员。简言之，校长要敢于放低身段，去积极争取各项有利于学校发展、有利于教师发展、有利于学生发展的政策、资金、项目，不要过多地关注校长个人的名利得失，要处处以学校发展大局为重，倾尽全力谋取政府对学校发展的大力支持。办学千难万难，有政府的大力支持均可化难为易，政府始终是学校发展最坚定的靠山。

第三，做好充分的资源储备。办好学校离不开物质储备、人力资源储备、资金储备、校园精神储备。物质储备包括场、馆、室物理空间的建设，包括仪器设备的配套。人力资源包括优师名师、学科带头人、课程开发者。资金储备包括办公经费、活动经费、合理合法的奖励津贴。校园精神储备包括校园文化建设、师生共同价值观塑造。没有丰富的资源储备，好校长也难为无米之炊。

第四，吸引区域内的学生与家长。校长要办好学校，首先要能够吸引区域内的学生与家长，而吸引学生与家长的根本在学校的教育教学质量，而提高教育教学质量的关键在教师，因而校长要着力于教师专业能力提升的培养，要千方百计地让学校的教师积极主动地实现专业能力的持续成长。因此，校长要打通教师专业成长的通道，要打造好教师专业成长的平台，要打响教师专业成长的品牌。这就要求校长始终与教职工坐在一条板凳上，倾听他们专业发展的需求，努力营造不让老实人吃亏、不让能人委屈的校园文化氛围，激发教师内强素质的原动力，用科学管理、高效管理服务教师发展让他们在各自的岗位尽心研究学生培养，研究课程标准，研究教材教法学法，研究育人模式，研究促进学生健康成长的方式方法，研究提高学生身体素质、心理素质、文化素质的途径与策略，最终形成自己学校的质量品牌，吸引更多的学生和家长，让学校进入良性循环的轨道。

三、校长要重视自身专业素养的提升

校长是全校师生员工的榜样，是引领者，因而校长要做内强素质、外塑形象的表率，具体而言，内强素质包括思想道德素质、政治素质、文化素质、科技素质、心理素质、身体素质。外塑形象，要塑温文尔雅的学者形象、亲和友善的形象、公正公平的形象、平等博爱的形象、爱国明理的形象。

校长专业素质的持续提升，更多依靠校长在工作中多读书、多思考、多实践、多反思、多总结、多倾听、多锻炼、多写作，少玩乐、少空谈、少浮躁。

简而言之，要用教育部颁布的中学校长专业标准要求自己，秉承中华民族知识分子忧国忧民的情怀，心系中华，远观世界，做一个勇于担当、能够担当的校长，用自己的聪明与才智、行动与魅力，努力把自己的学校办成人民满意的学校。

2022 年海南省中学校长能力提升示范性培训班学员学习体会（节选）

通过 6 天的学习，聆听教授、专家和校长的专题讲座，我了解了当前前沿的教育理论、教育评价和教育政策，开阔了视野，转变了观念，拓宽了思维，提高了认识，明确了使命，领略了重庆市名校的办学特色、丰硕的教育教学成果，感受到了名校的独特魅力，学习了名校先进的管理经验，与校长们进行了深入交流，感受较深收获较大，下面我就从学习和认识谈几点心得体会：

一、要办好一所学校，首先要有清晰的办学理念。正确的教育理念是学校管理和发展的前提和保证，是学校的灵魂，是办学的根本。在确保贯彻党的教育方针和政策的前提下，立德树人，根据当地文化和本校的具体情况，把自己的思想与党的教育方针政策结合起来，制定出具体科学的办学理念，并形成办学思想、办学策略、办学措施、办学特色、办学目标等一系列办学思路，成为全校师生内化于心、凝心聚力形成组织的共识，形成一种对学校未来充满信心的文化力量和精神力量。如重庆市珊瑚中学的"多彩珊瑚，精彩人生"，重庆市铁路中学的"和美发展，群星灿烂"，重庆市第九十五初级中学的"立己立人，尽善尽美"。

二、规划好校园文化建设。办学质量是学校的"根"，文化建设是学校的"魂"，用文化建设展示学校，以文化建设发展学校：一是制定符合学校特色和个性的校园文化建设方案，精心打造和设计，向外界展示学校的教育教学成果；二是把以人为本作为学校文建设最核心的价值取向，关注师生的发展；三是注重师生行为文化建设，营造一个健和谐的师生关系，与时俱进不断完善学校的制度文化。

重庆市第九十五初级中学校园环境幽雅玲珑，科学与人文交融，是学生生活与学习的人文校园、和谐家园、成长乐园。

三、树立改革创新意识。在现在的教育管理体制下，在"双减"背景下，立足实际，不怕困难，敢于奋斗，坚持"质量立校""特色兴校""文化强校"，牢固树立立德树人的思想，努力形成办学育人特色，增强学校文化底蕴。

在自己实践的基础上，汲取名校长的理论指导，形成自己的特色，形成自己的品牌，才能使学校真正办成"让学生成长，让家长放心，让社会满意"的学校。

坐而言，不如起而行，路虽远，行则将至，事虽难，做则必成。一个好校长是成就一所好学校的关键，我将在以后的不断学习中认真思考领会，加倍努力，开拓创新，执着进取，形成自己办学特色，办好人民满意的教育。

第三节　海南省中学骨干校长培训项目实施情况分析

《新时代基础教育强师计划》明确提出，"实施新周期名师名校长领航计划，培养造就一批引领教育改革发展、辐射带动区域教师素质能力提升的教育家"。因此，着力加强名校长、骨干校长队伍建设，分层分类，加大力度，精准培训，不仅是提高学校办学质量、引领教师队伍发展的重要途径，也是建设一支具有示范引领作用的品德高尚、业务精湛、治校有方、人民满意的专家型中小学校长队伍的重要手段。我国的骨干校长培训源于1995年。1995年12月，国家教育委员会《关于"九五"期间全国中小学校长培训指导意见》明确提出要形成分层次的中小学校长培训格局，提出"岗位培训、提高培训、高级研修"三层次培训概念，以"新任校长—已接受过任职资格培训的在任校长—起示范作用的学校校长"为参训对象。自此梯度引领性的校长培训路径在我国正式发展。时至今日，骨干校长培训经历了多种变迁，相应的形式有了革新。本节以海南省中学骨干校长培训项目的发展历程为主要研究对象，尝试发掘骨干校长培训的有效路径。

一、项目实施情况概览

（一）我国关于"骨干校长"培训的政策演变

1995年12月，国家教育委员会《关于"九五"期间全国中小学校长培训指导意见》颁布后，其逐步引领着我国的校长培训关注国家教育改革与发展的需要和中小学校长队伍的实际，积极探索并逐步形成分层次、分类别、灵活有效的中小学校长培训新格局。拉开了我国"骨干校长高级研修"的培训序幕。随后，1999年，教育部颁布《中小学校长培训规定》，指出要对"有一定经验、理论和研究基础的骨干校长"开展高级研修培训，以期"培养教育教学和管理专家"。2001年，教育部《关于举办"全国中小学骨干校长高级研究班"有关事项的通知》指出，实施全国中小学千名骨干校长研修计划。该计划包括骨干校长研修班和骨干校长高级研究班，研究班的目的是造就一批"教育家型校长"。2011年，教育部《全国教育人才发展中长期规划（2010—2020年）》启动了中小学名校长培养计划，期望造就中小学名校长，值得一提的是该规划要求建立"中小学名校长每五年享受半年学术休假制度"，这项制度使得骨干校长从繁忙的学校管理事务中抽出身来，为校长高级研修提供了明确的时间保障。2013年，教育部《关于进一步加强中小学校长培训工作的意见》明确提出"高级研修重点提升校长战略思维能力、教育创新能力和引领学校可持续发展能力……组织实施卓越校长领航工程"。2014年，教育部办公厅《关于启动实施中小学校长国家级培训计划的通知》提出"卓越校长领航工程……主要包括中小学骨干校长高级研修班、中小学优秀校长高级研究班、中小学名校长领航班"，三个班的目标分别是培养一批优秀中小学校长、教育家型校长后备人才和在国内外具有较大影响力的教育家型校长。

由上述政策演变过程可以看出：30多年来，我国高度重视骨干校长的专业成长与引领，由最初对校长个人专业成长的周期性以及阶段性的初步关注，逐渐延伸到骨干校长成长的阶段划分，尝试探求"新任校长—骨干校长—名校长—教育家型校长"的专业发展层次，阶梯式校长培训体系走向了完善。

（二）海南省"骨干校长"培训的雏形——校长高级研修

在国家政策的引领下，海南省骨干校长培训的发展基本遵循国家的发展脉络，但在实际实施方面，略有滞后。海南省于2004年4月至2005年4月（为期一年）举办了首期中学校长高级研修班。首期中学校长高级研修班定位于以党的十六大精神和中共中央、国务院《关于深化教育改革全面推进素质教育的决定》、国务院《关于基础教育改革与发展的决定》等文件为指导，贯彻理论联系实际的原则，组织学员围绕现阶段我国基础教育改革的问题，特别是基础教育课程改革、普通高中课程改革等问题，学习教育科学和管理科学理论知识，并就教育改革的热点问题联系海南的实际进行交流、专题研讨和教育考察，进一步转变观念，提高学员的政治素质和业务素质，促进学校教育改革，为逐步形成一支海南省中学教育改革和学校科学化管理的带头人队伍奠定基础。

海南省第二期中学校长高级研修班于2006年11月至2007年5月（为期半年）举办。第二期中学校长高级研修班定位于以中共中央、国务院《关于深化教育改革全面推进素质教育的决定》、国务院《关于基础教育改革与发展的决定》、教育部《基础教育课程改革纲要（试行）》等文件为指导，贯彻理论联系实际的原则，围绕现阶段我国基础教育改革的问题，特别是基础教育课程改革、学校科学管理等问题进行理论培训，联系国内外教育发展的形势，结合海南的实际进行交流、研讨和教育考察，进一步转变观念，提高中学校长的管理水平，为培养和造就一批具有现代教育理论素养和现代办学思想，并具有较强组织管理能力和研究能力的学校管理专家创造必要条件，为逐步形成一支海南省中学校长骨干队伍奠定基础。

关于这两期"校长高研班"培训对象要求以及实施过程和阶段的安排情况，详见下表：

表 3.13　海南省中学骨干校长培训基本情况历时性变化表

项目名称	实施时间	对象要求	主要实施过程和阶段
海南省中学校长高级研修班（第一期）	2004年4月至2005年4月（一年）	经市、县教育局推荐，省教育厅审定，选拔海南省50名中学正职校长参加培训，选拔的基本条件是：1. 办学思想端正，在全面贯彻党的教育方针政策、德育工作、推进学校管理体制改革和教育教学改革等方面成绩显著者；2. 具有大专及以上学历，有担任两年以上校长职务的经历并已经取得《中学校长任职资格培训合格证书》和《中学校长提高培训合格证书》的现任正职校长；3. 身体健康，能坚持本次培训全程学习。男45岁以下，女40岁以下者。	第一阶段理论学习阶段（30天）。2004年4月17日至5月16日。委托教育部中学校长培训中心培训。培训期间，在导师指导下阅读指定书籍，接受相关专题培训，组织学员到上海一流中学跟班学习，达到提升教育管理理论水平的目的。 第二阶段在岗实践阶段（5个月）。2004年5月中旬至10月中旬。 第三阶段考察研讨阶段（15天）。2004年10月中旬至10月底。根据海南基础教育的热点难点问题列出研究"菜单"供学员选择，在确定研究专题的基础上，按相近专题分成4至5个小组，对省内外乃至境外部分中学进行深入的考察诊断，组织交流研讨。省中学教师继续教育培训中心组织8至10名专家分别给予指导。 第四阶段撰写论文，形成成果阶段（5个月）。2004年11月至2005年3月，学员在专家的指导下完成论文。 第五阶段成果汇报和培训班总结阶段（3天）。2005年4月。学员汇报学习成果，进行论文答辩并将优秀论文集结成书，同时对培训工作进行认真总结。

续表

项目名称	实施时间	对象要求	主要实施过程和阶段
海南省中学校长高级研修班（第二期）	2006年11月至2007年5月（半年）	培训对象为海南省骨干中学校长，男45岁以下，女40岁以下。人数40人。由市、县教育局推荐，省中学教师继续教育培训中心选拔，报省教育厅师资管理处批准。	培训周期为6个月，具体步骤是： 1. 集中理论培训 2006年11月上旬，7至10天，地点在广东省教育学院。 2. 挂职学习 安排在广州市有关中学，2006年11月中旬至12月中旬，30天。 3. 在岗研修 2006年12月中旬至2007年5月中旬，5个月。 （1）阅读指定书籍（《给校长的建议——101》，王铁军、周在人主编），写读书笔记。2006年12月中旬至2007年3月底。 （2）教育考察。2007年4月上旬至中旬。 （3）交流研讨。2007年4月下旬至5月上旬，以"校长论坛"的形式实施，其间学员要提交自己的研究论文，同时进行论文答辩。 4. 总结、发证。2007年5月底，时间为一天。

由上面海南省中学校长高级研修培训（第一期、第二期）的培训实施安排发现：

第一，海南省校长高级研修班的培训目标由最初的"逐步形成一支海南省中学教育改革和学校科学化管理的带头人队伍"变为"逐步形成一支海南省中学校长骨干队伍"。"骨干校长"队伍的建设正式提上海南省中学校长培训日程，具有重要发展意义。

第二，海南省校长高级研修班（第一期）"海南基础教育的热点难点问题列出研究'菜单'供学员选择"设计尊重了骨干校长办学以及素质发展的需要。与"十三五"时期培训中提出的"淘课式"研修有着相似的思路，具有一定的培训前瞻性。同时值得关注的是海南省校长高级研修班（第二期），在以往培训形式的基础上引入了"挂职学习"的重要形式。组织参训校长赴广州在开展一周理论培训的基础上，进行 50 天的挂职学习，让校长跟随广州名校的校长以"校长助理"的身份参与到挂职学校的教育教学管理中去，是对校长能力提升的非常有效的促进手段。具体挂职方案详见附录八。

第三，重视校长的科研能力提升。在 2001 年教育部《关于举办"全国中小学骨干校长高级研究班"有关事项的通知》的指引下，海南省中学校长高级研修培训也在尝试构建"研修"＋"研究"的培训思路。最初的两期校长高级研修就非常注重校长研究能力的提高，组织校长进行论文写作与答辩，成立专家组、设置专门的论文评审方案，帮助校长构建研究思路，提升研究能力，取得了很好的社会评价。

第四，从校长高级研修班的培训对象的遴选上，可以看出第一期海南省高级研修培训项目的培训对象为"办学思想端正，在全面贯彻党的教育方针政策、德育工作、推进学校管理体制改革和教育教学改革等方面成绩显著"被市、县推荐且被教育厅审定者。第二期海南省中学校长高级研修项目的培训对象为"海南省骨干中学校长"且"由市、县教育局推荐，省中学教师继续教育培训中心选拔，报省教育厅师资管理处批准"。这里可以看出两个问题，一是第二批的培训对象直接表述为"骨干中学校长"，涉及历史上对于"骨干校长"的认识问题。类似于当前教育界中广泛争议的"名校长"究竟是"有名的校长"还是"名校的校长"的问题。二是关于各级部门审定的问题，可以看出这个阶段的"骨干校长"的审定和认定还过重地依赖于行政认定，没有制定规范系统的认定办法。

（三）海南省"骨干校长"培训的规范化与制度化

海南省中学"骨干校长"培训的规范化与制度化始于 2014 年。为贯彻落实国务院《关于加强教师队伍建设的意见》（国发［2012］41 号）、教育部《关于进一步加强中小学校长培训工作的意见》（教师［2013］11 号）精神，海南省教育厅正式发布《关于组织开展 2014—2018 年度中小学省级骨干校长（园长）推荐选拔工作的通知》，要求每五年一周期实施中小学省级骨干校长培养计划，推荐品行、能力突出的省级骨干校长参加教育部举办的名校长领航班，造就一批在国内外具有较大影响力的教育家型校长。2016 年，选拔并认定中学骨干校长 30 名，而后对这 30 名骨干校长进行再培训，于 2018 年进行结业认定。2019 年，海南省教育厅发布《关于组织开展 2019—2023 年度中小学省级骨干校长（园长）推荐选拔工作的通知》，开展了海南省第二批骨干校长的遴选、认定与培养工作。经过三年的培养，于 2021 年选拔并认定中学省级骨干校长（含引进）36 名，于 2023 年完成第二批的培养认定。因此，阶段性的培训帮助中学骨干校长形成了最新的教育教学理念、科学的学校管理思想、先进的办学制度和办学方法。反思学校管理实践中存在的突出问题，明晰当前学校存在的优势和劣势，查找问题，制订改进方案，全方位提升学校办学水平。总结办学经验，挖掘办学理念，形成特色鲜明的教育思想，发现、打造一批办学思想先进、办学特色鲜明、办学成绩突出、教育教学质量高的典范学校，培养一批在国内、省内有较高知名度的教育家型校长。通过分阶段、连续性、递进式、追踪式培训，搭建骨干校长、优秀校长的专业成长阶梯，探索骨干校长、优秀校长的专业成长路径。

探索建立"省级骨干校长—名校长"的高层次教育管理人才专业发展机制，促进海南省中学校长队伍整体素质的不断提高，是海南省中学校长培训工作的责任与使命。纵观海南省中学骨干校长培训的发展史，可以看出 2014 年以后的海南省中学骨干校长培训，从培训对象的遴选到培养制度的规范都有了重大的发展，是真正规范化、制度化骨干校长培训的开始。因此，接下来着重研究"2014—2018 年度中学省级骨干校长培训"以及"2019—2023 年度中学省级骨干校长培训"。

二、培训对象的遴选与构成分析

（一）培训对象资格选拔分析

骨干校长的资格遴选、评选和管理，是充分发挥骨干校长的引领、示范、表率作用的必要保障，是骨干校长培训的关键一环。海南省中学省级骨干校长基本按照"先推荐、资格选拔、再培训、后认定"的原则，在完成资格培训并获得结业证书后进行认定考核和发证。遴选条件的公开透明，一方面有助于提升"骨干校长"资格的公信力；另一方面也有助于在面向全体、均衡分布的基础上，做到省级调控和指导，促进教育公平。

表 3.14　海南省中学骨干校长培训基本情况历时性变化表——资格选拔

项目名称	推荐名额分配	遴选条件	遴选办法
2014—2018年度中学省级骨干校长培训	1. 该轮中学省级骨干校长评选，计划选拔中学省级骨干校长共30名（含九年一贯制学校、初级中学、高级中学及完全中学校长，不含中职系列）。 2. 按1：1.3比例确定参加资格培训对象，中学省级骨干校长资格培训对象名额为40人。 3. 各市、县（单位）按照推荐名额指标数量申报。	1. 认真贯彻执行党和国家教育方针政策，遵守国家法律法规，坚持正确的办学方向，忠诚于人民的教育事业，师德高尚，依法治校，治学严谨，清正廉洁，事业心和责任感强。 2. 担任乡镇中心校（园）、乡镇中学及以上的正职校（园）长3年以上，或副职5年以上者（含担任正职2年，副职3年或担任正职1年、副职4年者）；任期计算截止时间为2013年11月30日，以任命文件为准。 3. 年龄要求：女47周岁以下，男52周岁以下，身心健康，具有校（园）长任职资格培训合格证书。 4. 具有相应的教师资格。中学校长要具备本科及以上学历和中学高级教师职务。 5. 具有良好的发展潜质和创新精神。所任职的学校办学水平高，特色鲜明，业绩显著。任职期间个人或所在学校应获得市县政府或省级及以上教育行政部门的奖励或荣誉称号。 6. 个人和学校重视教师专业发展。运用现代教育信息技术管理学校，促进学校教科研，引领教师专业成长，有区域性影响。个人近五年取得一定的专业研究成果，发表过教育管理或教学方面的论文，或编著过教育管理、教学类著作。 7. 符合上述条件并具有以下任一条件者优先推荐： （1）获得省级以上（含省级）教育行政部门授予的十佳校长、优秀校长、优秀教育工作者或教育系统先进工作者荣誉称号之一。 （2）在近十年内被评为省级骨干校长，或参加省级及以上培训机构举办校长高级研修（时间1个月以上）并获得结业证书。	1. 遵循公开、公平、公正原则。 2. 遴选过程采取个人申请、教育行政部门逐级推荐的方式进行。各市、县教育局负责宣传、发动与组织本辖区内中学校长的遴选推荐工作，省属中学校长的遴选推荐工作由相关省级培训机构负责。在省教育厅的统筹领导下，省中学教师继续教育培训中心成立中学省级骨干校长评审专家委员会，对推荐人选进行资格条件评审，按名额遴选确定参加资格培训对象。 3. 经2年的资格培训后根据综合考核情况及公

项目名称	推荐名额分配	遴选条件	遴选办法
		（3）已被确认为省级学科带头人及特级教师者。	示无异议后确认省级骨干校长。
2019—2023年度中学省级骨干校长培训	1. 该轮中学省级骨干校长评选，计划选拔中学省级骨干校长30名（含九年一贯制学校、初级中学、高级中学及完全中学校长，不含中职系列）。 2. 根据海南省教育厅等四部门印发的《海南省引进中小学优秀校长和学科骨干教师聘期管理暂行办法》，2015年至2017年"海南省引进中小学优秀校长和学科骨干教师工程"引进的校长，属于外省的省级骨干校长或相当身份的，直接明确为海南省中小学骨干校长（单列，不占分配名额）。引进的时候不属于外省的省级骨干校长或相当身份的，可申报资格培训对象，通过竞争性评审的方式，确定为资格培训对象，名额控制在15人以内（单列，不占分配名额），并按1∶1.3比例确定	1. 认真贯彻执行党和国家教育方针政策，遵守国家法律法规，坚持正确的办学方向，忠诚于人民的教育事业，师德高尚，依法治校，治学严谨，清正廉洁，事业心和责任感强。 2. 担任乡镇中心校（园）、乡镇中学及以上的正职校（园）长3年以上或副职5年以上者（含担任正职2年副职3年，或担任正职1年、副职4年者）；任期计算截止时间为2019年6月30日，以任命文件为准。 3. 年龄要求：女47周岁以下，男52周岁以下，身心健康，具有校（园）长任职资格培训合格证书。 4. 具有相应的教师资格。中学校长要具备本科及以上学历和高级教师职务。 5. 具有良好的发展潜质和创新精神。所任职的学校办学水平高，特色鲜明，业绩显著。任职期间个人或所在学校应获得市县政府或省级及以上教育行政部门的奖励或荣誉称号。 6. 个人和学校重视教师专业发展。运用现代教育信息技术管理学校，促进学校教科研，引领教师专业成长，有区域性影响。个人近五年取得一定的专业研究成果，发表过教育管理或教学方面的论文，或编著过教育管理、教学类著作。 7. 符合上述条件并具有以下任一条件者优先推荐： （1）获得省级以上（含省级）教育行政部门授予的十佳校长、优秀校长、优秀教育工作者或教育系统先进工作者荣誉称号之一的；	1. 遵循公开、公平、公正原则。 2. 遴选过程采取个人申请、教育行政部门逐级推荐的方式进行。各市、县教育局负责宣传、发动与组织本辖区内中学校长的遴选推荐工作，省属中学校长的遴选推荐工作由相关省级培训机构负责。在省教育厅的统筹领导下，省中学教师继续教育培训中心组织成立中学省级骨干校长评审专家委员会，对推荐人选进行资格条件评审，按名额遴选确定参加资格

项目名称	推荐名额分配	遴选条件	遴选办法
	为省级骨干校长。 3. 各市县（单位）按照推荐名额指标数量申报。	（2）参加省级及以上培训机构举办校长高级研修（时间 1 个月以上）并获得结业证书的； （3）已被确认为或评审为省级学科带头人及特级教师的。 已获得省级骨干校（园）长称号的人员，原则不再参加推荐选拔。	培训对象。 3. 经 2 年的资格培训后根据综合考核情况及公示无异议后确认省级骨干校长（园长）。

由上表中关于两届海南省中学省级骨干校长的遴选要求，可以发现：

第一，在推荐名额分配上，两届省级骨干校长的要求基本一致，都是最终推荐选拔 30 名，各市县按照分配名额进行申报，遴选比例为 1 : 1.3。但是 2019—2023 年度骨干校长推荐中酌情考虑了海南省对外引进的骨干校长的情况。这主要是因为 2015 年海南省政府办公厅印发了《海南省引进中小学优秀校长和学科骨干教师工程实施方案》，决定从 2015 年起用三年时间面向全国引进 300 名中小学优秀校长和学科骨干教师，用以加强全省校长教师队伍建设，提升基础教育人才队伍质量，发挥示范引领作用。为做好这批引进校长教师的服务和管理工作，完善"引得来、留得住、用得好"的机制，促进引进的校长教师发挥示范引领作用，从"输血"向"造血"转变，要"做好引进校长教师岗位的对接聘任"工作。因此，在 2019—2023 年度骨干校长推荐认定中明确，2015 年至 2017 年"海南省引进中小学优秀校长和学科骨干教师工程"引进的校长属于外省的省级骨干校长或相当身份的，直接明确为海南省中小学骨干校长（单列，不占分配名额）。引进的时候不属于外省的省级骨干校长或相当身份的，可申报资格培训对象，通过竞争性评审的方式，确定为资格培训对象，名额控制在 15 人以内（单列，不占分配名额）。这项遴选条件既考虑了引进校长的专业发展连续性，也保障了本地校长的专业发展机会。

第二，在遴选条件方面，两期骨干校长遴选条件都涉及政治意识、任职资格及年限、年龄范围、教师资格、职称条件、业绩科研等方面，同时对于"获得省级以上（含省级）教育行政部门授予的十佳校长、优秀校长、优秀教育工作者或教育系统先进工作者荣誉称号之一的、参加省级及以上培训机构举办校长高级研修（时间 1 个月以上）并获得结业证书的、已被确认为或评审为省级学科带头人及特级教师的"进行优先考虑，既体现了共性特征也关照了个性需求。总体而言，遴选条件还是较为全面的。特别是在遴选条件中关涉了"取得任职资格证书""参加过高级研修"的条件，很好地将校长培训的各阶段要求融入校长专业发展的路径中，既为校长的专业发展提供了引领也为阶梯性培训体系的构建提供了保障。

　　两期中学骨干校长的遴选条件变化不大，唯一的区别体现在 2019 年明确了"已获得省级骨干校（园）长称号的人员，原则不再参加推荐选拔"，这项条件的增加是必要的，既避免了培训资源的浪费，又促进了骨干校长队伍的建设。因此，两期中学骨干校长的遴选的条件，体现了遴选的连续性。对于一项资格认定的条件在没有客观时代要求、省情要求的情况下，要体现一定的连续性特征，才更容易为有志成为海南省中学骨干校长的校长提供"目标"性的引导，有助于校长的专业发展。

　　（二）骨干资格认定分析

　　"2014—2018 年度中学省级骨干校长培训"以及"2019—2023 年度中学省级骨干校长培训"的培训阶段安排基本一致。两期培训过程都是"遴选培养对象—两年培训—第三年进行培养对象认定考核—两年的再培训后给予最终认定"（具体的各阶段培养安排、方式详见下一部分，在此不再赘述）。其中培养对象的认定考核是省级骨干校长培训的重中之重，因此海南省教育厅、海南省中学校长继续教育培训中心对此都极为重视。每一期都出台了详细的遴选考核方案，明确了认定的条件。具体详见下表：

表 3.15　海南省中学骨干校长培训基本情况历时性变化表——骨干资格认定

项目名称	认定年度	认定条件
2014—2018 年度中学省级骨干校长培训	2016 年	主要从个人情况、学校发展、培训情况、发挥骨干作用四个方面进行。 （一）个人情况 个人情况主要考察遴选校长在培训期间个人的基本表现、获得荣誉及科研情况。校长提交 2013—2015 年度考核登记表、2013 年至 2015 年个人所获得的政府或教育行政部门的奖励、荣誉称号，承担的研究课题或发表、出版的教育教学论文、著作。此项由中心进行量化打分，奖励荣誉占总分 5%，科研能力占总分 5%。

续表

项目名称	认定年度	认定条件
		（二）学校发展 主要考察校长在培训期间办学行为改进情况。要求校长提交学校办学行为改进报告，内容包括学校办学思想、办学行为、管理经验、办学特色与实绩等。由中心组织相关专家对学校办学行为改进报告进行评阅打分，同时针对报告中的内容和问题进行答辩并进行打分。报告文本评阅占总分20%，答辩占总分30%。 （三）培训情况 培训情况主要考察校长学员2014—2015年度在中心组织的各项培训的表现和成效。 1. 培训表现：出勤率、研修作业、纪律表现等。此项由中心打分，出勤率占总分5%，研修作业占总分3%，纪律表现占总分2%。 2. 培训成效 （1）闭卷考试。主要考察遴选对象学校管理基本理论掌握情况，以及运用理论分析问题和解决问题学校实际问题的能力。由中心组织专家出题，并阅卷打分，占总分15%。 （2）提交资格培训期间的培训总结。包括：培训基本情况、培训收获、培训反思、培训意见与建议等，占总分5%。 （四）发挥骨干作用 发挥骨干作用主要考察校长学员发挥骨干示范、带动和辐射作用，积极参加省市县组织的学校交流活动、对口支教或帮扶活动等，担任省及市县各类培训的实践导师、授课教师、顾问专家等。本项由校长学员提供相关证明材料，由中心进行量化打分，占总分10%。 （五）考核总分为100分。具体计算方法：总分＝个人奖励荣誉×5%＋个人科研能力×5%＋办学行为改进报告文本评阅×20%＋办学行为改进报告答辩×30%＋出勤率×5%＋研修作业×3%＋纪律表现×2%＋闭卷考试×15%＋培训总结×5%＋发挥骨干作用×10%。
2019—2023年度中学省级骨干校长培训	2019年	考核从培训、笔试、陈述及答辩三个方面进行，分值分别占15%、40%、45%。 （一）培训 满分100分。培训情况主要考察学员入选培养对象之后所参加培训的表现，包括集中培训及网络研修，分值分别占培训分数的70%、30%。 1. 集中培训表现包括集中培训出勤情况、集中培训作业完成情况、集中培训总结、网络研修情况。

续表

项目名称	认定年度	认定条件
		2. 网络研修：根据培训完成情况（包括网络学习的学时、专业完成情况、参与专题活动情况等），由网络研修实施单位（中国教师研修网）评分。 （二）笔试 满分100分。采取闭卷考试的方式，主要考察学员对学校教育教学管理理念、规律掌握情况，对当前我国教育发展趋势的认识和理解，以及运用理论分析、研究和解决学校实际问题的能力。具体题目由中心组织专家出题，题目类型为案例分析。 （三）陈述及答辩 满分100分。主要考察学员通过培训后，在办学方面有哪些收获及思考，在办学实践方面已经做了哪些工作，以及下一步准备打算做什么、怎么做。 学员陈述：主要陈述自己在办学思想、办学主张方面的思考，以及在办学实践方面的行动措施及实施效果。 评委提问及学员答辩：评委针对学员的陈述，针对性地提1至2个问题，学员作答。 （四）总分=培训分数×15%+笔试分数×40%+陈述及答辩分数×45%。

（三）培训对象构成分析

两期海南省中学骨干校长遴选经过个人申请—教育行政部门逐级推荐—省教育厅统筹领导—评审专业委员会认定参训资格—资格培训—考核认定—再培训—资格认定，共确立了66名海南省中学骨干校长。具体分析海南省中学骨干校长队伍的人员构成可以看出几个关键性的信息：

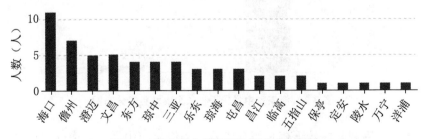

图3.4　海南省中学骨干校长地域分布图

第一，在地域构成上以海口最多（11位），儋州（7位）次之。保亭、定安、陵水、万宁、洋浦最少，各一位。同时，根据海南省 2021 年教育统计年鉴，海南省 2021 年普通高中全省共计 133 所，初中共计 404 所。其中海口中学数量最多，儋州、三亚次之，澄迈、文昌、琼海、乐东、万宁的学校体量相较都比较大，但是学校数量多的市、县，骨干校长并不一定都多。例如，万宁市共有 21 所初级中学、6 所高级中学，但中学骨干校长只有 1 位。这一定程度上反映了部分市、县在校长培养和引领上还有较大差距。

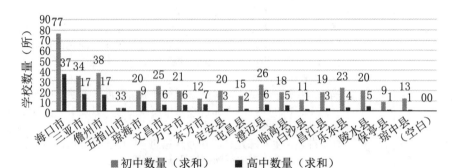

图 3.5　海南省中学数量地域分布图

资料来源：海南省教育统计年鉴（2021 年）

第二，在已有的骨干校长梯队中，性别比例失衡。男校长有 60 位，女校长只有 6 位，比例为 10∶1。这在一定程度上与本身校长队伍中女校长比例较少有关。

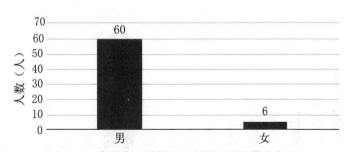

图 3.6　海南省中学骨干校长男女性数量分布图

第三，纵观整体骨干校长所在学校，类似海南中学、海南国兴中学、琼海嘉积中学等老牌名校的校长都在列，但不乏多个市、县的老牌名校的校长却缺席。究其原因，可能有以下几个：一是这些学校的校长，并没有积极参与到骨干校长申报中来，对"骨干校长"资格的认识不充分。二是各市、县在动员校长申报阶段工作不够、动员不足。没有积极调动起校长参与的积极性。三是对照海南省中学省级骨干教师、学科带头人管理规定，可以看出海南省尚未出台骨干校长管理办法。没有落实到体制、机制的管理规定，就会造成"评与不评"差别不大的现象，不利于校长队伍建设。笔者在此建议海南省加快推进骨干校长管理办法，明确骨干校长的选拔、管理、待遇等相关问题，夯实校长队伍建设，充分促进教育治理体系与治理能力的现代化。

三、培训阶段与方式的历时性分析

第一，在培训阶段方面，"2014—2018 年度中学省级骨干校长培训"以及"2019—2023 年度中学省级骨干校长培训"的培训阶段安排基本一致。每一期海南省中学骨干校长培训都经过了五年的培养，都是经过"遴选培养对象—两年培训—第三年进行培养对象认定考核—两年的再培训后给予最终认定"的阶段性培养。

第二，在培训地点与时间方面，骨干校长培训地点包含北京、上海、广州、吉林、浙江、兰州等地，地点丰富，形式多样。2019 年后，受新冠肺炎疫情影响，省外访学形式受到了客观条件的限制。在培训时间的安排上，可能受新冠疫情的客观影响，"2014—2018 年度中学省级骨干校长培训"的培训时间安排要比"2019—2023 年度中学省级骨干校长培训"的培训时间安排更为充足。

第三，在培训方式方面，海南省中学骨干校长培训形式十分丰富，包含专题讲座、名校访学、素质拓展、沙龙研讨、基地考察、世界咖啡、校长论坛（辩论赛）、汇报总结、跟岗实践、入校成果展示等多种形式与方式，既有理论输入又有实践输出，既有聆听吸纳又有论坛展示。在培训过程中重视聘请国内外知名教育专家和著名中学校长，开展集中专题培训，提供研修书目，布置研修作业，引导学员自选任务、自定目标、自觉学习、自主提高。引导校长学员对所在学校的办学理念、办学制度、教学思想、教师队伍等方面的问题进行全面反思，分析学校发展中存在的优势、劣势、潜在的问题和发展机遇。引领校长学员制订改进方案，对学校办学行为进行全方位改进。校长学员对办学行为改进方案的实施情况和实施效果进行自评，并撰写学校办学行为改进报告。

表3.16　海南省中学骨干校长培训基本情况历时性变化表——阶段、地点、方式

项目名称	培训年份	阶段安排	培训地点	培训方式
2014—2018年度中学省级骨干校长培训	2014年	1. 对象遴选 2. 集中培训（28天）	上海（14天） 北京（14天）	1. 上海：专题讲座、名校访学、素质拓展 2. 北京：专题讲座、沙龙研讨、名校观摩、基地考察、汇报总结
	2015年	1. 集中培训 2. 跟岗实践	深圳（26天）	专题讲座、专题研讨、世界咖啡、校长论坛（辩论赛）、跟岗实践
	2016年	1. 集中培训 2. 对象选拔	江苏（22天）	高校和一线专家专题讲座，在专家引领下学员研讨互动，驻校研修与现场考察，学校管理现场诊断，与名校校长深度交流。
	2017年	集中培训	吉林（7天） 浙江（7天）	1. 吉林：校长工作室建设经验、校长办学思想的凝练的理论与方法的专题报告、学校参观 2. 浙江：专题讲座、交流研讨、跟岗实践
	2018年	1. 集中培训 2. 结业认定	兰州（7天） 海口（结业）	专题讲座、名校参访、校长论坛
2019—2023年度中学省级骨干校长培训	2019年	1. 集中培训 2. 总结交流 3. 网络研修	1. 集中培训（8天） 2. 总结交流（2天） 3. 网络研修80学时（原计划广东中山、因疫情转至海口）	专题讲座、对话交流、策略辩论、学校参观、主题分享、入校成果展示
	2020年	1. 网络研修 2. 集中培训 3. 跟岗实践	网络研修80学时 海口（10天） 深圳（10天）	专题讲座、焦点讨论、分组研讨、名校考察、案例分析、总结反思
	2021年	1. 集中培训 2. 对象选拔	海口、澄迈、万宁、陵水（7天）	理论培训、校长论坛、学校考察
	2022年	线上培训+线下访学	海口、澄迈（7天）	理论培训、微论坛、学校考察

四、培训目标的历时性演变与分析

培训目标是培训项目预期要达到的学习结果和标准，对培训整体过程有着积极引导、规范和激励的作用。培训目标作为骨干校长培训的源头、归宿和培训成效考核的重要指标，一定要切合骨干校长自身的实际。因此，对于有效提升海南省中学骨干校长培训的组织实施效果来说，首先需要考虑的就是培训目标的构建，只有科学精准地确定中学骨干校长培训目标，才能针对海南省骨干校长培训的实施需求，有计划、有思路地实施高品质的骨干校长培训。中学省级骨干校长培训的培训目标具有综合性和连贯性的特征。首先，两期培训都设置了五年的培训目标。2014—2018 年度中学省级骨干校长培训从"掌握教育教学理念、学校管理思想、办学制度和办学方法—反思学校管理实践、促进办学行为改进—培养一批在国内、省内有较高知名度的教育家型校长"的三级维度构建了第一期海南省中学骨干校长培训目标。2019—2023 年度中学省级骨干校长培训从"增强校长的政治素养、职业道德和人文素养—把握教育教学管理规律，反思办学治校实践—凝练办学思想—提升科研能力—海南省中学教育教学管理改革和发展、中学校长队伍建设以及帮扶薄弱学校建设"的五级维度构建了第二期海南省中学骨干校长培训目标。从上述两期的培训目标看来，海南省中学骨干校长的培训目标定位还是较为准确、严密地结合了我国对骨干校长队伍建设，培养"教育家型"校长的要求，与充分发挥骨干校长的引领、辐射、带动作用相吻合。值得提出的是，第二期的培训目标较第一期更为具体，可操作，且每一目标间存在递进关系，关涉了全维度、全过程的培养过程，有系统化培训思路。同时把五级目标逐步对应到每一年度的培训中去，使培训能够细致、精准、扎实、有效地推进。

表 3.17　海南省中学骨干校长培训基本情况历时性变化表——培训目标

项目名称	五年目标	年度	分年度目标
2014—2018年度中学省级骨干校长培训	通过五年的培训： 1. 掌握最新的教育教学理念、科学的学校管理思想、先进的办学制度和办学方法。 2. 反思学校管理实践中存在的突出问题，明晰当前学校存在的优势和劣势，查找问题，制订改进方案，全方位提升学校办学水平。 3. 总结办学经验，挖掘办学理念，形成特色鲜明的教育思想，发现、打造一批办学思想先进、办学特色鲜明、办学实绩突出、教育教学质量高的典范学校，培养一批在国内、省内有较高知名度的教育家型校长。	2014年	1. 掌握最新的教育教学理念、科学的学校管理思想、先进的办学制度和办学方法。 2. 反思学校管理实践中存在的突出问题，明晰当前学校存在的优势和劣势，查找问题，制订改进方案，全方位提升学校办学水平。 3. 总结办学经验，挖掘办学理念，形成特色鲜明的教育思想，发现、打造一批办学思想先进、办学特色鲜明、办学成绩突出、教育教学质量高的典范学校，培养一批在国内、省内有较高知名度的教育家型校长。
		2015年	1. 掌握最新的教育教学理念、科学的学校管理思想、先进的办学制度和办学方法。 2. 反思学校管理实践中存在的突出问题，明晰当前学校存在的优势和劣势，查找问题，制订改进方案，全方位提升学校办学水平。 3. 总结办学经验，挖掘办学理念，形成特色鲜明的教育思想，打造一批办学思想先进、办学特色鲜明、办学成绩突出的典范学校，培养一批在省内具有较高知名度、能够发挥示范引领作用的骨干校长。
		2016年	1. 进一步增强依法治校观念，把握学校管理改革的新趋势，了解江苏地区中学管理改革的先进经验。 2. 更新管理理念，增强创新意识。 3. 关注当前学校发展前沿问题，找寻学校管理当中热点、难点问题的解决办法，提高分析解决学校管理问题的能力，提升学校领导力。
		2017年	促进海南省中学校长专业化发展，提高校长的管理水平和依法治校的能力，加强高素质中学校长队伍的建设，探索新形势下海南省中学教育发展新路径。 1. 熟悉教育方针政策、学校管理的理论前沿与热点问题。通过学习，使校长进一步增强学习意识和创新意识，把握基础教育发展的动态及学校管理的重点。

项目名称	五年目标	年度	分年度目标
			2. 提升校长专业化组织管理能力。通过理论与实践学习，了解先进的管理经验，提升校长的领导力和执行力，掌握专业化校长的实践业务与操作技能，并能够有效运用于实践之中，充分发挥海南省中学骨干校长的专业引领作用。
		2018年	着重提升校长的学校管理能力，使中学省级骨干校长学习区外优秀学校的管理方法，对比借鉴区外名优中学成功办学经验，树立正确的教育理念，丰富校长管理思想，提高校长管理能力与创新能力，开拓校长教育视野，进一步提升中学校长的办学水平，并积极充分发挥自身的辐射、示范作用，引领和带动海南省基础教育的改革与发展。
2019—2023年度中学省级骨干校长培训	通过五年的培训： 1. 增强校长的政治信念和使命担当，提升职业道德和人文素养。 2. 把握教育教学管理规律，反思办学治校实践。 3. 凝练办学思想，推进学校特色教育。 4. 提升科研能力，促进校长专业发展。 5. 培训期间以及培训结束后，在海南省中学教育教学管理改革和发展、中学校长队伍建设以及帮扶薄弱学校建设等方面发挥重要作用。	2019年	1. 坚守理想信念，提升职业素养。通过培训使参训校长能够深入理解党的教育方针和"立德树人"的育人目标。进一步明确校长的使命担当，使个人理想抱负、精神品格、价值追求与家国使命完美融合，达到教育梦的筑梦者和教育梦的追梦人的职业境界。 2. 了解国家政策，把握发展趋势。通过培训使参训校长全面了解国家出台的系列教育政策的相关要求与发展趋势，尤其是课程改革的相关政策与思想、中学教育的发展趋势等，正确把握国家政策和国际趋势的发展方向。 3. 深化专业理论，夯实管理基础。通过培训使参训校长系统掌握学校战略规划、学校领导与管理的一般理论与方法，了解国内外教育管理与教育领导理论新进展，深化管理理论，夯实管理基础。 4. 学习诊断方法，掌握规划策略。通过培训使参训校长习得学校文化建设诊断理论与方法、教师专业发展的诊断与规划理论，系统掌握基于诊断的学校文化与教师发展规划理论与策略。

续表

项目名称	五年目标	年度	分年度目标
		2020 年	随着现代教育管理的发展、时代的进步，各校要重视学生成长，聚焦核心素养，抓准课堂教学，关注教师成长，做好学科建设，立足校本教研，创新管理模式等。在全面贯彻中共中央、国务院印发的《中国教育现代化2035》和中共中央办公厅、国务院办公厅印发的《加快推进教育现代化实施方案（2018-2022 年）》文件精神基础上，本项目通过专题报告、案例分析、经典阅读、对话交流、思想动员、观摩考察、集智共创、总结反思等多种形式，激发参训校长教育情怀，重德养德，对教育有更加深刻的理解，对学校发展的规划更具前瞻性、全局性，规范学校办学，提高学校办学质量，健康发展学校教育，使其能从容地以教育者的身份定位学校的组织性质及核心价值，以领导者的身份制定学校发展规划，以管理者的身份投入学校教育教学工作中，并为其专业发展开创全新格局。
		2021 年	以习近平新时代中国特色社会主义思想为指导，全面贯彻党的十九大精神，落实中共中央、国务院《关于全面深化新时代教师队伍建设改革的意见》的精神，造就一支具有示范引领作用的品德高尚、业务精湛、治校有方、人民满意的专家型中学校长队伍。 1. 坚定理想信念，提高政治素养，加强品德修养，强化责任担当，落实立德树人办学理念，践行社会主义核心价值观。 2. 掌握最新的教育教学理念、科学的学校管理思想、先进的办学制度和办学方法。反思学校管理实践中存在的突出问题，明晰当前学校存在的优势和劣势，查找问题，制订改进方案，全方位提升学校办学水平。 3. 总结办学经验，挖掘办学理念，形成特色鲜明的教育思想，发现、打造一批办学思想先进、办学特色鲜明、办学实绩突出、教育教学质量高的典范学校，培养一批在国内、省内有较高知名度的专家型校长。

续表

项目名称	五年目标	年度	分年度目标
		2022年	以习近平新时代中国特色社会主义思想为指导，全面贯彻党的十九大精神，落实中共中央、国务院《关于全面深化新时代教师队伍建设改革的意见》的精神，造就一支具有示范引领作用的品德高尚、业务精湛、治校有方、人民满意的专家型中学校长队伍。 1. 坚守理想信念，提升职业素养。通过培训使参训校长能够深入理解党的教育方针和"立德树人"的育人目标。进一步明确校长的使命担当，使个人理想抱负、精神品格、价值追求与家国使命完美融合，达到教育梦的筑梦者和教育梦的追梦人的职业境界。 2. 深化专业理论，夯实管理基础。通过培训使参训校长系统掌握学校战略规划、学校领导与管理的一般理论与方法，了解国内外教育管理与教育领导理论新进展，明晰当前学校存在的优势和劣势，查找问题，制订改进方案，全方位提升学校办学水平。 3. 强化科研意识，提高科研素质。在中小学校长提高培训中，以课题为依托，以研究为主线，培训与科研结合，激发校长的科研动机，提升校长的科研能力和科研管理能力，培养一批在国内、省内有较高知名度的专家型校长，帮助校长实现以研促修、以研带修的研修一体化。

五、培训内容的历时性演变与分析

美国的阿曼德·费根堡姆指出："全面质量管理是为了能够在最经济的水平上，在充分满足用户要求的条件下进行市场研究、设计、生产和服务，把企业内各部门研制质量、维持质量和提高质量的活动构成为一体的一种有效体系。"满足骨干校长培训需求，设计定位精准的培训课程，是骨干校长培训取得实效的关键。值得一提的是海南省中学骨干校长培训在十年间，在培训年度的主题的定位和凝练，在培训内容的选取与组织上取得了长足的进步。具体内容涵盖了基础知识与基本技能的内容，关注了新理论新思想的动态，课程设置基本做到了与时俱进。培训主要以专题设置为主，在以讲座的形式进行教学的基础上，以学校教育面临的难题为主要内容，相互探讨和互动交流，体现了较强的实用性和针对性，既满足了校长职业发展的需求，又实现了校长自身发展的需求。骨干校长培训是一个长期性、连续性的项目，把握课程的循序渐进，为学员提供长线学习的机会，确保其自身综合素质的提升，在这一点上，2019—2023年度中学省级骨干校长培训相较于2014—2018年度中学省级骨干校长培训有了长足的进步，将中小学骨干校长所需要的素质及理论知识分成模块组合的形式，分年度聚焦培训主题，设置与主题相关的培训内容，最终指向整体培训目标的实现。这样既能保障培训的完整性，又能保障培训的连续性。虽碍于新冠疫情，培训课程设计的落地受到了一定影响，但培训者在课程的顶层设计意识上确有加强。

表3.18　海南省中学骨干校长培训基本情况历时性变化表——培训内容

项目名称	分年度	年度主题	分年度重点培训内容
2014—2018年度中学省级骨干校长培训	2014年	当年度未明确	1. 学校问题诊断；2. 学校发展规划；3. 办学理念凝练；4. 办学特色打造；5. 区域名校创建。
	2015年	当年度未明确	1. 现代领导理论与学校管理绩效；2. 青少年心理特点与教育对策；3. 学校教育的精细化管理；4. 党的政策精神与深圳改革发展；5. 学校办学与管理案例研讨；6. 学校办学思想的提出及其实施；7. 领导艺术和领导者素质；8. 学校发展现状诊断与对策思考；9. 教育家型的教师；10. 教育国际化；11. 教育行政法规案例。
	2016年	拓宽视野，更新理念，提高管理创新能力	学校管理理论的新观点、新理念，学校管理改革的前沿动态，教育改革创新的新经验；教育管理的研究方法。
	2017年	凝练办学思想	1. 名校长工作室建设与管理经验介绍；2. 名校长工作室现场考察、同行交流；3. 学校管理；4. 办学思想的凝练；5. 特色学校的创建等。
	2018年	学校管理提升	1. 为了生命的幸福成长；2. "爱与美"伴学生快乐成长艺术教育促办学品质提升；3. 学校行动改进的策略与方法。

续表

项目名称	分年度	年度主题	分年度重点培训内容
2019—2023年度中学省级骨干校长培训	2019 年	学校改革与发展的理论与方法	1. 立德树人使命担当；2. 校长的职业道德；3. 中学教育发展趋势；4. 学校战略规划与管理；5. 课程改革的相关政策与思想；6. 教师专业发展的诊断与规划；7. 学校管理一般理论与方法；8. 学校文化建设诊断理论与方法；9. 国内外教育管理与教育领导理论新进展。
	2020 年	凝练办学思想，规范学校办学	1. 教育方针政策法规；2. 办学思想凝练与办学创新；3. 学校办学思想与课程体系建设；4. 校本研修平台的构建；5. 学校管理思想凝练与管理文化；6. 优秀教师团队、管理团队的培养与精神引领；7. 学校治理与家长参与；8. 学校发展规划的评价与指导；9. 办学经验总结提炼。
	2021 年	推进学校特色教育，建设高品质学校	1. 人文与艺术素养；2. 科学与技术素养；3. 学校文化建设、文化特色培育；4. 课堂教学改革与学生深度学习实践创新；5. 校际合作与学校发展；6. 学校管理实践创新；7. 国内外优质品牌学校的建设与分析；8. 学校教育信息化与教育的国际化；9. 学校办学特色梳理与人才培养模式探索。
	2022 年	骨干校长的科研素养与教育思想的培育	1. 基于核心素养的学校教育教学管理典型实践案例分析与研究；2. 课程规划、开发、实施与评价；3. 信息化与课程教学的深度融合；4. 典型管理案例解析；5. 名校长的成长之路；6. 教育科研课题的选择与申报；7. 教育科学研究方法；8. 教育科研成果的表达；9. 著名教育家型校长的特质及教育思想。
	2023 年	骨干校长的示范引领	1. 学校问题诊断依据；2. 学校诊断分析方法和技术；3. 学校改进方法与技术。

六、培训考核的历时性演变

骨干校长培训中对参训骨干校长的考核评价是一项重要的导向性工作。通过骨干校长培训评价一是可以促进骨干校长资格人选的遴选，二是能够对骨干校长培训过程中所涉及的各种问题做出客观诊断，以便教育行政部门、培训管理者可以针对多年来骨干校长培训中存在的问题及时作出调整，因此，要注重骨干校长培训各阶段的考核评价工作。从 2019—2023 年度中学省级骨干校长培训以及 2014—2018 年度中学省级骨干校长培训的年度考核评价上，可以看出年度考核方式注重围绕骨干校长学习层（在知识、技能和态度方面的变化）、行为层（在实际工作环境中学以致用的能力）、成果层（在个人与组织绩效方面所产生的变化）等方面全面考核评价校长的学习态度和表现。多年来采取培训参与量化、问卷调查、观察、作业、研修日记、总结等方式考核参训校长的培训成效。尤其是通过年度递进式培训帮助骨干校长制定、不断打磨、形成学校发展规划，帮助校长将办学思想转化为实际成果运用到特色学校建设中去，有助于培训结果的落地，也有助于海南省基础教育办学质量的提高。

但同时也发现一个客观问题，虽然年度考核重点在整体五年计划的指引下有着内在的递进关系，但不同年度之间的年度考核重点依然存在过多的重复以及非针对性、递进性的考核现象。据研究者了解，囿于骨干校长培训是需要带领骨干校长到全国各地办学经验丰富的地域去学习、观摩，通过学习、分享、批判性地吸收别的省份的先进办学经验，来促进海南骨干校长的发展，为便于联系与安排，每年度出省的培训项目承办机构会通过招标遴选有资质的省内外培训机构来具体实施。因此，不同机构主体对于培训目标以及考核重点的把握程度不同。这就需要在注重培训项目实施的同时，也要注重培训者整体素质的提高，从而让培训者有前瞻性、敏锐性、客观性的能力去把握本阶段的培训重点以及整个项目的培训要旨，最终保障骨干校长培训的高质量实施。

表 3.19 海南省中学骨干校长培训基本情况历时性变化表——年度考核重点

项目名称	培训年份	年度考核重点
2014—2018年度中学省级骨干校长培训	2014 年	1. 考察校长学员参与研修学习的积极性，评价校长学员的学习态度。 2. 以学校行为改进方案及效果为观测对象，制订评估指标体系，评估校长学员培训效果和实践转化情况。 3. 以培训满意度调查问卷和访谈为主要方式，对项目执行情况进行考察，逐步改进项目执行效果。
	2015 年	1. 参加研修的学员必须按要求完成研修的各环节，经考核成绩合格，完成规定学时的学习。 2. 根据本期培训班的主题——《义务教育学校校长专业标准》相关要求，各小组必须提交一篇不少于 1500 字的"学校管理案例"，制作成 PPT 并参加汇报展示；汇报展示成绩分为优秀、良好、合格、不及格等；汇报展示合格（或以上）。 3. 跟岗结束后，每位参训校长必须提交一篇不少于 800 字的"跟岗学习报告"，跟岗学习报告撰写既要有理论高度，也要有实践基础，须是学员自身跟岗实践的真实汇报。
	2016 年	对学员的出勤、参与学习活动表现、完成作业等方面情况进行综合考核。
	2017 年	根据本项目的实际情况，通过对出勤、纪律、参与度、成果四个方面的内容进行评价，对学员参训期间的表现作综合评价。 1. 交流研讨的积极主动性。 2. 出勤、学习纪律情况。 3. 出勤、遵守参访学校纪律情况。 4. 跟岗导师评价。 5. 根据每天的研修内容，完成一篇心得体会日志。 6. 根据预设的研修主题，聚焦自己工作中需要解决的一个问题，在研修过程中寻求解决问题的路径和方法，形成问题解决方案并提交。
	2018 年	1. 由教务团队和学员代表共同对参训学员的出勤率等情况进行考核。 2. 由授课团队对学员在听课、研讨、教学观摩等过程中的表现给予综合考核。 3. 学员在专家引领下，制定、修改、完善本校的学校发展规划计划书。

续表

项目名称	培训年份	年度考核重点
2019—2023年度中学省级骨干校长培训	2019年	网络研修阶段： 1. 课程学习时间要求达 600 分钟，可得此项满分 40 分，每 15 分钟计 1 分； 2. 完成课程作业 2 篇，每篇 5 分，共计 10 分； 3. 至少参与 1 个线上活动，每个活动 5 分，共计 5 分； 4. 提交研修日志 3 篇，每篇 5 分，共计 15 分。 集中培训阶段： 1. 基于学校现状分析基础上，提交加强学校课程建设策略 1 篇，20 分； 2. 提交一份学校特色创建实施策略为主题的培训自我反思（培训总结）（不少于 2000 字）1 篇，20 分； 3. 提交一份培训总结 1 篇，10 分。
	2020年	1. 认真参加全部学习活动、出勤情况良好（迟到或早退每次扣 1 分，旷课每次扣 3 分）。 2. 学习态度端正、上课认真、积极研讨，根据每天的研修内容，完成一篇心得体会日志。 3. 结合工作实际，梳理个人办学思想。 4. 项目结束后，撰写提交培训总结，并进行反思改进。 5. 根据预设的研修主题，聚焦自己工作中需要解决的一个问题，在研修过程中寻求解决问题的路径和方法，形成问题解决方案并提交。
	2021年	考核由集中培训、考察学习、培训作业评价等部分组成。集中培训主要考核学员的出勤情况、学习态度、活动参与情况、研修日志等，由培训组织单位评价；培训作业由项目组或培训专家布置，聘请有关指导专家进行评价。 1. 研修日志：每位学员每个培训专题写一篇研修日志，内容包括"主要内容"（本专题的内容要点）及"我的思考或收获"，字数 400~500 字。 2. 培训反思：培训结束后，每位学员写一篇培训反思，可以根据本次培训课程中某个专题，结合本校的实际，反思学校存在的问题，或提出改进的措施，字数不少于 1200 字。
	2022年	考核由集中培训与学校访学、读书心得评价等部分组成。集中培训主要考核学员的出勤情况、学习态度、活动参与情况、研修作业等，由培训组织单位评价；学校访学主要考核学员的学习态度、活动参与情况、出勤情况、研修作业、学习反思等，由跟岗学校和培训委托单位作出评价；读书心得评价由

项目名称	培训年份	年度考核重点
		跟岗学校和培训委托单位作出；读书心得评价由专家评分，主要考核学员对制定教育专著的理解与思考。 1. 集中培训。 （1）出勤情况、学习态度。参训学员未经请假迟到 1 天报到者、无故缺勤或旷课 2 天以上（含 2 天）则该门课出勤成绩为 0。 （2）活动参与情况、研修作业。完成并提交研修作业与总结。 2. 学校访学。主要从学习态度、活动参与情况、出勤情况、研修作业、学习反思等方面进行考核，此项由跟岗学校和培训委托单位提供评价。 3. 交流研讨。注重对自我反思、经验提炼、思想打造的考核，由参与小组研讨及反思、完成研讨过程性作业组成。 4. 成果提交。该年度培训主题为校长科研能力提升，因此考核成果为省级项目申报书（一对一聘请专家帮助学员优化课题申报书）。

七、学员心得案例摘录

金秋浓墨无边界 创新高效为人先

——2015 年海南省中学骨干校长培训学员

2015 年 11 月 1 日上午，海南省中学骨干校长班 30 多名校长赴深圳培训学习，2 日上午 8：30 全体学员集中在深圳城市学院举行开班典礼。15 天的集中培训和 10 天的跟岗学习，留下的是快乐而充实的旅行，收获是丰厚的。大家都很珍惜这次学习的机会，培训期间，大家能转换角色，静心学习，认真做好笔记，做到独立学习与分组学习相结合，并能积极参加小组作品展示、小组比赛、小组辩论和参观学校等活动；在跟岗培训期间，能主动收集素材，及时发表在 QQ 群里，每天都交流、分享学习的收获，紧张而快乐地度过了 25 天的培训。

一、跟岗概况

在深圳城市学院的安排下，第五组一行五人于 2015 年 11 月 15 日前往深圳市赤湾学校。10 天的跟岗培训，第五组学员先后参观了学校的校园和各教学功能区、参加学校行政办公会议、中段考试质量分析、周一升国旗、随堂听课、当优质课竞赛评委、参加班级主题班会等活动。

可以说这次跟岗培训学习，留给我的印象是深刻而难忘的。赤湾学校地处边远，学校就建在山上，我们住在山下简陋的宾馆，15日下午第五组学员到达赤湾宾馆时，这里的服务员不知去哪了，只好等，20分钟后，总算安排好了住房。这里的住房条件比较差，类似过去老的招待所，加上又得知学校建在山上，我突有想法：这学校行吗？会不会来错地方了？一下子心灰意冷了，思想有些动摇了。

第二天上午到学校后，王小洪校长在校门口迎接，非常热情，还与大家合影留念，接着又带我们到他的办公室喝茶并谈论学校的管理，讲他是如何当上校长的，还介绍了学校的发展历程，生活也给安排得很好，当天学校还安排了欢迎晚宴，备受感动！这些让我无法拒绝和逃避，使我安下心来学习。

以后的日子里，每天都要早起步行十多分钟山路才到学校，学校给安排的活动内容十分丰富，虽然是时间紧、任务重，但是学习是快乐的，收获是丰厚的。从15日至24日的10天时间里，第五组全体学员随堂听课20节，最多的时候，一天听五节课；参加学校行政会议2次；教学质量分析2次；班级活动2次；全校性活动2次；课间交流3次；小组交流3次；多次利用中午和晚上时间汇总学习资料、交流当天收获、写心得体会；还经常向学校领导、老师请教，每天都和师生们生活在一起，与师生们交上了朋友；虽然很辛苦，但大家都能坚持认真地工作和学习。

赤湾学校老师们的敬业精神、工作态度、业务水平、教学能力等都值得学习。学校领导的工作作风、管理理念、求真务实的创新精神等都是学习的榜样。

24日，培训结束了，学校安排了总结交流茶话会，并合影留念。

总之，这次第五组到赤湾学校跟岗培训学习，生活是快乐的，收获是丰厚的。衷心感谢王小洪校长和赤湾学校的全体师生，感谢深圳市城市学院的领导和老师们！感谢丘名实院长的鼓励！感谢韩烨主任的全程陪同和关心！

二、学校简介

赤湾学校是一所公办的九年一贯制学校，学校地处深圳市南山区蛇口经济开发区，学校占地面积15 000平方米，建筑面积16 200平方米。赤湾学校师资力量雄厚，有25%的教师具有硕士以上学位。在校学生1090人，开设36

个教学班，实行小班化教学，有80%的学生来自外来务工家庭，全部为走读生。学校的硬件设施：教学楼、实验室、微机房、田径场、风雨操场、室内体育馆、音乐教室、美术教室、露天大舞台、图书馆、校园网、学术报告厅、师生餐厅等一应俱全，设施配备一流，学校的每一间教室都安装了具有国际先进水平的集电脑、电子白板于一体的液晶触摸一体机。

三、办学特色

赤湾学校率先以"无边界学习"的教育理念为引领，以课程改革为载体，实现教师的"教"和学生的"学"的深度变革探索，开展"结构学习"和"信息化小组学习"课题研究，积极组织信息技术支撑的小组学习，实行小班化管理的教学模式。打破了施教、学习的传统模式，拓展其时空概念，实现施教方法无边界和学习方法、内容无边界，让学生自主学习，激发潜能，开拓智慧，快乐成长。

四、主要收获与体会

赤湾学校校长提出了"推进课堂深度改革，打造无边界学习校园"的办学理念，并将"无边界学习"理念贯穿整个德育实践：规则礼仪、行为习惯、合作交流、自我管理、独立自主、学会感恩、理想目标、环境保护等，以"无边界学习"引领学校发展，形成了"天地就是课堂，学习就是天地"的特色文化。

该校校长说："无边界学习，就是利用所有学习平台，给学生提供一个可以在任何地方、任何时间、使用身边任何可以获取的学习机会来进行学习活动的3A（anywhere，anytime，any device）学习环境，让所有有利于学习的元素成为学生学习的资源。"

"无边界学习"可以通过打破学校、学科、时间、空间、虚拟空间等界限，通过课程资源的广域化组织，突破既有的知识中心、教材中心的定势，实现学习内涵的无边界；通过教学组织方式的调整，突破既有的课堂中心定势，实现学习方式的无边界；通过师生关系的调整，突破已有的教师的定势，实现教法的无边界，使学生的学习真正成为一种关乎知识世界、生活世界和个体经验情感世界的整体性学习。

三点启发：

1. 赤湾学校先进的办学思想和敢为人先的特色文化引领，率先推行的"无边界学习"理念，拓展了教师的"教"和学生的"学"的空间。"天地就是课堂，学习就是天地"就是"无边界学习"的精髓。

2. 赤湾学校先进的教学设备、优雅的学习环境、管理的精细化、学生良好的行为习惯、教师的敬业精神与过硬的教学业务水平等都给我留下了很深的印象，值得学习借鉴。

3. 李克强说过"适合的就是最好的教育"。赤湾学校开展"小班化+小组合作"学习的课堂教学模式，有利于教师关注每一个学生的学习情况，有利于教师落实"培优、补差、促中间"的教学方针，适合每一个学生的学习和健康成长，使学校的教育教学质量明显提高。

五、建立交流平台

本次培训虽然结束了，但是学习的愿望并没有结束，每位校长都与赤湾学校领导互留了联系方式，并初步构思了校际交流的计划，建立了长期交流的平台，为下一步校际交流奠定了基础。还赠送了锦旗，作为长期合作学习交流的见证。

学习提升专业，反思促进发展
——2020年海南省中学骨干校长培训学员

10月25日至10月31日，我有幸参加了在深圳举办的"海南省2019—2023年度中学省级骨干校长培养对象集中培训（2020年）"，为期10天的培训学习，让我收获满满、感悟颇丰，真的是带着问题与困惑而去，满载知识和希望而归。

一、培训感悟

本次培训以"凝练办学思想，规范学校办学"为主题，涵盖"办学思想凝练与办学创新、学校办学思想与课程体系建设、校本研修平台的构建、学校管理思想凝练与管理文化、优秀教师团队、管理团队的培养与精神引领、学校治理与家长参与、学校发展规划的评价与指导"等多方面内容，有专家讲座、有入校实地访学交流，内容丰富、形式多样，让我真正体验了前所未有的"培训之旅"。专家们的讲座精彩纷呈、让人久久回味；访学基地特色亮点繁多，让人赞不绝口。

讲座《学校观察与管理创新》，犹如一语惊醒梦中人。深思在当代智能化的时代里未来的学校是什么的学校？学生学什么？怎么学？怎么评价？怎么教学？谁来教学？为谁办学校？谁来管教育？需重新审视！学校学习时空将从封闭走向开放，学习内容将从分科走向综合，从面对已知转向不确定的未来；教师角色从知识的传授转为学生心智发展的营养师；教学从基于课程标准的统一改造转向个性化培育的成长陪伴；评价从单纯的分数排队转向兼顾综合素质的大数据分析！学校的未来已不属于现在的单一的围墙式、面对面教与学的形式，辅助设备多元化将使教育方式与方法多元化！这个时代给校长提出了更高的课程规划、课程设置、课程管理的要求与挑战。

讲座《构建与时代协同进化的教育生态》让思维顿悟：教育回归到人的原点，教育的全部意义就是促进人的发展。学生要有远大理想，情感丰富，诚实、正直、正派，只要素质高了，成绩好是自然而然的事。良好的教育生态，应通过文化引领、浸润潜移默化地影响师生的精神气质，为师生提供精神力量的支撑，激发师生内在潜能，形成师生奋发进取的持久内在动力，外化为师生遵守规章纪律的自觉要求，展现师生良好的精神风貌和个人修养。教育生态是一种环境教育力量，其终极目标就在于创设一种氛围，以期陶冶师生情操，构建师生健康人格，全面提高师生素质。它作为一种隐性课程，以健康向上的精神因素以及优美的物质环境所施加给学生的积极影响和感染、熏陶而实现教育的目的，具有情境性、渗透性、持久性、暗示性、愉悦性等特点，对学生的健康成长有着巨大的影响，是实施素质教育的重要载体，体现了学校内涵发展的精神底蕴。

讲座《做一个顶天立地的校长》使人认识到一名好校长、专家型的校长应为引领型的校长。一切以学生为中心，服务于学校、师生。全面、系统、结构化地考虑学校的发展。以理论为支撑，从思想、研究、过程、课程开发、师资提升、制度保障、特色经营、标准规范、评价保障引领学校发展！

讲座《做有思想的行动者》从校长的角色与追求、办学理念与规划、师生的生命质量与人生幸福等展示了一位德高深历、博学善思、满载教育情怀的行者。陈院长的"知"之大境界：为教育而上下求索；他的"行"之大境界：为实现远大理想而坚韧不拔；他的"得"之境界：功到自然成。在此过程中，我看到了一位知识渊博、诙谐幽默风趣、妙语连珠的智者，他是一位锐意改革、坚韧不拔、不断开拓的勇者，是勤于学习、工作负责、办事果断的强者，是教育之前行者、导师！

二、反思实践

纵观薄弱学校，学困生普遍存在严重制约了学校的发展，转化学困生、强化学校的德育管理，已成为校长们头疼的一件大事。经过此次的骨干校长班培训学习，结合我校的实际，我终于理出了一条可行的学困生转化之路——家校共育模式。

（一）基本目标

为了进一步规范我校学生行为，促进学生全面发展，我校根据《中小学学生行为规范》《中小学学生守则》与学校实际，制定了学校的《"好学生"标准》。同时为了让学生在犯错时及时知错、纠错而采取家校联合教育。

（二）转化步骤与要求

1. 学生第一次犯错，班主任进行教育后，让学生针对《中小学学生行为规范》《中小学学生守则》《"好学生"标准》进行自我认识错误、给出自我改正的期限并进行自我改正。班主任根据学生约定的期限及时跟踪纠正。

2. 学生第二次、第三次出现同样不良行为，班主任带到年级处，与年级负责人一起进行共同教育后，再让学生自我认识、自我纠正教育，同时告知家长共同教育。年级处要做好教育记录（学期考核材料）。

3. 当学生还出现第四次、第五次同样的不良行为，班主任、年级处负责人联系家长到校，在德育处、分管德育副校长处进行当面家校联合教育。同时办理共同教育纠正学生行为手续（年级处、德育处、德育副校长做好教育记录材料），真正把学生纠正教育落到实处。

（三）育人理念

立德树人是学校最根本的任务。因此，转化学困生，培养学生养成良好行为习惯与道德品质，是学校的首要任务。而良好行为习惯的养成从遵守纪律开始，遵守纪律行为在家庭长期教育中不断形成，学校要进行家校联合，共同进行纠正教育，逐步养成良好道德品质。

一位教育者，对教育事业一定要做到：热爱、虔诚、奉献！干一行，爱一行，认真研究、分析，精心落实，坚持高标准，树立目标，一步一个脚印地，百折不回，勇往直前，去攀登，实现心中的教育愿景！

通过此次培训，我深刻品味到育人要一切以人的全发展为中心、人性为原点、规律为依据。管理的最高境界要以文化引领、激发潜能为出发！我的观念得到更新、理论得到提升、技能得到提高，使自己逐渐向专家型校长迈进。

第四节　海南省中学卓越校长工作室项目实施情况分析

《国家中长期教育改革和发展规划纲要（2010-2020年）》第51条指出，"教育大计，教师为本。有好的教师，才有好的教育……严格教师资质，提升教师素质，努力造就一支师德高尚、业务精湛、结构合理、充满活力的高素质专业化教师队伍"。为了提升教师队伍的整体质量，各地纷纷进行了各种尝试。"专业发展共同体模式"正成为教师、校长专业发展的主流模式，而"校长工作室"就是基于校长发展层面的"专业发展共同体"模式的本土化探索。海南省自2016年起也开展了"卓越校长工作室""卓越教师工作室"建设，多年的探索发展也取得了一定的成效。本节主要梳理并分析海南省中学卓越校长工作室发展情况。

一、中学卓越校长工作室建设情况概要

为贯彻国务院《关于加强教师队伍建设的意见》（国发〔2012〕41号）、教育部《关于进一步加强中小学校长培训工作的意见》（教师〔2013〕11号）精神，按照《海南省中小学"好校长、好教师"培养工程（2015—2020年）实施方案》的规划安排，海南省围绕建设高素质骨干中小学校长队伍的总体目标，重点抓好"加强顶层设计和重大规划编制、坚持五育并举打造海南学生特色印记、促进普通高中多样化特色化发展、建设高素质专业化创新型教师队伍、全面提升基础教育质量、深化基础教育综合改革开放"等10项工作，于2016年始分批次建设中学省级"卓越校长工作室"。

每个工作室由海南省一名卓越校长或聘请省外资深校长担任主持人，主持人和入室学员都是优秀校长的代表，都是海南省办学经验丰富的中学骨干校长，处在从成熟期校长发展为卓越校长的成长阶段。校长工作室一般会设秘书1至2名。海南省中学卓越校长工作室会以主持人的姓名命名，由省级教育行政单位主持开展授牌仪式，颁发证书和牌匾。每一个工作室以三年为工作周期，省级教育行政单位负责指导、验收、考核，工作室主持人负责工作室的整体工作，工作室成员和秘书协助开展工作。海南省校长专业发展共同体将不同专业发展程度的校长，不同地理分布、不同层级的学校相融合，组合为独具特点的海南省校长专业发展的共同体，实现了教师专业发展从

"主体性"向"主体间性"的转变，充分流通和推广了区域间的优质资源。

截至 2022 年，海南省累计建设中学省级"卓越校长工作室"33 个（具体分布如下图所示）。纵观整体情况，可以发现两个关键性的问题：一是省级中学卓越校长工作室的地域分布上，存在严重的不平衡现象。在分批次建立的 33 个卓越校长工作室中，海口数量最多 13 个，保亭、昌江、澄迈、东方、临高、琼中、文昌各 2 个，儋州、定安、陵水、琼海、三亚、屯昌各 1 个，地域间的分布比例严重不平衡，超过 1/3 的工作室都分布在海口。二是万宁、白沙等地尚未建立省级中学卓越校长工作室。省级教育行政部门以及各市县应加大关注和培养力度，多方举措共培养同孵化，扶持这些地区的骨干校长加强专业发展，积极参与校长工作室申报，最终促进省域内教育均衡发展。

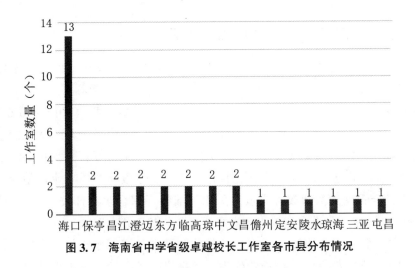

图 3.7 海南省中学省级卓越校长工作室各市县分布情况

二、中学卓越校长工作室管理制度维度

制度指的是"人类的互相交往，包括经济生活中的相互交往，都依赖于某种信任。信任以一种秩序为基础。而要维护这种秩序，就要依靠各种禁止不可预见行为和机会主义行为的规则"。[1]中学卓越校长工作室主要利用名校

---

〔1〕 张晒："使制度有效地运转起来——改革进程中制度运转的动力机制新解"，载《政府治理评论》2018 年第 2 期，第 137~152 页。

长的示范和引领作用，带动成员校长的发展，进而提高区域内校长的共同发展，最终实现教育的高质量提升。这是一个促进校长从个体发展走向共同体发展、从封闭式的发展走向开放式的发展、从经验式的发展走向理性发展的过程。与校长培训相似，中学卓越校长工作室的建设作为一个共同学习与发展的项目，是校长专业发展的途径之一。因此，本书按照项目实施的思路重点从目标、遴选、职责、管理者四方面综合研究海南省中学卓越校长工作室的制度发展情况。

（一）建设目标

中学卓越校长工作室建设的第一步就是对校长工作室的建设明确清晰的发展目标，即中学卓越校长工作室究竟是什么，准备怎么做。良好的目标定位能使校长工作室及各成员间确定共同努力的方向，可以对校长成员以及成员学校产生积极影响，也可以为整个工作室的建设和发展明晰思路和方向。因此在中学卓越校长工作室的建设中要着重在建设目标上下功夫，要清晰、明确、具体、可操作、可评价。海南省中学卓越校长工作室建设的总体目标以及具体目标如下：

1. 海南省中学卓越校长工作室建设总体目标

搭建省级骨干校长专业发展阶梯，探索高层次教育管理人才专业成长路径，充分发挥骨干校长的示范、引领作用和优秀校长团队的能动作用，促进骨干校长办学经验的分享、交流，培育骨干校长专业成长共同体，建设一支品德高尚、业务优良、治校有方、人民满意的高素质专业化"好校长"队伍，打造一批办学思想先进、办学特色鲜明、办学实绩突出、具有一定影响力的示范学校。

2. 海南省中学卓越校长工作室建设具体目标

（1）通过理论学习、实践研修、专家引领、同伴互助，提升工作室成员的理论素养和实践能力，促进各成员校长专业发展，使工作室多数成员成为当地骨干校长。

（2）发挥主持人所在校作为优质教育基地优势整合各方优质资源，通过成果展示、经验分享、互帮互助，提高成员校校长的教育教学管理水平，提高成员校的教育教学质量。

（3）针对当前教育教学管理改革中的重点问题、热点问题、难点问题和痛点问题，开展深入研究，促进学校的教育教学管理改革有效持续的开展，为海南省中学教育起示范引领作用。

（4）深入基层农村学校开展帮扶活动，通过问题诊断、互动交流、分析研究、对策建议、行为改进、跟踪指导等帮扶过程，促进帮扶薄弱学校的建设和发展，为实现海南省教育均衡发展作贡献。

综上所述，海南省中学卓越校长工作室的建设目标思路主要坚持了"一核心"＋"四促进"的模式（详见图3.8）：主要以"校长专业发展共同体"为核心，促进工作室成员校长的专业发展，促进成员学校的内涵式发展，促进区域内学校教育教学管理可持续发展以及薄弱学校帮扶与改造，充分发挥卓越校长工作室的引领、示范、带动作用，有效促进区域教育均衡的实现，构建和谐共生的地方教育生态观念。

图3.8 "一核心"＋"四促进"模式

（二）遴选组建

海南省中学卓越校长工作室由主持人和成员组成，主持人从海南省各中学在职在编优秀正职校长中产生，成员从全省中学校长队伍中产生。工作室以主持人名字命名（姓名＋中学卓越校长工作室），主持人所在学校被授名为"海南省中学卓越校长培养实践基地"。工作室主持人由符合条件的校长自愿申报，经专家评审择优确定最终人选。主持人确定后，公布各自工作室的建设目标、主要特色、工作规划、成员遴选条件及要求等，全省中学校长自愿申请加入。每个工作室原则上由10至12名成员组成。参考成员自愿申报意愿，按照学段匹配、规模适度、便于活动的原则进行人员统筹调配。

1. 工作室主持人申报条件

（1）以习近平新时代中国特色社会主义思想为指导，全面贯彻党的教育方针，热爱教育事业，有坚定的教育理想和教育情怀，具有较强的团结协作精神，师德高尚，作风民主，依法治校。

（2）遵纪守法，廉洁自律，无违法违规违纪行为。

（3）海南省在编在岗正职中学校长。

（4）办学理念先进，办学特色鲜明，办学业绩突出，在全省具有较高知名度和影响力。

（5）具有较强的专业引领、培训指导、组织协调能力及教育科研能力，能够承担工作室的领导职责。

2. 工作室成员申报条件

（1）海南省各市县全体中学校长。

（2）积极进取，虚心好学，具有较强的创新精神和团队合作精神。

（3）具有一定的学习能力和教育科研能力，能够完成要求的学习任务，能够履行相应的职责任务。

在海南省中学卓越校长工作室的团队建设中可以发现：首先，作为区域内教育的领衔校长，作为校长工作室的"主心骨"，"主持人"身兼责任与使命，需要有一定的能力、影响力以及号召力。因此，海南省卓越校长工作室主持人的遴选程序非常严格，都是经过市县、省级教育行政主体依照个人申报、市县推荐、省级遴选的程序评选出来的。在成员的申报上支持"双向互选"原则，符合申报条件的校长成员主动申报，校长工作室主持人自主邀选，最后根据双方意愿进行整个工作室的成员建设。因此无论是主持人还是成员，都具有较强的归属感和认同感。其次，在工作室的组建体量方面，规定了每个工作室的体量为 10 至 12 名成员的体量结构。因为中学卓越校长工作室并不是班级授课制，而是类似于个别教学制。每个成员校长和其所在学校情况都是不同的，理论学习可以具有统一性，但是实际的操作与指导应该具有个别性。如果成员校长的数量过多，学校数量过多，在诊断时间固定的情况下，就会出现冗余和尾大不掉的现象。细化校长工作室的主持人和成员的资格以及体量要求是有必要的。但实际工作中，也允许各工作室主持人按照自己工作室的可容纳能力进行调整，如有需要也可以引进其他省份的优秀校长参与其中。

（三）职责任务

海南省中学卓越校长工作室规定每个校长工作室工作周期为三年，通过读书交流、讲座论坛、课题研究、网络研修、师徒结对、跟岗实践等方式组建学习共同体、网络学习社区，进行经验分享、思想交流、协同创新。在这三年中需要凝练发展主题，且各主题间需要有一定的递进性。具体而言：

1. 在工作室的主要任务制定方面，海南省中学卓越校长工作室的任务细化

（1）每月至少举行一次专题研讨活动；每学期至少举行一项集中研修活动；不定期开展学习研讨、讲座论坛、考察交流等活动。

（2）邀请省内外优秀校长，组织专家团队，深入学校现场，轮流对各成员所在学校办学理念、办学制度、教师队伍等方面的问题进行逐项协同诊断。

（3）针对教育教学或学校管理实践中的重点、难点问题进行专题研究，工作周期内至少完成一项研究课题，相应成果以论文、专著或研究报告形式呈现。

（4）发挥辐射作用，每年组织成员到农村学校或薄弱学校开展送培下乡、现场指导、结对帮扶等活动。

（5）开展校长工作室之间的合作，拓宽校长培训的平台，整合校长工作室之间的各类资源和成果，促进工作室之间的经验交流及成果分享。

（6）建立名校长工作室网页（或公众号），实现优质资源共享。开辟校长交流、优秀管理案例选登、名校长风采等栏目，提高工作室知名度和辐射效应。工作室要及时发布工作动态、成员论文、专题研究课例设计、典型案例及评析、教育故事、活动图片等。

2. 工作室主持人的主要职责

（1）制订工作室工作制度、工作方案、工作计划和成员培养方案。

（2）组织开展工作室各类研修活动。管理网络研修社区，组织开展线上研修。

（3）指导工作室成员提炼办学思想，凝聚办学特色，改进办学行为。

（4）建立工作室成员档案，负责成员的平时考核和终结考核。

3. 工作室成员的主要职责

（1）遵守工作室工作制度，按时参加工作室各类研修活动。

（2）积极承担工作室分配的工作任务，按时完成各项研修任务。

（3）依据个人实际情况和学校发展实际，编制个性化成长方案、学校中长期发展规划，制订学校办学行为改进方案。

笔者访谈到的三位工作室主持人及工作室成员曾这样说道：

Y 校长："校长工作室就是要助力工作室成员的成长，助力成员学校的发展，指导帮助各成员研究教育教学，丰富办学思想，优化办学策略，提升教学智慧，提高管理能力，为学校的发展提供更多更好的支持。"

M 校长："通过工作室平台，校长间将各自先进的办学理念和丰富的管理经验进行分享，解决自身管理实践中的问题。还可以将各学员所在学校连接在一起，形成一种跨区域的资源共享和校际互动的共促发展局面。"

W 校长："工作室就是一个研究平台，这是一群有教育梦想的人，朝着共同的教育目标去前进去奋斗。帮助他人成长发展自己，把共同的思想辐射出去。独行快，群行远！"

可见，校长工作室主持人及成员对于校长工作室的定位以及成员间的任务是有共同的团体发展意识的，因此，校长工作室三年度发展主题的设置、成员职责定位以及工作室的主体认同都直接影响整个校长工作室三年建设的成效。要确保工作室活动的成效以及发展，需要按照校长专业发展的基本特质以及普遍规律，对培养对象的整体发展水平与个性化发展作出综合性考量，同时按照培训周期将项目主题落实到活动任务进行细化，以保证各年度主题与发展总目标的内在一致性，使其成为各年度培养活动有序开展的科学指引。同时对工作室注重了活动维度的设计，从活动的次数、邀请的专家、解决的主要问题、薄弱学校帮扶、工作室间的互助以及过程材料的整体收集等方面对工作室的年度活动内容进行具体化的要求，有助于实现校长知识、能力与价值观的统一，有助于校长个人发展、学校改进与地区教育发展三个层面实现共同发展。

（四）管理考核

海南省中学卓越校长工作室的组织领导工作主要由海南省教育厅负责，日常管理、业务指导和考核评估工作主要由海南省中学教师继续教育培训中心具体负责。每年海南省教育厅为每个中学卓越校长工作室拨付一定的专项经费，主要用于工作室开展研修活动。经费拨付到工作室主持人所在学校，各工作室主持人所在学校要严格财务管理，单独列支，专款专用。每个工作室每年度有一定的网络研修社区建设费，由省中学教师继续教育培训中心向承担此项任务的网站统一支付。

省级培训机构会对海南省中学卓越校长工作室进行项目考核评估，具体包括：每年一次的年度评价和工作周期结束时的终结评价。考核评估按照一定标准，采取查阅资料、调查访谈、成果鉴定、业绩检测等方式进行。考核内容包括工作室建设情况（主要考评工作室方案、制度建设、档案管理、经费管理等情况）、工作室活动情况（主要考评工作室活动及完成情况）、工作室成效（主要考评工作室成员成长情况、成员校发展情况、课题研究情况及研究成果、帮扶薄弱学校及示范引领成效）等。细目包含但不限于：

基地专题培训。考查学员参加省培训管理机构专门组织的集中专题培训活动的情况，重点考查学员的出勤率及完成作业的情况。主题论坛活动包括项目计划中安排的省内校长论坛活动，主要考查出勤率、专题发言等情况。

专题论文撰写。主要考查学员在培训周期内是否主动撰写专题论文及撰写的论文质量情况。

名校（挂职）培训。考查学员在本项目实施期间参加省级或市县培训机构组织锻炼学习的情况，主要包括学员是否参加培训活动以及学习收获的情况。

区域交流互动。主要考查学员参加省级或市县培训机构所组织的省内外参观、考察、研讨等横向交流活动的情况。

高级研修培训。主要指本项目实施期间由省培训机构选派参加教育部中学校长培训中心举办的全国中学校长高级研修班、高级研究班活动。

校本研修示范。主要评价学员在培训周期内发挥骨干示范作用的情况。

骨干示范作用。主要考查学员在各级教师培训活动中担任专题讲座、经验介绍以及所任职学校创建省级校本培训示范校、积极承担各类培训任务的情况。

培训期满总结。考查学员完成本项目期满总结的情况，主要包括是否完成了学习期满总结、学习总结的质量（内容、字数应符合要求）。

最终考核结果分为优秀、合格、不合格三个等次，对考核为不合格的予以撤销，考核为优秀的给予表彰。

三、中学卓越校长工作室建设案例

经过累计七年的建设，海南省中学卓越校长工作室逐步走向了规范。不同发展阶段的中学卓越校长工作室的建立都特别重视中学卓越校长示范、引领、辐射的作用。经过这些年的不断成长，中学卓越校长工作室充分发挥出的辐射功能，为农村薄弱、边远学校带去优质资源；注重合作研究，中学卓越校长工作室成员来自不同地区、不同学校，通过合作与对话、帮扶、分享成果，实现了"培养一个、带动一批、辐射一片"的目标，在全省教育改革、人才培养、脱贫攻坚等方面发挥了重要作用。本书选取了 L 校长工作室作为典型建设案例进行分析，以便从具体实践领域窥探海南省中学卓越校长工作室的建设发展情况。

（一）L 校长工作室基本情况

L 校长工作室位于海口，成员有来自全省 10 个市县的正、副校长共 31 名，（其中，海口 9 名；定安 7 名；陵水 4 名；儋州 4 名；东方 2 名；昌江 2 名；澄迈 1 名；屯昌 1 名；五指山 1 名）。在三年周期内，积极探索校长培养的有效方法和途径，以培养一批专业素质高、管理水平强、创新能力强的校长为目标，以"校本主题研究"为途径，通过"找准自己的问题、开展自己的研究、发表自己的见解、提升自己的素质、改进自己的管理、形成自己的思想"这一思路，促进自主研究，促进共同发展，促进成果转化，促进办学思想的形成，努力使工作室成为研究的平台、成长的阶梯、辐射的中心。三年建设期内到海口、澄迈、儋州、陵水、定安、东方以及石家庄开展了多次研修、学校帮扶活动。

（二）L 校长工作室理念主张

工作室以"学习创新促发展，模范辐射创特色"为基本理念，以"校长成长体系化，德育管理精细化，中考备考科学化，文化培植特色化"为工作室目标，以"专业引领，自我提升；兼收并蓄，励志创新"为宣言，以"一个好校长就是一所好学校"为工作室室训，以"突出主体性，促进自主发展；突出合作性，促进共同发展；突出研究性，实现成果引领"为指导方针，以"学习创新促发展，模范辐射创特色"为工作理念，以实践中的问题为研究对象，通过"理论学习""专家引领""考察观摩""交流探讨""课题研究""个人自学"等内容多样、形式丰富的培养方法培养学员们在办学过程中的特色意识和品牌意识，以使工作室学员在办学过程中都能够创建出独树一帜的校园文化，形成独具一格的办学风格，搭建和谐的教育评价机制，贯彻课改理念，推进素质教育，创建特色学校和品牌学校，成为优秀的学校领导，最终成长为拥有一流的教育办学水平和管理领导能力、在本地区有一定影响力的校长。

（三）L 校长工作室具体目标

（1）通过卓越校长工作室特定的工作氛围和条件，努力促使工作室成员成为优秀学校管理者，以适应教育现代化要求的新水平。

（2）研习理论专著。根据工作室成员的个性风格和自身发展方向，每年研习 1 至 2 本教育专著，写读书笔记或心得体会。

（3）开展课题研究。结合学校实际，开展课题研究，工作室成员带着课题在各自学校通过实践、探讨、总结和反思，开展专题研讨，积累课题研究资料，发布研究信息，工作室成员相互鼓励，做好科研成果转化，开展相关的课题研究，以研究成果指导实际工作。

（4）培植办学特色。期望每个成员能够形成个性化的管理模式，积极探索学校管理新模式和新方法，研究解决学校管理中的共性问题，努力使工作室成员所在校的管理工作有亮点、有特色，体现出鲜明的个性。进一步加强工作室成员所在学校间的交流，每年深入两所学校实地考察，调研论证，了解学校管理中出现的新问题、新情况，帮助分析、指导并提出合理化建议，共同进步。

（5）培养后备人才。充分发挥结对帮扶、青蓝工程等活动的作用，加强工作室成员与有潜质的青年教师之间的指导、交流和培养。

（6）加大成果推广。将工作成果通过交流会、论文发表、网络平台、薄弱学校帮扶等形式推广，加强对外交流与合作，充分发挥工作室的辐射引领作用，不断提升工作室的成果效度与知名度。

（四）L 校长工作室三年规划

（1）规划设计阶段（2019 年 9 月—2019 年 12 月）。

完善工作室的常规建设，建立健全各项规章制度，制订工作室工作方案，建立成员档案，明确分工，各负其责，做好各项工作的部署。

建立工作室博客和学员博客，实现互动交流。

启动校长工作室（挂牌）。

完成学员的个人三年发展规划制定工作。

确定研究课题及研究方式、达成目标及预期成果。

（2）实践研究阶段（2020年1月—2021年9月）。

坚持理论提升与实践探索相结合、课题研究与经验提炼相结合的原则，在主持人和相关部门统一安排下，实施预定方案。

①学习研究：开阔管理视野，提升理论水平，总结实践经验。

理论学习，选择学校管理专著进行自学研读，每年完成一部学校管理专著的研读，写读书笔记或心得体会不少于10 000字。

研究学习，结合本校存在的问题及本工作室的课题研究，选择一项校本课题进行研究，并将本校的研究成果和取得的经验以书面形式与成员共享。

参观学习，为工作室成员积极创造条件参与研修访学活动，每学期争取有一周左右的时间。

②实践提高：增强实践能力，解决实际问题，提高实际管理水平。

名校长进校指导。邀请省内外优秀校长和专家组建专家团队，深入学校现场，轮流对各成员所在学校办学理念、办学制度、教师队伍等方面的问题进行逐项协同诊断、整改。工作周期内整理出至少2个典型整改案例。

蹲点学习调研。每学期安排一定时间，工作室成员进名校长所在学校蹲点学习该校办学思路和管理经验，完成一份较高质量的调研报告。

名校考察。安排工作室成员外出考察，进行各自办学思考与实践。

课题研究。依据课题研究实施方案，按部就班进行相关工作。

（3）总结展示阶段（2021年10月—2022年9月）。

研讨交流。每年筹备组织1至2次区域内管理者专题论坛或学校管理经验交流，让工作室成员做专题发言或成功案例介绍，带动区域学校间共同研究解决学校管理中的问题，逐步提高学校管理团队的管理水平。

反思提高。工作室成员在学习、实践过程中，依据团队力量，在分享成功经验的同时，反思自己实践中存在的问题和不足，并及时对自己的个人发展和学校管理工作进行整改、调整、提升。

发挥辐射。网络辐射：发挥名校长辐射作用。建立"名校长工作室博客"平台，让区域内各学校和社会全面、及时了解工作室的动态、成员的研究成果及成员学校的典型经验，形成有效的网络对话和交流展示平台；送培下乡：组织成员到农村学校或薄弱学校开展送培下乡、现场指导、结对帮扶等活动。

针对教育教学或学校管理实践中的重点、难点问题开展专题研究，工作周期内至少完成一项研究课题，相应成果以论文、专著或研究报告形式呈现。

针对课题研究进行总结和归纳，做好课题结题的验收工作，编辑和出版《名校长风采》。

做好工作室结业的各项工作，进行工作室优秀学员和个人成果奖的评比活动。与个人三年发展规划比照分析，进行个人发展性评估。

进行学校特色创建展示活动，开展校长工作室之间的合作，拓宽校长培训的平台，整合校长工作室之间的各类资源和成果，促进工作室之间的经验交流及成果分享。

通过听取汇报、查阅资料、调查访谈、成果检验等评估方式，对工作室成员进行成长档案与管理的评估与考核。接受海南省中学教师继续教育培训中心检阅三年来工作室的成效和成员自身的专业化发展状况，确定验收、审核和认定结果。

由上可知，L校长工作室在三年内拥有详细的工作目标以及具体的实施方案，凝炼了自身的发展特色，构建了科学合理的工作室实施框架。该工作室走进定安县、陵水县、澄迈县、儋州市、东方市、海口市开展了形式多样、内容丰富的主题研修活动，充分为展示学校、宣传学校拓宽了平台。期望每个成员能够形成个性化的管理模式，积极探索学校管理新模式和新方法，研究解决学校管理中的共性问题。工作室主持人以及成员所在学校在三年内取得了明显的发展。工作室成员M校长指出："工作室三年内两次到我校指导毕业班中考备考交流活动，通过帮扶发展，我校在2021年的中考中，平均分465分，相比2020年中考提高了近50分；中考成绩达756分的考生有9位，优秀率从原来的0.5%提升到了1.5%，也实现了优秀率的翻番。"工作室成员在主持人的有效引领下，参与活动，主动研修，写心得写体会，不论是学校或是个人，硕果累累。成员参加省级以上示范、指导活动16次，成员所在学校获得省、市、区荣誉100多项，论文发表5篇，成员课题研究5个。8名成员已经被提拔到新的岗位。

第四章

海南省中学校长培训现状调查与分析

2021 年，海南省普通高中共计 133 所，初中共计 404 所。本书采用抽样调查的方式，分别选取海南省中学校长职业倦怠状况、线下培训现状、线上培训现状等方面进行分析，以期了解海南省中学校长培训现状以及海南省中学校长专业发展能力现状。

第一节　海南省中学校长职业幸福感与职业倦怠现状调查与分析

相较于教师主观幸福感、职业压力、职业倦怠的研究，针对校长的相关研究较少。党的二十大报告指出，"要坚持教育优先发展、科技自立自强、人才引领驱动，加快建设教育强国、科技强国、人才强国，坚持为党育人、为国育才，全面提高人才自主培养质量，着力造就拔尖创新人才，聚天下英才而用之"。[1]校长是学校精神之所在，是带给基础教育蓬勃生命力的重要因素，其办学思想的凝炼与实施在一定程度上就是"人才自主培养质量""拔尖创新人才培养""聚英才而用之"的最为实践层面的体现。校长的职业健康状况直接关系校长是否可以实现"有实践质量"的办学领导。在心理学上，主观幸福感（subjective well-being，简称 SWB）专指评价者根据自定的标准对其生活质量的整体性评估，它具有主观性、稳定性、整体性的特点。[2]校长的主观幸福感是指校长在教育教学管理工作中，由于自身的职业理想得到一定

---

〔1〕　习近平："高举中国特色社会主义伟大旗帜　为全面建设社会主义现代化国家而团结奋斗"，载《人民日报》2022 年 10 月 26 日。

〔2〕　DIENER E J T S O W-B, "Subjective well-being", (2009), 11~58.

的实现时产生的一种自我满足感和自我愉悦感。[1]职业倦怠（burnout）最早由弗罗伊登贝格尔（Freudenberger）于 1974 年提出，他认为职业倦怠是一种最容易在助人行业中出现的情绪性耗竭的症状。随后马斯拉奇（Maslach）等人把对工作上长期的情绪及人际应激源做出反应而产生的心理综合征称为职业倦怠。[2]校长职业倦怠是指校长在工作环境的互动过程中，因不能有效缓解由各种因素所造成的工作压力，或深感付出与回报不对等而表现出的对所从事教育教学管理工作的消极态度和行为。[3]

目前，世界各国对校长职业生存状况给予了不同程度的关注。美国、澳大利亚、比利时、加拿大、以色列等国学者的研究共同表明当前社会发展背景下校长的工作压力与日俱增。长期的工作负荷、持续压力增长，最终让校长出现了职业倦怠、精神衰竭以及各种类似于心脑血管疾病的身体问题。同时有研究表明校长职业压力、职业幸福感会直接影响学校办学情况以及师生个体幸福感状况。[4]因此，积极了解当前校长主观幸福感以及职业倦怠情况，为校长生存状态研究提供实证依据、识别校长主观幸福感影响因素、降低校长职业倦怠程度具有积极意义。

一、研究方法

（一）被试

笔者采用随机抽样法，于 2021 年 10 月对海南省两期中学校长培训班的 200 名参训校长进行问卷调查。共回收有效问卷 193 份。回收后剔除包含缺失值和规律作答的问卷后，得到有效问卷 182 份，有效率为 94.3%。其中，男校长 157 人（86.3%），女校长 25 人（13.7%）。被试平均年龄为 46.89 ± 8.68 岁。

〔1〕　KIM J-C, JANG B-S J J O I C, "The Relationship between Hope and Grit by Group Type of Principal's Subjective Well-being", 19（2021），49~55.

〔2〕　MASLACH C, JACKSON S E, LEITER M P, *Maslach burnout inventory*, Scarecrow Education, 1997.

〔3〕　TORELLI J A, GMELCH W H, "Occupational stress and burnout in educational administration", 1992.

〔4〕　MAXWELL A, RILEY P J E M A, LEADERSHIP, "Emotional demands, emotional labour and occupational outcomes in school principals: Modelling the relationships", 45（2017），484~502.

（二）研究工具

1. 中国城市居民主观幸福感量表（简表）

采取邢占军等编制的"中国城市居民主观幸福感量表（简表）",[1]该量表共有 20 个项目，将主观幸福感划分为：目标价值体验、身体健康体验、知足充裕体验、心理健康体验、成长进步体验、心态平衡体验、社会信心体验、人际适应体验、自我接受体验、家庭氛围体验 10 个维度。该量表为 6 点计分，选项从 1＝很不同意，过渡到 6＝非常同意。得分越高表明主观幸福感水平越高。本次测量的中国城市居民主观幸福感量表，克隆巴赫 α 系数为 0.9125；验证性因子分析拟合指数为 $\chi2/df = 5.90$，$RMSEA = 0.07$，$CFI = 0.92$，$TLI = 0.90$，$SRMR = 0.06$，表明结构效度良好。

2. 职业倦怠调查普适量表

职业倦怠调查普适量表主要依据马斯拉奇（Maslach）职业倦怠调查普适量表（Maslach Burnout Inventory General Survey，简称 MBI-GS),[2]该量表为国际通用量表，具有很高的信度和效度。该量表共有：情绪耗竭、去个性化和职业效能三个维度。量表采用 5 点自评方式，从不为 1，每年几次为 2，每月几次为 3，每周几次为 4，每天几次为 5，为了统计方便，职业效能的反向计分已经转换，即分数越高，个人的职业效能感越低。本次测量的 MBI-GS 量表，克隆巴赫 α 系数为 0.72；验证性因子分析拟合指数为 $\chi2/df = 4.99$，$RMSEA = 0.07$，$CFI = 0.94$，$TLI = 0.90$，$SRMR = 0.03$，表明结构效度良好。

（三）调查程序与数据处理

本书以 2021 年两期中学校长培训项目为依托，进行集体测试，指导语统一安排在问卷的开头部分，主试只需要提醒被试阅读指导语，就能保证指导语的一致性。数据处理采用的是 SPSS 24.0 统计软件，具体数据处理运用了描述性统计分析方法、T 检验和 F 检验分析法、相关分析法、人口统计学分析法和多元回归分析法。

---

〔1〕 邢占军："中国城市居民主观幸福感量表简本的编制"，载《中国行为医学科学》2003 年第 6 期，第 703～705 页。

〔2〕 MASLACH C, JACKSON S E, LEITER M P, *Maslach burnout inventory*, Scarecrow Education, 1997.

二、研究结果

（一）海南省中学校长主观幸福感总体状况分析

本书所采用的主观幸福感量表共有 20 个项目，该量表采用 6 点计分法，主观幸福感总分最高分为 120 分，将各维度的得分和总分除以每一维度的项目数和总的项目数，用得到的数值与中数相比较来衡量中学校长主观幸福感水平的高低。

由表 4.1 可知，海南省中学校长的主观幸福感总分的平均值为 88.59，而全国常模的主观幸福感总分的平均值为 66.2，由此可见海南省中学校长主观幸福感显著高于全国常模，处于较高水平。海南省中学校长主观幸福感各维度的平均值由高到低依次为：家庭氛围体验、成长进步体验、目标价值体验、人际适应体验、自我接受体验、心态平衡体验、社会信息体验、心理健康体验、身体健康体验、知足充裕体验。其中，除了身体健康和知足充裕处于相对较低水平，其他维度的平均值都处于较高水平。

表 4.1　海南省中学校长主观幸福感总体状况

因子	平均数（M）	标准差（SD）
主观幸福感总分	88.59	12.47
目标价值	9.51	2.07
自我接受	9.12	1.74
身体健康	7.87	2.58
人际适应	9.21	1.97
知足充裕	7.16	2.38
心理健康	8.30	2.10
社会信心	8.79	3.91
成长进步	9.72	1.63
心态平衡	9.04	2.15
家庭氛围	9.88	1.84

（二）海南省中学校长职业倦怠总体状况分析

本书采用的 MBI-GS 量表共有 16 个项目，量表采用 5 点自评方式，职业倦怠总分最高分为 80 分。将各维度的得分和总分除以每一维度的项目数和总的项目数，用得到的数值与中数相比较来衡量校长职业倦怠水平的高低。

　　由表 4.2 可知，海南省中学校长的职业倦怠总分的平均值为 33.70，职业倦怠处于一般性水平。各维度的平均值都处于较低水平，这进一步说明了海南省中学校长职业倦怠情况不严重。

表 4.2　海南省中学校长职业倦怠总体状况

因子	平均数（M）	标准差（SD）
职业倦怠	33.70	10.05
职业效能	11.91	4.40
去个性化	9.61	4.24
情绪耗竭	12.19	4.72

（三）海南省中学校长主观幸福感与职业倦怠的群体差异

　　国内外很多研究都已经证明，主观幸福感与职业倦怠存在群体性差异，为了更好地探讨海南省中学校长的主观幸福感和职业倦怠的群体差异，特意测试年龄、性别、婚否、学历、学校性质、学校所在地等变量对主观幸福感与职业倦怠的总分及两者各维度之间的影响。

　　1. 主观幸福感的群体差异

　　本书根据海南省中学校长的年龄特征，将年龄划为四个阶段：25 岁至 35 岁、36 岁至 45 岁、46 岁至 55 岁、56 岁以上。根据不同年龄阶段的调查对象在主观幸福感及其各维度上的方差分析结果得知，海南省中学校长的主观幸福感总分、目标价值、身体健康、心态平衡、人际适应和家庭氛围在年龄上差异显著，幸福感总分、人际适应、家庭氛围的 P 值都小于 0.05，而目标价值、身体健康、心态平衡的 P 值都小于 0.01，差异显著。进一步分析表明，在主观幸福感、目标价值、心态平衡、人际适应这几个方面，46 岁至 55 岁的中学校长与其他年龄阶段的中学校长差异显著，分值较低，而 36 岁至 45 岁年龄阶段的中学校长在这些方面的得分最高。在家庭氛围感受方面，46 岁至 55 岁中学校长的分值与其他年龄阶段中学校长的分值差异显著，25 岁至 35 岁的分值最高，其他年龄阶段的分值差别不大。

　　主观幸福感总分及其各维度在性别中差异显著，女校长的主观幸福感总分整体高于男校长的主观幸福感，但限于女校长的调查样本与男校长样本数量差异较大，有待进一步研究。在本书调查的对象中，已婚的中学校长有154位，未婚的中学校长有27位。婚否在主观幸福感总分、目标价值、身体健康、心态平衡、人际适应、家庭氛围方面差异显著，在这些方面，未婚的中学校长的分值高于已婚的中学校长。主观幸福感总分在不同文化程度中差异不显著。但在主观幸福感总分中，大专学历的中学校分值最低，本科学历的中学校长分值最高。主观幸福感总分在不同职务中的差异显著，正校长的主观幸福感总分高于副校长的主观幸福感总分。

2. 职业倦怠的群体差异

职业倦怠在年龄上差异显著，具体体现在情绪耗竭、去个性化两个方面。（见图4.1）

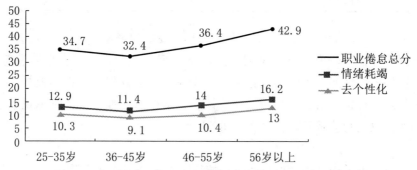

图4.1 职业倦怠总分、情绪耗竭、去个性化在年龄上的差异

在情绪耗竭方面，56岁以上的中学校长情绪耗竭分值最高，而36岁至45岁的在这方面的分值最低。在去个性化方面，56岁以上的中学校长与其他年龄段的中学校长相比分值偏高。在职业倦怠总分方面，依然是56岁以上的中学校长分值最高，而36岁至45岁的在这方面的分值最低。由此可见，随着校长职业年龄的增长，职业倦怠总体呈增加趋势。

职业倦怠总分及其各维度在性别中差异不显著。婚否在职业倦怠总分、情绪耗竭、去个性化中差异显著。在这三个方面，已婚的中学校长的职业倦怠要比未婚的严重，各方面的分值都偏高。学历在职业倦怠总分、情绪耗竭、去个性化中差异不显著。

海南省中学校长的职业倦怠总分、情绪耗竭、去个性化在学校中差异显著，并且公办学校校长在这三个方面的分值要高于私立学校的校长。（见表4.3）

表4.3　职业倦怠总分及其个别维度在不同幼儿园性质中的差异

维度	公办	民办
职业倦怠总分	40.8分	31.4分
情绪耗竭	16分	11分
去个性化	12.2分	8.7分

（四）海南省中学校长主观幸福感与职业倦怠的关系分析

1. 主观幸福感总分与职业倦怠总分及两者各维度之间的相关性分析

本书采用皮尔逊积差相关法计算了海南省中学校长主观幸福感总分和职业倦怠总分及两者各维度之间的相关系数。（见表4.4）

表4.4　海南省中学校长主观幸福感和职业倦怠的关系

		职业倦怠总分	情绪耗竭	去个性化	职业效能
主观幸福感总分	皮尔逊相关系数	-.581＊＊	-.466＊＊	-.502＊＊	-.343＊＊
知足充裕	皮尔逊相关系数	-.316＊＊	-.262＊＊	-.258＊＊	-.194＊＊
心理健康	皮尔逊相关系数	-.382＊＊	-.369＊＊	-.299＊＊	-.189＊＊
社会信心	皮尔逊相关系数	-.191＊＊	-.138＊	-.169＊＊	-.127＊
成长进步	皮尔逊相关系数	-.464＊＊	-.362＊＊	-.387＊＊	-.299＊＊
目标价值	皮尔逊相关系数	-.363＊＊	-.279＊＊	-.352＊＊	-.190＊＊
自我接受	皮尔逊相关系数	-.210＊＊	-.065	-.139＊	-.277＊＊
身体健康	皮尔逊相关系数	-.404＊＊	-.461＊＊	-.334＊＊	-.106
心态平衡	皮尔逊相关系数	-.383＊＊	-.320＊＊	-.391＊＊	-.154＊
人际适应	皮尔逊相关系数	-.335＊＊	-.204＊＊	-.318＊＊	-.239＊＊
家庭氛围	皮尔逊相关系数	-.297＊＊	-.175＊＊	-.235＊＊	-.264＊＊

注：＊表示相关在0.05水平上差异显著，＊＊表示相关在0.01水平上差异显著，下同。

数据分析显示海南省中学校长的主观幸福感总分和职业倦怠的总分呈负

相关，相关系数为 0.581（P<0.001）。中学校长主观幸福感总分与职业倦怠的各维度之间也呈负相关，在某些指标上相关程度较高。职业倦怠总分和主观幸福感的各维度之间也呈负相关。

2. 职业倦怠对主观幸福感的多元回归分析

相关性分析仅仅只能说明海南省中学校长主观幸福感和职业倦怠之间存在相关，为了进一步研究它们之间的关系，本书又采用多元回归法分析职业倦怠对主观幸福感的预测性。（见表 4.5）

表 4.5　海南省中学校长职业倦怠对主观幸福感的多元回归分析

未标准化 预测变量	未标准化 回归系数	回归系数 标准误	标准化 回归系数	显著水平
常数项	112.516	2.038		.000
职业效能	-.684	.131	-.241	.000
去个性化	-.919	.177	-.313	.000
情绪耗竭	-.570	.159	-.216	.000
$R^2 = 0.34$		校正 $R^2 = 0.334$		

由上表可知，多元回归分析结果为：中学校长的职业倦怠能够联合预测主观幸福感总分的 33.4% 的变异量（$R^2 = 0.334$）。其中，去个性化的贡献最大，其标准化回归系数为 -0.313，其次为职业效能、情绪耗竭，他们的标准化回归系数分别为：-0.241、-0.216。根据多元回归模型得知职业倦怠和主观幸福感的预报方程为：$y = 112.516 - 0.684 * ×1 - 0.919 * ×2 - 0.57 * ×3$，且由回归模型的方差分析表可知，F 值为 55.542，显著性概率小于 0.001，表明回归极显著。

三、讨论

（一）海南省中学校长主观幸福感总体状况

本书得出海南省中学校长的主观幸福感总分平均值为 88.59，处于较高水平。这说明了海南省中学校长对其目前的生活质量比较满意，体验到的积极情绪多于消极情绪。原因在于，近几年来，海南国际自由贸易港建设使得经济得到飞速发展，人们的物质生活有了很大的改善，人们的空闲娱乐时间相对增加，再加上海南省环境优美、气候舒适，适于居住，所以，作为海南居民的一个群体，中学校长同样也感到幸福。海南省中学校长主观幸福感的各维度的平均值，除了身体健康和知足充裕处于相对较低水平，其他维度的平均值都处于较高水平。身体健康体验处于相对较低水平，这与中学校长的工作特点有关，中学校长面临高强度的教育教学管理工作，负荷过重会影响中学校长的身心健康。事务性工作占了大部分的时间，由此导致中学校长对自我的关注相对较少，以上特点都影响了中学校长的知足充裕体验。

（二）海南省中学校长职业倦怠总体状况

目前，国内对教师职业倦怠的研究还没有相应的常模，笔者将职业倦怠的各维度得分和总分除以每一维度的项目数和总的项目数，用得到的数值与中数相比较来衡量校长职业倦怠水平的高低，得出海南省中学校长的职业倦怠处于一般水平。校长职业倦怠形成有来自个人、组织和社会各方面的原因，个人方面的原因主要体现在校长乐观、自我排压能力较强，而组织和社会的原因主要体现在海南省相对竞争压力较小，并且这里气候适宜、生活节奏比较慢。因此，海南省中学校长职业倦怠处于一般水平。

（三）海南省中学校长主观幸福感与职业倦怠之间的关系

综合相关性分析和多元回归分析得知，海南省中学校长的主观幸福感总分和职业倦怠总分及两者各维度之间存在负相关关系，并且职业倦怠对总的主观幸福感具有预测性，中学校长的职业倦怠能够联合预测主观幸福感总分的33.4%的变异量。在具体分析主观幸福感和职业倦怠在人口统计学变量上的差异时，笔者发现各维度的具体分析结果与研究的相关性结果一致。主观幸福感各维度在人口统计学变量上的分值较高时，职业倦怠各维度在相应的人口统计学变量上的分值一般都较低，这进一步说明它们之间存在显著的负相关。

职业倦怠会增长人们的消极情绪，减退人们的积极情绪，再加上职业又占据了中学校长的大部分时间和精力。由此，职业上的消极情绪很容易扩散到其他的生活领域，进而影响中学校长的总体幸福感指数，所以，由职业在主观幸福感中的地位和职业倦怠的后果可知，职业倦怠与主观幸福感存在相关性，并且，职业倦怠可以预测主观幸福感。职业倦怠越严重，主观幸福感就越低。

第二节 海南省中学校长线下培训现状调查与分析

第三章已基于项目实施的宏观角度对 30 多年来海南省中学校长各培训项目实施整体情况进行了分析，本节将主要围绕两个方面的内容对海南省中学校长线下培训现状进行进一步深入了解：一方面是中学校长在日常工作当中面临和关注的主要问题，一方面是校长参加培训的动机、类型、内容、形式、效果和培训中存在的问题等。

一、研究方法

（一）研究工具

为了评估和了解当前海南省中学校长线下培训的现实情况，本次调查相关研究设计了《海南省中学校长培训现状调查问卷》，共 31 题。同时为保证调研信息的客观和全面，设置了《海南省中学校长线下培训现状访谈提纲》，全面了解海南省中学校长线下培训情况，共举行座谈会 5 场，参与访谈的各市县培训机构负责人共 9 人，被访谈的中学校长 15 人。

（二）被试

采用随机抽样法，于 2022 年 6 月至 12 月对海南省海口、琼海、文昌、万宁、三亚、保亭、昌江、屯昌、定安、乐东、澄迈的 187 名校长进行问卷调查。共回收有效问卷 177 份。其中，男校长 138 人（78.0%），女校长 39 人（22.0%）。被试平均年龄为 45.23±9.28 岁。

表 4.6 不同培训层次人数调查情况统计

培训类别	任职资格培训	示范性提高培训	骨干校长培训
人数	91	60	36
有效问卷份数	86	58	33
所占百分比（%）	94.5	96.7	91.7

从表 4.6 可以看出：调研对象在海南省中学校长任职资格培训、示范性提高培训、省级骨干校长培训中均有体现，基本可以涉及校长专业成长的三个典型阶段，且有效问卷百分比均在 90% 以上。

表 4.7 参加培训次数情况统计

培训次数	从未参加过	参加过 1 次	参加过 2 次	参加过 3 次以上
实际人数	21	41	70	45
百分比（%）	11.86	23.16	39.56	25.42

从表 4.7 可以看出被调查校长中，以前从未参加过中学校长培训的占 11.86%，仅参加过 1 次的占 23.16%，参加过 2 次的占 39.56%，参加过 3 次以上占 25.42%培训，基本可以覆盖校长培训的各阶层群体。

表 4.8 任职时间情况统计

任职时间	1 年以下	1~5 年	6 年以上
人数	9	104	64
百分比（%）	5.08	58.76	36.16

表 4.8 中校长任职年限在 1 年以下的新任校长占 5.08%，一定程度上反映了海南省中学校长任职资格培训参训校长"先上岗再培训"的现象极为普遍，大多是先上岗再培训获得任职资格证书。58.76%的校长任职年限在 1 年至 5 年之间，36.16%以上的校长担任校长工作已有 6 年以上，这部分群体以省级骨干校长为主，具有丰富的教育教学管理经验。因此，参与调研的培训对象类别以及人数基本合理，覆盖了校长专业成长的三个重要阶段（任职—提高—骨干），且大部分校长已担任一定时间校长职务，他们对学校教育教学管理、省级校长培训的评价、校长专业发展的建议都有了相对成熟的认知和判断，这些意见具有较高的参考价值。

二、研究结果

（一）对参训必要的认知

为进一步调研海南省中学校长参加线下培训的意愿，笔者对校长对于培训必要性的认知进行调查，并按程度将校长培训必要性认知划分为四个等级，分别是"很有必要""有必要""一般""没有必要"。结果如图 4.2，选择"很有必要"的占总人数的 43.08%；选择"有必要"的占总人数的 46.89%；选择"一般"的占总人数的 8.82%；选择"没有必要"的占总人数的

1.21%。可以看出，目前大多数校长对于培训的必要性还是比较认可，同时也存在少部分校长培训内驱力较弱。访谈结果也有助于我们了解这一问题，当我们问到在某乡镇学校任职的 C 校长是否想参加校长培训时，他的回答是："要看什么样的培训了。如果是对学校管理提升比较大，对办学思路有提升的，有意义的培训，我会去。如果是没什么用的培训，个人感觉不太想去。"同时，当被问到"假如工作特别忙，而且与培训时间冲突会怎么办"时，C 校长说："对我有用的培训，只要没有特别关键的行政事务，我请假都会去参加培训。"

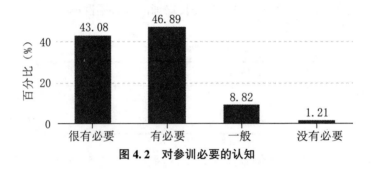

图 4.2　对参训必要的认知

（二）对参训需求的认知

校长们在学校的教育管理中面临最突出的依次有以下六个问题：师德师风建设；"双减"背景下如何有效开展教学；问题学生的管理；教师专业化成长；学校文化建设；学校的信息化建设。

表 4.9　培训需求情况统计

序号	题项	比例
1	师德师风建设	81.1%
2	"双减"背景下如何有效开展教学	69.7%
3	问题学生的管理	45.8%
4	教师专业化成长	31.2%
5	学校文化建设	27.3%
6	学校的信息化建设	16.9%

（三）对培训动机的认知

经过访谈与问卷，笔者发现，大部分的校长参加培训的动机是学习新理念、新知识、新技能，不断提高教育教学管理能力，提升专业素质，从而提高学校办学质量。可见，大多数校长有强烈的自我成长需要，但部分校长囿于繁忙的教育行政工作，较少有整块的时间参加培训学习。另外，也有少数的校长参加培训的动机是行政的强制性命令，基本上就是敷衍应付，积极性和主动性不高。

表 4.10　培训动机情况统计

序号	题项	比例
1	学习新理念、新知识、新技能，提高管理能力	63%
2	提高教育教学管理能力，以提高学校教学质量	56%
3	学校发展规划知识的拓展与更新	43%
4	完成行政部门规定的培训任务	11%
5	晋级评职称	6%

（四）对培训师资的认知

表 4.11 表明，校长们迫切需要一线经验丰富的中学名校长担任培训教师，其次是教育行政管理人员，最后是高校的教授和专家。这反映出校长们希望能通过学习一线优秀校长的成功经验来快速带动自己的专业成长。

表 4.11　培训动机情况统计

序号	题项	比例
1	经验丰富的中学名校长	70%
2	教育行政管理人员	19%
3	高校的教授和专家	11%

（五）对培训的倾向

座谈和问卷表明，校长们希望可以参与多元化的培训方式，尤其是考察学习、同行介绍经验、教学展示、共同研讨型的培训方式。从下表中可以看出，校长最喜欢的培训形式依次是：实地考察学习、跟班学习、互动参与式培训、主题研讨、系统深入的讲解。可以看出，校长们对师生互动的培训模式较为推崇，渴望参与到每次培训当中，而针对性很强的案例展示与分析则更能让校长们把理论与实践联系起来。

表 4.12 校长们比较喜欢的培训方式

序号	题项	比例
1	实地考察学习	58%
2	跟班学习	38%
3	互动参与式培训	32%
4	主题研讨	16%
5	主讲教师系统深入的讲解	14%
6	以课题研究为载体的培训	13%
7	在岗研修	9%

（六）培训中存在的问题

通过访谈，校长们反馈当前海南省中学校长线下集中培训主要存在以下两方面的问题：

1. 培训的统筹规划不够

一是参训机会方面，仍旧存在少数校长已任职却未参加过任何培训的情况。这可能是由缺乏有效的培训机制或相关政策的执行不力所致。也存在同一年内有些校长既参加了校长任职培训，又参加了校长提高培训。这种情况可能是由培训机构之间缺乏协调和统筹，或者校长个人对培训需求的理解不准确所致。这种重复参加不同培训的现象会浪费资源和时间。二是培训内容可能是零散的、分散的，缺乏系统性和连贯性。校长们很难获得全面而有针对性的培训，无法形成一个完整的培训体系。也有可能在不同时间参加了各种零散的培训课程，但这些课程之间缺乏联系和衔接，无法形成一个有机的整体。三是中学校长培训过程中缺乏长期规划和跟踪机制。培训往往是零散的、一次性的活动，缺乏持续性和深入性。没有建立起校长职业发展的长效机制，缺乏对校长培训效果的跟踪评估，无法及时发现问题和进行调整。

2. 培训内容针对性不足

一是缺乏针对性的培训方式：目前存在将不同类型的校长集中在一起进行培训的现象，不考虑他们的具体职位、地区和实际需求。同一个培训班里可能同时有正校长和分管德育、教学、后勤等的副校长。由于职位和实际情况的差异，校长们对培训的需求不同，但培训内容和方式却没有区别，导致培训缺乏针对性和时效性。二是培训内容交叉重复：许多校长反映，在参加不同层次和类型的培训时，培训内容经常存在交叉和重复现象。这意味着校长们在不同的培训中可能会重复接触相同的知识和技能，浪费了时间和资源。三是理论与实践脱节：一些校长参加培训后反映，培训课程偏重理念和理论，缺乏与实际问题结合的专题讨论和案例分析。这导致校长们在理论知识与实践应用之间存在脱节，难以将所学知识有效运用到实际工作中。四是缺乏有效的互动与指导：培训中，一些校长反映跟班学习往往变成了单纯的听课，指导老师和学员之间的互动不够充分。这导致校长们在培训中无法得到及时的反馈和指导，难以解决实际问题和提升能力。五是教育考察缺乏针对性：校长培训中的教育考察往往存在"走马观花"的现象，而非有针对性的学习和借鉴。同时，对于考察的后续总结和应用不足，形式化严重。

三、思考与建议

校长培训转型升级，既是校长发展需求变化之应然，也是基于高质量发展新阶段基础教育立德树人、五育并举、减负提质、内涵式发展的重大转型。海南省中学校长培训工作要以国际自由贸易港建设需求为导向，坚持以人才培养为核心，明晰目标，缺什么补什么、未来需要什么就学习什么。构建适应校长学习现实需求的培训系统，把校长能力培养提升到新的高度，与教育培训的目标内容和方法紧密结合起来，贴近校长管理工作实际，贴近校长专业成长需求，从培训规划、培训管理、培训目标、培训方式、训后跟踪等各方面入手全力打造符合自由贸易港建设需求的专业化培训体系。

（一）切实做好适合校长专业发展愿景的培训规划

一方面，需要建立起省、市、县各级培训机构之间上下沟通联系的统一体，并制定出上下连贯、层层递进的系统培训目标，以对校长的培训进行全面、系统的规划。同时，校长所在行政单位应根据校长的不同层次需求，制定相应的发展成长规划，并安排选送不同级别的校长参加相应的培训，以确保每位校长能够通过适合自身级别的培训获得有效提升，从而避免盲目培训、重复培训、资源浪费等消极状况的出现。另一方面，校长的专业发展内容应包括教育管理观念、知识和技能的发展，以及校长品格的发展。然而，目前校长培训往往过于强调教育教学知识和技能，将校长的专业发展过程仅视为一种技术培训过程。这导致部分校长在职业道德、情感方面存在不足，甚至出现了职业倦怠情绪。同时，对于优秀校长而言，除了教育管理技能，职业品质是更重要的专业发展源泉。因此，在校长的专业发展规划中，应更加注重培养校长的职业品质，包括但不限于提升其道德情感素养、培养领导力和沟通能力、促进自我反思和持续学习等方面的能力。此外，为实现校长专业发展的全面性，培训机构应调整培训内容和方法，通过制定相关政策和指导文件，为校长提供更多的专业发展机会。

（二）建设一支能动性强的、专兼结合的校长培训师资队伍

构建一支能动性强的、专兼结合的校长培训师资队伍是校长队伍建设之必须，是校长培训质量的重要保障。首先，应积极与高水平大学和研究机构合作，争取邀请具备丰富学科前沿知识、高学术水平和讲课精练的专家教授参与校长培训。他们可以为校长提供深入的理论指导，并分享自己在实践中积累的经验。其次，应加强与教科研人员之间的合作，邀请那些对学科教学现状与发展相当了解、具备良好表达能力的人员参与校长培训。他们可以为校长提供专业的教学研究成果和实践经验，并引导校长进行深入的教育思考和探索。此外，还应重视邀请具备高水平理论修养和实践经验的中学高级校长或特级校长、学者型校长参与校长培训。他们的成功案例和领导经验可以为校长们提供宝贵的借鉴和启示，激发校长们的学习热情和动力。

（三）设置三级培训目标体系，切实满足校长发展需求

首先，可以尝试围绕"以办学发展为基础，以实际问题为中心，以案例分析为载体"的培训目标设置思路，完善培训内容，突出校长普遍关注的教育教学热点，切实满足校长的专业发展需求。其中，培训目标的定位应以校长教育教学管理实践为基础和归宿，将学校办学实际中的典型问题与"双减""双新"政策中的重点、难点问题结合起来，生成培训问题。这样的目标定位能够确保培训内容与实际问题紧密结合，使校长们能够在培训中获得能够直接应用于实践的知识和技能。其次，培训内容的设计应充分体现当前教育管理实施的特点，确保正确的导向性和针对性。从零散性知识专题转变为"主题+专题"的强化式的培训。最后，培训内容应以提高教育教学管理实践能力为主要目标，从理念培训为主转变为注重实践能力的培训。通过案例分析等方式，培训内容能够更贴近校长们的实际工作情境，帮助他们解决实际问题，提升教育教学管理实践能力。

（四）采用灵活多样的培训方式激发校长的参与热情

校长作为成人学习者，其知识和学习的发生具有情境性、反思性的特质。这决定了校长培训需要构建基于教育管理实践问题、原有经验和实践反思的学习方式。校长培训应以问题为导向，以实践知识为主要内容。同时注重学习过程中的自我实践、反思，同伴间的对话、帮助和互动以及专业的引领。可采用混合型、优势互补的培训学习形式，包括案例教学、专题讲授、教育考察、问题诊断、异地培训、课例研修、拓展训练、技能训练、跟班学习、反思总结、论坛交流等，从而满足校长们不同的学习需求和学习风格，促进他们在培训中的积极性和提升学习效果。特别指出的是研讨式的培训方式，对校长专业发展的促进性。通过校长之间的互动和交流，他们能够分享成功经验、借鉴教学实践，促进彼此的成长和发展。同时，可以给校长积极搭建平台，促进他们相互邀请彼此到自己的学校进行观摩、交流和学习，从而拓宽视野、分享经验，提高培训的实效性和可持续性。

（五）建立长效跟踪反馈机制，切实保障培训效果

努力实现项目实施与长效机制建设并重。教育行政部门、培训单位、学员单位应加强协作和沟通。教育行政部门侧重制定校长培训的长远规划；培训机构通过定期或不定期举办研讨会、提供固定的网络平台、建立学员成长档案等措施来对每个培训学员进行动态跟踪管理；学员单位要做好培训效果的信息反馈，以供培训机构调整改进，要求学员通过讲座、示范课的形式来传达培训信息和成果，关注教学行为的改善。三者齐抓共管，各负其责，联合对参训校长进行训后综合考核，并将考核结果记入个人发展档案。

第三节　海南省中学校长线上培训现状调查与分析

当前社会正不断向智能化迈进，智能技术的不断发展已然对教育产生剧烈的冲击。教育的全面数字化转型已形成不可逆流之势，改变着传统的教育形态，教育培训亦是如此。特别是 2020 年新冠疫情的全球大暴发，给传统的教育模式、培训模式都提出了巨大的挑战，如何调整举措、扎实推进"停课不停学""停课不停训"，保障教育培训的有效实施成为亟待解决的现实问题。"线上培训""远程资源共享""平台建设""线上培训实效"成为教育培训者必须深入思考的问题。因此，本书着重对海南省中学校长线上培训现状进行

调研，深入检视海南省中学校长线上培训的实践现状，分析网络远程培训对校长专业成长的实际价值，总结以往线上培训的经验，探求今后线上培训活动组织的有效路径，切实推进教育的数字化转型。

一、研究工具与被试

（一）研究工具

本次调查相关研究参照西南大学昝芋编订的《中小学教师线上培训的情况调查》问卷，该问卷借鉴国内外学者研究成果，并结合线上培训的实施情况，以经验系统理论为基准，从培训资源系统、培训传递过程以及参训学员三个方面，设计了六个维度，具体为参训动力层面、认知层面、技术层面、课程设计层面、师生交互层面、培训支持服务层面，对中小学教师线上培训情况进行调查，经探索性因素分析以及信效度分析总问卷系数均达 0.85 以上，各维度间的系数也达到良好信度的标准。同时，笔者根据校长与教师的角色差异、参训情况差异以及海南省中学校长培训现实情况，一是将第一部分基本信息进行简化，主要对校长的性别、年龄、职务、最后所获学历、学校所在区域、学校所在学段等方面进行调研；二是突出校长的管理角色，将原有的六个维度修订为参训动力层面、认知层面、技术层面、课程设计层面、数字管理交互层面、培训支持服务层面对海南省中学校长线上培训情况进行调查，修订后各数据均达到可接受范围，模型拟合程度较好。

（二）被试

采用随机抽样法，于 2022 年 6 月对海南省中学任职资格培训班 91 名参训校长以及海南省中学校长示范性提高培训的 60 名参训校长进行问卷调查。共回收有效问卷 151 份。其中，男校长 127 人（84.1%），女校长 24 人（15.9%），如表 4.13 所示。正校长 33 人（21.9%），副校长 118 人（78.1%），如表 4.14 所示。

表 4.13　性别构成

性别	男	女
人数	127	24
百分比	84.1%	15.9%

表 4.14　职务构成

职务	正校长	副校长
人数	33	118
百分比	21.9%	78.1%

年龄介于 20 岁至 30 岁之间的占 1.99%；介于 31 岁至 40 岁之间的占 9.93%；介于 41 岁至 50 岁之间的占 66.89%；51 岁以上的占 21.19%，具体构成如表 4.15 所示。

表 4.15　年龄构成

年龄	20-30 岁	31-40 岁	41-50 岁	51 岁以上
人数	3	15	101	32
百分比	1.99%	9.93%	66.89%	21.19%

在城乡分布方面，学校位于市县的占 35.76%，位于村镇的占 64.24%，如表 4.16 所示。

表 4.16　城乡分布

年龄	市县	村镇
人数	54	97
百分比	35.76%	64.24%

从表 4.17 可以看出被调研校长中，专科及以下学历的占 21.2%，本科学历的占 77.5%，硕士及以上学历的占 1.3%。由此可以看出，海南省中学校长队伍中本科学历居多，仍有不少校长仍然是大专及以下学历。硕士以上学历占比小，校长学历成分尚有较大提升空间。

表 4.17　学历构成

学历	专科及以下	本科	硕士及以上
人数	32	117	2
百分比	21.2%	77.5%	1.3%

二、研究结果

为进一步了解海南省中学校长参加线上培训的实际情况，笔者对海南省中学校长每年参加线上培训的频率进行了初步统计。从表 4.18 可以看出被调研的校长中，每年均会参加线上培训，每年参加 1 次至 2 次的占 63.6%，每年参加 3 次及以上的占 36.4%。由此可知，在线上培训方面海南省整体普及率较高。线上培训已经成为中学校长专业提升的新路径，如何精准摸底海南省中学校长线上培训的现状，合理评价其培训效果已经成为新时期海南省中学校长培训迫切需要关注的重点。

表4.18　每年参加线上培训的次数统计

次数	0 次	1-2 次	3 次及以上
人数	0	96	55
百分比	0	63.6%	36.4%

从参加线上培训目的来看，校长们认为"上级任务"与"自我提升"是校长参加线上培训的主要原因，认为是"自我提升"的占 45.03%，认为是"上级任务"的占 43.71%，解决困惑、评职称等依次降低（见下图）。随着"互联网+教育"时代的到来，校长参加"线上培训"来更新自身的教育管理理念、提升自身专业能力已经成为时代必需。海南省中学校长参与线上培训的内驱力动机尚有待提升。

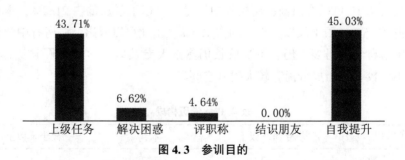

图 4.3　参训目的

从线上学习技能来看，57.62% 的调查对象认为自己线上学习技能较好，17.22% 认为自己线上学习技能一般，而 25.16% 的校长认为自己缺乏线上学习技能（见下图）。学校的发展与校长密切相关。校长是学校信息化建设的决策者、管理者和领导者。许多相关的实证研究认为校长的信息领导力对学校ICT实施策略以及教师信息素养的提高产生积极影响。因此，校长自身的线上学习技能尤为重要。根据海南省中学校长线上学习技能的自我认知，只有57.62%的调查对象认为线上学习技能较好，可以解决学习需求，远远达不到当前教育数字化转型对中学校长数字素养的基本要求。因此，在下一步的培训中，要侧重提升校长自身的数字素养。

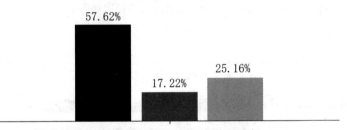

图4.4　线上学习技能

在对线上学习的效果评价方面，如图4.5所示，67.55%的被调查校长认为线上培训效果不如线下集中培训，认为没有差异和效果较好的各占23.84%、8.61%。从后续继续参加线上培训的意愿来看，如图4.6所示43.71%表示可能会参加线上培训，43.02%表示肯定会参加，也有小部分校长表现出不愿意参加的意向。由此可见，当前的线上培训效果满意度很低，校长对线下培训效果的认可远远高于线上培训，校长线上学习技能存在短板，但是校长们还是对线上培训体现了浓厚的期待感。

校长培训是校长专业能力提升以及学校良性发展的动力源泉，校长培训之魂在于质量，没有质量的线上教育培训不仅无助于校长专业发展，而且会极大地降低校长专业发展的积极性、浪费校长的时间以及教育培训人力、物力、财力。线上培训打破了培训的时间、空间限制，可以帮助校长便捷地获取资源，提升专业能力。但当前的线上培训质量以及校长的自身线上学习技能远远满足不了时代的需求，提升校长线上培训的质量，势在必行。

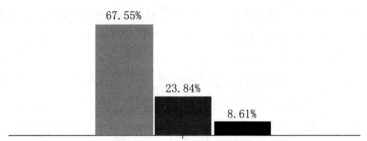

图 4.5　线上学习效果自评

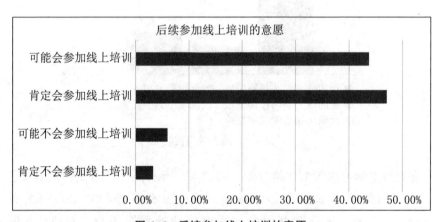

图 4.6　后续参加线上培训的意愿

继而，笔者借鉴西南大学昝苧编订的《中小学教师线上培训的情况调查》设置了五个维度：参训动力、能力认知、技术问题、课程设置、培训支持与服务，对海南省中学校长线上培训的困境进行进一步分析。采用李克特计量法对其进行评价。其中，1~5 分别表示：非常不符合、比较不符合、一般、比较符合、非常符合，得分越高表示线上培训遇到的困难越多。单维度所测均分为 2.5 分，则可认为中学校长线上培训压力处于中等，低于 2.5 分则表示困难较小，高于 2.5 分则认为困难较高。结果显示：

如表 4.19 所示，在参训动力这一维度，只有最后一题项，关于"我的学习得不到家人、同事、领导的理解和支持"小于 2.5 分，其余前五项各题项均值大于 2.5 分。这证明校长线上学习在家庭及外界成员的支持方面不存在困难，但在参训动力的整体维度上已然存在一定的参训动力问题。在"当培训内容太枯燥或难理解时，我会走神"这一问题方面均值达到 3.08 分，这显示出较大问题，说明线上学习的内容的困难程度以及线上学习内容的吸引性对校长线上学习的动机影响较深。

表 4.19　线上参训动力维度上的描述性分析（N＝151）

维度	题项	最大值	最小值	平均数	标准差
参训动力	我参加线上培训时承担了很多来自外界的压力	5	1	2.69	1.287
	我进行线上学习时总是耽搁，不能保证参训学习时间	5	1	2.68	1.246
	当培训内容太枯燥或难理解时，我会走神	5	1	3.08	1.241
	我很难坚持自己的学习计划	5	1	2.72	1.382
	我有繁重的工作和任务，没有充足的时间进行线上学习	5	1	2.83	1.134
	我的学习得不到家人、同事、领导的理解和支持	5	1	1.95	1.240

工业 4.0 时代的到来，让数字能力的提升在当代成为必须。校长线上培训与传统培训最为明显差异在于，线上培训对校长在互联网环境下的自主学习、自主探索提出了要求。校长需要熟练使用线上培训平台、拥有自主的线上培训意识、积极参与线上培训的各种互动环节，以此来保障线下培训的学习成效，因此，从线上学习经验、网络环境、学习技能等方面对校长的线上学习能力认知进行调查。从数据分析结果来看，各题项得分均值都在 2.5 分以上，达到中等水平，在"熟悉在线学习的网络用语、语言技能"方面表现出一定的能力认知问题。

表 4.20　线上参训能力认知上的描述性分析（N＝151）

维度	题项	最大值	最小值	平均数	标准差
能力认知	我缺乏远程线上学习的经验	5	1	2.68	.931
	我不能有效利用网络环境进行培训学习	5	1	2.97	1.065

续表

维度	题项	最大值	最小值	平均数	标准差
	我没有掌握有效的网上学习方法	5	1	2.67	1.024
	我不熟悉在线学习的网络用语、语言技能	5	1	3.07	1.026
	我缺乏在线学习的交流技巧	5	1	2.77	.982

由表 4.21 可知，在技术认知方面，除了在"线上学习系统经常出现故障，影响我的线上培训"方面略高于 2.5 分，在其他方面参训校长对线上培训的技术使用认知困难不大，可见校长对于线上学习技术的认可度与接受度较高，没有太大的畏难情绪。

表 4.21 线上参训能力认知上的描述性分析（N=151）

维度	题项	最大值	最小值	平均数	标准差
技术认知	我的计算机水平很低，线上学习平台的很多功能不知道如何使用	5	1	2.16	1.244
	网络学习系统传输速度太慢，耽误我的上网学习时间	5	1	2.48	1.142
	线上学习系统经常出现故障，影响我的线上培训	5	1	2.56	1.198
	我不擅长使用新的在线学习工具	5	1	2.34	1.206
	我还没有熟练掌握手机端的软件功能	5	1	2.31	1.239

由表 4.22 可知，在课程安排方面，校长们在"学习资源的安排方式和顺序不符合我的学习能力，我很难完成各项学习任务"方面以及在"课程没有明确地阐明相关教学要求（例如：考核标准），使我的学习很盲目"方面得分均低于 2.5 分，一定程度上反映了当前培训机构在组织设置培训课程的难度以及在线上培训之始就明确学员参训考核内容方面还是可以基本满足学员的要求。但是，在"教学内容不能清晰地传递课程的重难点，我难以完成学习

活动"以及"课程内容过于理论化，与实际工作和生活脱节，影响我的学习兴趣"问题上，得分均高于 2.5 分，尤其在"课程内容过于理论化"上体现了较高的困难度，清晰地反映了线上培训课程安排与实际学校教育管理教学脱节的问题。

表 4.22 线上参训课程安排上的描述性分析（N=151）

维度	题项	最大值	最小值	平均数	标准差
	学习资源的安排方式和顺序不符合我的学习能力，我很难完成各项学习任务	5	1	2.28	1.079
	教学内容不能清晰地传递课程的重难点，我难以完成学习活动	5	1	2.78	.993
课程安排	课程没有明确地阐明相关教学要求（例如：考核标准），使我的学习很盲目	5	1	2.32	1.198
	课程内容过于理论化，与实际工作和生活脱节，影响我的学习兴趣	5	1	3.21	1.206

由表 4.23 可知，课程资源、互动、学法指导、人员情感支持等方面反馈出在线上培训支持与服务方面，学员得分均值均在 2.5 分以上，存在一定程度的困难。尤其在"网络课程中教师的讲解很枯燥，降低我的学习兴趣"以及"线上培训资源太庞杂。我很难判断哪些是主要的、哪些是次要的"两方面均值均在 3 分以上。说明对于线上培训来说，线上教育资源的繁杂以及线上培训内容的质量成为影响学员参训质量的关键问题。另外，线上培训在生生之间、师生之间的交流存在缺位，影响了学员的培训体会和学习热情；同时学员对线上学习方法指导有一定的要求，但在培训中没有得到满足，对线上培训效果产生了一定程度的负面影响。

表 4.23　线上培训支持与服务的描述性分析（N = 151）

维度	题项	最大值	最小值	平均数	标准差
线上培训支持与服务	课程没有提供适当的练习，我无法及时检验自己的学习成果	5	1	2.84	1.158
	网络课程中教师的讲解很枯燥，降低我的学习兴趣	5	1	3.02	1.161
	我在网络上向老师求教问题，经常得不到反馈	5	1	2.65	1.163
	教师只顾知识的讲授。不做学习方法的指导	5	1	2.96	1.231
	我在线上培训中不能很好地与其他学员交流互动，欠缺学习交流	5	1	2.53	1.232
	参加线上培训时，得到教师或学员的反馈周期较长。有时甚至没有反馈。影响学习积极性	5	1	2.88	1.227
	培训过程遇到学习困难时感受不到培训单位的关怀	5	1	2.56	1.204
	上课时遇到学习困惑感受不到授课教师的关心	5	1	2.98	1.221
	线上培训资源太庞杂。我很难判断哪些是主要的、哪些是次要的	5	1	3.05	1.175
	管理服务人员缺乏责任心。不能及时解答我提出的问题	5	1	2.24	1.100

三、讨论

由上调查可知，海南省中学校长线上培训在学员参训动力、能力认知、技术问题、课程设置、培训支持与服务等方面主要存在以下几方面的困境和问题：

（一）参训动力不足

在线上培训过程中，当参训校长有较高的参与热情、较强的学习动机、较好的自律意识时，校长参与线上培训的效果就会好，对线上培训资源的有效利用率就会高。虽然在海南省各级各类线上培训过程中，培训组织机构通过系统防挂设置、任务时间节点等方式来提升学员参训的引导与监督力度，但是提升参训校长的内驱力动机、有效激发校长线上学习的内在需求，才是提升学员网络学习效果、转化学习成果的核心。从调查结果来看，目前的校长线上培训主要是"行政任务"驱动型。校长在教育主管部门的任务约束下的被动参与培训从学习的动机上，属于外部动机。此外，校长工作繁忙，行政任务较重且培训内容与校长实际工作的脱节，造成了很多校长对在线上进行专业提升怀有一定的抵触情绪。参训动力不足依然是校长线上培训质量有效提升的制约因素。

（二）能力认知矛盾

自我认知是自己对自己的洞察和理解，包括自我观察和自我评价。自我观察是指对自己的感知、思维和意向等方面的觉察；自我评价是指对自己的想法、期望、行为及人格特征的判断与评估，这是自我调节的重要条件。校长对自己参加线上培训的自我认知，主要是指校长对自身线上学习能力的感知、对自己线上学习效果的判断与评估。拥有较高能力认知的校长能够快速掌握线上培训重点，拥有较强的参训信心以及能力认可。相反对自己线上培训情况存在能力认知受限的校长，往往存在较大的畏难情绪，进而引起线上参训的被动与低效。调研结果显示：除了在"网络用语、语言技能"方面以及在"线上学习系统经常出现故障，影响我的线上培训"方面校长反馈困难较多，在其他方面参训校长均认为对线上培训的技术使用困难不大。这说明校长对于线上学习能力以及技术的认知存在一定的矛盾性，存在"技术尚可"但认为自己还存在"困难"的现象。

（三）课程存在脱节

校长线上培训课程设计是线上培训的核心，课程设计的好坏对于培训效果有很大影响。由以上调查结果可知，在"教学内容不能清晰地传递课程的重难点，我难以完成学习活动"以及"课程内容过于理论化，与实际工作和生活脱节，影响我的学习兴趣"方面学员反馈困难较多，培训内容供需矛盾明显。大部分校长希望培训内容与学校的教育教学管理以及新时期学校发展规划的内容紧密相关，但一方面由于课程设计者未能针对学员的需求进行训前分析，另一方面也存在当前校长培训的主要承担机构没有专门的可供校长培训的网络平台以及合适的平台课程资源，所以很多培训承担机构用"外包"的形式将校长线上培训的组织"外包"给很多网络远程培训公司，这使得在课程设计方面培训组织方存在鞭长莫及的困难。这两方面都是造成线上培训课程与校长需求脱节的主要原因。

（四）支持力度不足

调查显示，线上培训过程中存在师生、生生在互动交流的困难，以及线上服务体系不健全的现象。线上培训是一个持续推进的过程，校长在线上学习的过程中作为"培训主体"常被忽略，参训校长、授课教师、管理教师作为校长线上培训交互主体的互动性较差，参训的校长更多感受到的是"冷冰冰的平台课程"与"淡漠疏离"的培训管理。同时，参训校长与参训校长之间的沟通也往往局限于论坛和留言板上的只言片语，其目的也仅仅是完成考核任务中的"完成两篇主题发帖或讨论"。对于参训校长的线上培训评价往往只关注课程时长的完成程度和作业成绩，而非校长的办学理念、办学成绩是否得到提升。支持力度不足，使得线上研修缺乏人文性的情感交流，更让线上研修流于形式。

四、建议

随着现代教育技术的迅猛发展，教育管理工作日趋走向专业化、技术化，知识更新的周期越来越短。海南是我国最大的经济特区，具有实施全面深化改革和试验最高水平开放政策的独特优势。海南国际自由贸易港建设是习近平总书记亲自谋划、亲自部署、亲自推动的重大举措，是党中央着眼国内国际两个大局，深入研究、统筹考虑、科学谋划作出的战略决策。当前中国特色自由贸易港建设正蓬勃展开，中央给予海南教育领域一系列重磅优惠政策，提出支持海南建设国际教育创新岛，打造新时代中国教育开放发展新标杆。在党中央的大力支持下，海南吸引了一大批优质教育资源，逐渐成为中国教育发展的"热土"。作为海南基础教育的领头核心力量，校长队伍如何进一步适应基础教育改革发展新形势，抢抓海南教育发展新机遇，更好服务国家战略和海南自贸港建设新需求，是一个必须正视并回答的重大课题。

（一）进一步加大校长线上培训组织管理的创新

进一步健全校长线上培训管理体制，将校长线上培训质量纳入培训目标管理体系中，层层落实工作责任，强化考核，建立齐抓共管的工作格局。加强培训管理者的思想工作，树立和强化为校长线上培训服务的意识，对校长线上培训需求做到主动服务、有需必应。同时，不论是培训机构自己承办的培训项目，还是外包的培训项目，在项目设计时都要为每一个线上校长培训项目设置专管人员，时刻监控线上培训平台的运行状况，以便及时发现问题、解决问题。明确内部分工并制定详细的工作职责，要求各尽其职，各尽其责。除客观原因外，在第一时间把事务处理好，对出现的问题立即响应，能解决的尽快解决，不能解决的，岗位责任人要做出明确的解释，不断提高线上培训服务质量。另外，在线上培训过程中可以设置"专家答疑"环节，参训校长在网络学习平台上提问，管理人员及时搜集校长提出的问题，汇总成册，提交指导专家，同时指导专家开展在线直播答疑活动，基于学员提出的问题进行逐一解答，同时还可以通过专家与学员同屏互动，交流学校工作经验，建立专家与学员的研修共同体。

（二）进一步提升校长线上培训参与的内在动机

重视校长参训内在动机对培训质量的影响。在线上培训过程中以实践为驱动，以应用为导向，重视平台资源支持、交流指导、过程跟踪记录等；同时将"同伴互助"作为学习的基本形态，使学习过程有导、有引、有扶、有伴。具体来说可以从强化教学管理、加强质量检测、协助学员自律管理、建立健全机制四方面来入手：

一是强化教学管理，设置"三段式"学习测评。训前"诊断测评"，训中"培训测评"（网络研修测评和校本实践测评），训后"发展测评"，全程控制培训质量。坚持任务驱动、成果导向。"个人空间—工作坊—研修社区"全程记录并汇聚学习行为轨迹，设置排行榜，研修成绩、活跃度、参与度自动排名，可推送研修之星、热门工作坊等，形成考核激励机制。二是加强质量监测，实施平台三级管理。建立省级、区域、学校三级管理体系，展示各区域各学员的学习成果，汇总实时学情及用户行为统计信息。项目组还要通过项目周报、简报、学情通报会等形式，全程跟踪培训教学、学习指导、作业批改，改善教学行为，确保培训目标达成与质量提升。三是协助学员自律管理，利用研修平台对个体学习质量过程监控采取多种技术支持，包括任务引擎进度实时追踪、学习行为质量实时积分、课程防挂网、随堂练习考试、作业防抄袭、回复内容质量控制、作业资源互评机制等在线学习监控技术手段，从不同方面进行个体学习过程监控和学习引导，切实保证大规模远程培训落到实处。四是进一步建立健全校长培训教育培训质量评估、激励约束、跟踪问绩等工作制度，增强干部参加教育培训的主动性和积极性，增强培训效果。坚持培训的实践导向和问题导向，培训需以成果为核心，以终为始，围绕研修任务反复打磨；同时，遵循成人学习规律，在培训形式上，注重挖掘学员的原有经验，促进参训学员主动参与、研究探索、交流分享。

（三）进一步科学校长线上培训课程内容的设置

提高校长线上培训质量的核心是提升校长线上培训课程的质量。要明确通过高质量的培训课程，使校长真正明确立德树人的根本任务，研究社会发展与教育改革的关系，树立正确的教育思想；深入学习教育政策与法规，进一步树立依法治校、科学施教、民主管理的理念。通过高质量的培训课程，帮助参训校长就校长工作形成系统性的认识，明确校长的使命，掌握校长各项工作的基本专业技能，胜任学校管理的各项工作。通过高质量的培训课程，学习优秀地区名优学校的优秀做法，了解教育改革发展的最新做法，包括现代化办学、课程改革、智慧校园、特色文化建设等，革新思维，提升个人创新能力。通过高质量的培训课程，帮助学员明确自身不足，明确自身与优秀的学校管理人员的差距，找准不足，梳理思路，明确自身的成长计划，并在实践研修中，不断提升学员个人的综合素养，提高分析评价能力与改进领导力，成为一名优秀的校长。因此，在培训内容的设置上，要紧密结合国家要求与校长需求，精心安排、严密论证，打造精良的校长线上培训课程体系。

第五章

教育数字化转型背景下海南省中学校长精准培训提升策略

正如美国学者尼古拉·尼葛洛庞帝所言："我们无法否定数字化时代的存在，也无法阻止数字化时代的前进，就像我们无法对抗大自然的力量一样。"[1]新一代数字技术正在重塑人们的生活、学习和思维方式。[2]现代 IT 技术的深入发展推动了数字经济与数字社会的深入变革，也同时为教育数字化时代的推进提供了必要可能与现实挑战。党的二十大报告明确提出要加快建设数字中国、推进教育数字化。加快推进教育数字化转型，是我国教育实现从基本均衡到高位均衡、从教育大国到教育强国的必然选择，业已成为我国推进教育现代化建设与高质量发展的重要引擎和关键特征。

然而，我国教育数字化转型仍处于发展初期。[3]教育领域的数字化转型，更非一日之功，不可避免地会遇到障碍和困难。[4]其理念的深入贯彻以及政策的有效落地，不仅需要关涉教育人工智能场域中的算法技术、数据度量、数据决策、机器学习等要素的思量与审视，[5]教育管理者具备比以往更加宽泛和复杂的专业数字素养，[6]更需要关注学校领导者对国家教育数字化战略

---

〔1〕 ［美］尼古拉·尼葛洛庞帝：《数字化生存》，胡泳、范海燕译，电子工业出版社 2017 年版，第 183 页。

〔2〕 杨宗凯："高等教育数字化转型的路径探析"，载《中国高教研究》2023 年第 3 期，第 1~4 页。

〔3〕 许秋璇、吴永和："教育数字化转型的驱动因素与逻辑框架——创新生态系统理论视角"，载《现代远程教育研究》2023 年第 2 期，第 31~39 页。

〔4〕 DERYABIN A A et al., "The Analysis of the Notions of Russian School Principals About Digital Transformation", *Obrazovanie Nauka*, 23 (2021), 182~207.

〔5〕 赵磊磊、张黎、代蕊华："教育人工智能伦理：基本向度与风险消解"，载《现代远距离教育》2021 年第 5 期，第 73~80 页。

〔6〕 兰国帅等："欧盟教育者数字素养框架：要点解读与启示"，载《现代远程教育研究》2020 年第 6 期，第 23~32 页。

的清晰认识以及有效组织能力。[1]能够顺应教育数字化转型内在需求的管理策略、教育教学行为以及具备专业数字素养成为促进教育高质量发展的重要因素，是教育组织战略发展的关键资源之一。[2]如何培养学校领导者合乎时代需求的专业素质素养以及数字领导能力成为亟待解决的问题。作为校长专业发展引领的校长培训工作，如何多维度结合新时代教育数字化转型的时代要求革新校长培训的思路是实现新时期精准培训的关键所在，因此本章着重分析教育数字化转型背景下，系统考察世界各地对中学校长数字化领导力内在含义与要素的广泛认识，探寻中学校长数字化领导力的内在含义、指征维度以及培养路径新动向，最终提出教育数字化转型背景下海南省中学校长精准培训提升策略。

第一节　教育数字化转型与中学校长数字化领导力内涵演变

社会背景不同、视角不同，对校长数字化领导力的内涵解读往往也不尽相同。对中学校长数字化领导力的内涵分析应着重关涉新时期我国教育数字化转型的战略背景，从教育数字化转型、数字化领导力以及中学校长数字化领导力的国内外内涵解读着手，明晰教育数字化转型背景下中国式中学校长数字化领导力的内在含义。

一、教育数字化转型：数字化时代教育可持续发展的生态创新

现代数字技术迅猛发展，正在推动社会转型，基于技术的教学及知识服务拓宽了教育延展的可能性。[3]数字变革同样正在重塑着教育的生态系统，教育已经成为数字化转型发展的主要目标。[4]各国学者对于"数字化"转型

---

〔1〕 KARAKOSE T, POLAT H, PAPADAKIS S, "Examining Teachers' Perspectives on School Principals' Digital Leadership Roles and Technology Capabilities during the COVID-19 Pandemic", *Sustainability-Basel*, 13 (2021).

〔2〕 ZAKHARISCHEVA M A et al., "Leadership for Education in a Digital Age", *SHS Web of Conferences*, (2021), 121.

〔3〕 顾小清、易玉何："从教育生态视角审思技术使能的教育创新"，载《中国电化教育》2019年第11期，第17~23页。

〔4〕 SAPUTRO R L C W B H, "Digital Transformation Readiness in Education: A Review", *International al Journal of Information and Education Technology*, 12 (2022).

的要义进行了大量研究，但依据现有的文献资料，对于"数字化"的理解与界定仍处于初级阶段，[1]教育领域亦是如此。有学者在梳理了经济合作与发展组织（OECD）成员国教育数字化政策文件后，提出教育数字化已经成为几乎所有经合组织国家的一个重要战略主题，数字化教育战略旨在实现教育数字化转型，并关照数字化创新促进教育的可视化变迁。[2]也有学者从教育数字化转型的宏观调控方面进行定义，认为教育数字化转型是一个全方位整合数字技术的过程，需要在技术、文化和运营等领域进行变革，[3]还有的学者认为教育数字化转型是由技术、人力、组织和教学等方面的整体驱动因素来共同指导与支持的。[4]同时也有不少研究从教育数字化转型的实践实施向度出发，认为保障远程学习的基础设施，[5]通过引导、批判与反思实现学生灵活学习是教育数字化转型的本质。2020年，由欧盟发布的《数字教育行动计划（2021—2027年）》强调成立"欧洲数字教育中心"，并将"实现数字化转型"作为未来教育发展的两大战略步骤之一，认为"教育培训系统和机构需要更高水平的数字能力"。

我国教育部于2021年明确指出数字化变革是新时代深化改革、促进发展的重要驱动力，要求全面开启以教育新型基础设施建设推动教育数字化转型的战略行动，促进我国教育高质量发展。要"以信息化为主导，面向教育高质量发展需要，聚焦信息网络、平台体系、数字资源、智慧校园、创新应用、可信安全等方面的新型基础设施体系"。[6]可以说，2021年是我国教育数字化转型元年，[7]教

---

〔1〕　MORAKANYANE R, GRACE A A, O'REILLY P J B E, "Conceptualizing Digital Transformation in Business Organizations: A Systematic Review of Literature", 21（2017）, 428~444.

〔2〕　VLIES R V D, "Digital strategies in education across OECD countries", 2020.

〔3〕　MCTAVISH M, FILIPENKO M, "Reimagining Understandings of Literacy in Teacher Preparation Programs Using Digital Literacy Autobiographies", *Journal of Digital Learning in Teacher Education*, 32（2016）, 73~81.

〔4〕　OLIVEIRA K K D S, DE SOUZA R A J I I E, "Digital transformation towards education 4.0", 21（2022）, 283~309.

〔5〕　AL-KARAKI J N et al., "Evaluating the Effectiveness of Distance Learning in Higher Education during COVID-19 Global Crisis: UAE Educators' Perspectives", 13（2021）.

〔6〕　参见教育部等六部门《关于推进教育新型基础设施建设构建高质量教育支撑体系的指导意见》。

〔7〕　祝智庭："教育数字化转型需要创建数字学习生态"，载《中小学数字化教学》2022年第9期，第1页。

育数字化转型研究必将成为当前以及今后我国教育领域研究的热点问题。数字化转型是建立在"数码化""数字化""数字化转换与升级"基础上的转型过程,包含数字产业、数字治理、数字基建等多项内容要义,但关键在于全力激活数据要素潜能,实现数字化赋能以及创新。关于教育数字化转型的内涵,国内学者从不同视角进行出了界定。有不少学者从高等教育的视角对教育数字化转型进行定义,认为高等教育数字化转型的内涵划分为两个层面:数字技术驱动的高等教育转型和面向高等教育转型的数字创新。[1]也有学者从宏观系统层面认为教育数字化转型是建立在数字转换、数字化升级基础上的一个系统化创新的过程,[2]通过数字技术与教育领域的综合整合,促使教育组织由供给驱动转变为需求确定,从而促进教育优质公平与终身学习,形成良好教育生态的过程。[3]还有学者着眼于教育数字化转型场域中"人"的在场,认为教育数字化的重点任务是在不断促进"人"发展的前提下,通过教育场景、数字资源、数字素养、平台能级等多层级更新,最终达到教育数字化思维治理能力的现代化。[4]因此,教育数字化转型不同于教育数字化。数字化转型是一个不断提升组织内数字化程度的持续过程。[5]因此,教育数字化转型不仅仅指传统的互联网技术、数字信息向教育融合,更重要的是它是一个数字战略、数字技术、数字创新、数字文化与教育领域各层面不断融合的深度治理过程,将侧重利用数字技术打造教育领域的数字化能力,推动教育不同层级、不同组织、不同角度的深度创新与变革。

二、数字化领导力:工业 4.0 时期传统信息化领导力的范式更迭

数字化领导力是伴随着工业 4.0 时代的更新而出现的新的领导风格。回

---

〔1〕 宁连举、刘经涛、苏福根:"高等教育数字化转型:内涵、困境及路径",载《中国教育信息化》2022 年第 10 期,第 3~10 页。

〔2〕 祝智庭、孙梦、袁莉:"让理念照进现实:教育数字化转型框架设计及成熟度模型构建",载《现代远程教育研究》2022 年第 6 期,第 3~11 页。

〔3〕 祝智庭、胡姣:"教育数字化转型的实践逻辑与发展机遇",载《电化教育研究》2022 年第 1 期,第 5~15 页。

〔4〕 袁振国:"教育数字化转型:转什么,怎么转",载《华东师范大学学报(教育科学版)》2023 年第 3 期,第 1~11 页。

〔5〕 IVANČIĆL, IVANČIĆL V B, SPREMIĆ M, "Mastering the digital transformation process: Business practices and lessons learned", *Technology Innovation Management Review*, 9 (2019).

溯历史，第一次工业革命（工业 1.0）蒸汽机的改良与使用，让机器生产代替了手工作业；第二次工业革命（工业 2.0）电力技术的广泛应用，改变了世界能源以及经济结构，逐渐打破世界各国交往的壁垒，形成全球的国际政治、经济体系；由互联网与再生性能源引发的第三次工业革命（工业 3.0）以原子能、电子计算机、空间技术和生物工程的发明和应用，让可持续与分布式发展成为可能，信息控制技术变革了传统的资源配置以及社会生产关系；时至今日，物联网与生产的融合将人工智能、新能源、新材料技术引入生产领域，开启了以大数据、云计算、区块链、人工智能、虚拟现实、增强现实等数字技术为支撑的第四次工业革命（工业 4.0）。工业 4.0 的发展加速了各行各业数字化、网络化、智能化的转型，同时促使管理领域领导力范式的更新与迭代。工业 3.0 时代，美国管理学家阿沃利奥（Avolio）等学者（2000年）将领导者与信息技术的互动能力称为"信息化领导力"，即 E-Leadership（"E"指 Electron），也即管理者运用电子设备的领导力。但伴随着信息时代向数智时代的更迭，学界对信息化领导力内涵与外延进行了再审视，提出了工业 4.0 时代的"数字化领导力"，即 D-Leadership（"D"指 Digital）概念和范畴。在此过程中，有些学者将"信息化领导力"和"数字化领导力"看作同义词，认为数字化转型所需要的领导力类型就是信息化领导力；[1]还有不少学者反对将"数字化领导力"与"信息化领导力"等同，认为"数字化领导力"涉及领导者、组织和个人三个层面的根本组织变革，比"信息领导力"的含义更为广泛，是"信息化领导力"的当代再升级。[2]

　　古希腊哲学家亚里士多德曾把范畴归为三类：本质、状态与关系，认为事物总是以属（本体）为前提，然后才能找出种差，最后方能定义出一个事物的概念。[3]"数字化领导力"与"信息化领导力"均属于"领导力"这一"属"范畴，意指在特定场景中领导者吸引和影响被领导者与利益相关者并持续实现群体或组织目标的能力。而由于工业 4.0 时代物联网技术的发展让工

〔1〕　TWUM-DARKO M，"E-Leadership：The Implication of Digital Transformation for Leadership in Organizations in Africa"，*Recent Advances in Science and Technology Research*，2020：75~87.

〔2〕　EBERL J K，DREWS P，"Digital Leadership-Mountain or molehill? A literature review"，*Innovation Through Information Systems：Volume Ⅲ：A Collection of Latest Research on Management Issues*，2021：223~237.

〔3〕　SHARE M. Philoponus，*On Aristotle Categories*，Bloomsbury Publishing，2019，pp. 6~15.

业 3.0 时代主导信息技术能力不再以"信息的存储、传递、使用"功能为主，而以"信息加工和再生产为主"的人工智能为核心。区别于"信息化"将物理世界的信息、数据转换为线上信息资源的现代信息应用侧重，"数字化"正作为概念的种差，[1]在关注于现代信息技术对具体业务、场景数字化改造的同时，更关注于打破"数字壁垒"实现数字技术、数字资源的融合、交互再生产，通过内外数据交互、分析与处理促进生产、管理、运营等体系的重塑与变革。2023 年，由 OpenAI 公司研发的人工智能聊天机器人应用——ChatG-PT，利用深度学习算法与场景决策模型等技术拓宽了工业 3.0 时代传统信息化环境下知识再生产的信息使用方式，让物联网技术与知识再生产融合，让知识内容的智能化再生产成为现实并高速更新。人工智能成为内容创作领域新的生产方式，掀起了人工智能对传统文化领域以及教育领域的革命性冲击。[2]因此，"数字化"实现了人工智能作为内容、技术、能力的更新，形成了一个互操作的闭环和迭代的空间，促使我们从"信息化"逐渐走向"数智化"，也造成了"数字化"背景与"信息化"背景下"领导力"的"种差"区分。因此，笔者认为"数字化领导力"的内涵指征虽与"信息化领导力"一脉相承，但却有明显的递进性特征。"数字化领导力"是领导力发展的第四阶段，区别于"信息化领导力"的技术使用倾向，它侧重"领导数字技术"，[3]包含数字领导力过程、数字领导力结果和数字领导力能力，[4]是一种快速、跨层级、以团队为导向和合作的方法，强烈关注创新。

三、校长数字化领导力：当代教育数字化转型成功的关键保障

数字达尔文主义认为：我们生活在一个数字达尔文主义（Digital Darwinism）

---

〔1〕 杨文正、徐杰、李慧慧："生态学视角下数字教育资源优化配置模型构建"，载《现代远程教育研究》2018 年第 2 期，第 94~102 页。

〔2〕 王佑镁等："ChatGPT 教育应用的伦理风险与规避进路"，载《开放教育研究》2023 年第 2 期，第 26~35 页。

〔3〕 STAFFEN S, SCHOENWALD L, "Leading in the Context of the Industrial Revolution", retrieved （January 2022）from https://www capgemini com/consulting－de/wp－content/uploads/sites/32/2017/08/re-souces_ leader_ 40_ industrial_ revolution pdf, 2016.

〔4〕 ADIE B U et al. , "Digital leaders and digital leadership: a literature review and research agenda", 2022.

时代，在这个时代，技术和社会的发展速度超过了一个组织自然适应或领导的速度。信息化和数字化的关键是技术，而数字化转型的关键不止于技术。数字化转型涉及"人与人""人与物""物与物"之间多维重构，而"抵制变革是阻碍数字化转型成功的最重要问题"。领导力范式的改变必然会催生新的领导力理论和新理论下领导实践应用的新诉求，数字化转型过程须由一个具备"数字化领导力"的领导者来领导，才可以充分面对数字化转型给传统行业领域带来的颠覆性挑战，[1]教育领域亦是如此。教育的数字化转型驱动我们不仅要勇于适应今天的剧烈变化，还要为不可预测的未来做好竞争准备。今天的教育已经或正在从传统教育教学场所向数字教育教学场所转型，因此对数字领导力的需求比以往任何时候都更加强烈。教育数字化转型的过程中，校长作为学校教育和数字技术之间"双向依附"的桥梁和关键环节，已然"从领导一个由知识传递者组成的教师团队，转变为领导一个由教师组成教育数字化转型的促进者团队"，[2]这就更需要校长实现自身领导力的多元"数字化转型"。因此，数字时代的校长应该能够通过数字技术激发和领导学校的转型，创造和维持数字学习文化，支持基于技术的专业发展，提供数字领导和管理，并促进社会、道德和法律问题的科学管理。

当前关于校长的数字化领导力对教育数字化转型的影响及作用的探讨方兴未艾、如火如荼。有的学者从整体层面指出校长在其领导实践中对教育数字资源的有机使用是学校数字化转型成功实现的关键。[3]有的学者从校长角色层面，认为校长作为数字教育领导者，需要有能力使用信息技术及其实践，了解组织变革的动态，可以对技术进行充分整合并将其投入学校教育教学管理中，并为教师数字化专业能力成长创造机会。[4]还有的学者着眼于校长的数字化教学领导，通过实证研究认为校长的数字化教学领导具有多维复杂性，

---

〔1〕　KLEIN M，"Leadership characteristics in the era of digital transformation"，2020.

〔2〕　CHUA REYES V，"How do school leaders navigate ICT educational reform? Policy learning narratives from a Singapore context"，*International Journal of Leadership in Education*，18（2015），365~385.

〔3〕　NAVARIDAS-NALDA F et al.，"The strategic influence of school principal leadership in the digital transformation of schools"，*Computers in Human Behavior*，2020，112：106481.

〔4〕　RICHARDSON J W，STERRETT W L，"District technology leadership then and now：A comparative study of district technology leadership from 2001 to 2014"，*Educational Administration Quarterly*，54（2018），589~616.

对教师数字化教学内在动机以及学生学习都有影响。[1]2022 年，伴随着我国教育数字化转型工作的全面推进与实施，关于教育数字化转型过程中校长、教师、学生的"在场"与"构建"引起了学术界的广泛关注。有的学者认为教师队伍课程教学、人机协同、有效德育与自我成长等能力结构的再造是实现教育数字化转型的关键支撑。[2]有的学者认为基层教师管理者要不断提升数字化领导力，以数字化、数据化、智能化的思维"服务好教师""深化教师队伍数字化治理"。[3]有的学者则从宏观、中观、微观三层面视角分析了教育数字化转型的共同价值主张，认为促进教育组织的数字化转型领导力建设是实现教育数字化转型目标的有力支持。[4]因此，教育数字化转型呼唤校长数字化领导能力的提升。通过应用人工智能、大数据、物联网、元宇宙等数字技术革新传统教育教学的观念、创新教育教学的方式、提升教育管理的质量水平、促进数字技术与教育深度融合能力，是学校校长适应教育数字化转型必须具备的素质。为此，我们需要对校长数字化领导能力的提升给予高度关注，全方位推进共享优质教育资源，合理推进教育数字化转型。

第二节 教育数字化转型背景下中学校长数字化领导力的结构分析

领导力范式的改变必然会催生新的领导力理论和新理论下领导实践应用的新诉求，中学校长数字化领导力标准的建设是一个动态发展的过程，其维度以及要旨总是随着数字技术的更新变革、教育环境的融合发展而不断改变。教育数字化转型的内核是适应学生学习，增强教师能力，增强教育管理。因此，教育数字化转型背景下的校长数字化领导力与信息化领导力的构成维度

〔1〕 BERKOVICH I, HASSAN T, "Principals' digital instructional leadership during the pandemic：Impact on teachers' intrinsic motivation and students' learning", *Educational Management Administration & Leadership*, 2022：17411432221113411.

〔2〕 田小红、季益龙、周跃良："教师能力结构再造：教育数字化转型的关键支撑"，载《华东师范大学学报（教育科学版）》2023 年第 3 期，第 91~100 页。

〔3〕 郑旭东、李荣辉、万昆："略论基础教育教师队伍数字化转型"，载《中国电化教育》2023 年第 2 期，第 60~66 页。

〔4〕 许秋璇、吴永和："教育数字化转型的驱动因素与逻辑框架——创新生态系统理论视角"，载《现代远程教育研究》2023 年第 2 期，第 31~39 页。

以及边界向度虽一脉相承，但却有明显的递进性特征。校长数字化领导力更为关注学校具体领导情境下，校长促进各层级、各维度数字教育理念、技术、资源、文化与学校教育全过程深度交互，最终实现教育数字化转型背景下学校教育高质量发展的复合领导能力。

对于校长数字化领导力的结构指征，不同学者往往基于不同视角给予不同的解读，纵观校长数字化领导力结构成分的相关研究可以发现，有的学者将校长的数字化领导力解构为七大支柱：沟通、公共关系、品牌、专业成长和发展、学生参与和学习、学习环境和空间以及机会；有的学者提出校长数字化领导力指标包括远见型领导力、数字化学习文化、专业发展、系统改进和数字公民。我国学者认为数字时代校长应具备时代洞察力（能够理解技术、拥抱技术、善用技术）、教学创新力（把技术用到传统手段做不到、做不好的教学环节）以及组织变革力。[1]综上而言，我们可以从个人、角色看出校长数字化领导力主要包括校长个人数字素养、数字化规划能力、数字化管理能力三个维度。鉴于新时期在数字时代推进教育治理现代化的新阶段，教育数字化转型对学校治理、对校长的治理能力都提出了更高的要求，校长在着力提升教育管理能力的同时，也需要关注数字化时代数字教育，数字伦理，学生素养提高以及学生、教师数据素养等能力的提升。因此校长数字化领导力属于校长个人数字素养、数字化规划能力、数字化评估能力、数字化治理能力的四维融合。

一、个人数字素养

中学校长个人数字素养具体包含中学校长的数字基本技能和操作能力、对数字信息的知识、理解与技能、数据分析与决策能力、数字安全与隐私保护意识、创新思维与学习意识、校长的个人数字素养专业发展规划等方面。

基本技能和操作能力：校长应具备基本的电脑操作技能，如使用操作系统、办公软件、互联网浏览器等。同时，了解和熟练运用各种教育技术工具和平台，如在线学习平台、教学管理系统等，以便更好地支持教师和学生的数字化教学和学习。对数字信息的知识、理解与技能：校长要具备有效获取、

---

〔1〕　许秋璇、吴永和："教育数字化转型的驱动因素与逻辑框架——创新生态系统理论视角"，载《现代远程教育研究》2023年第2期，第31~39页。

·173·

评估和利用数字信息的能力。这包括对信息的筛选、整理、分析和应用，以便作出明智的决策和推动学校的发展。数据分析与决策能力：校长需要具备数据分析与决策能力，能够收集、整理和分析学校的教育数据，如学生成绩、教师评价等，从中获取有价值的信息，并基于这些信息作出相应的决策，推动学校的改进和提高。数字安全与隐私保护意识：校长需要具备数字安全和隐私保护意识，了解并遵守相关的法律法规和政策，确保学校数据和个人信息的安全性和保密性。创新思维与学习能力：校长应具备创新思维和持续学习的能力，不断关注和学习最新的教育科技发展和应用案例，积极探索和应用新的教育技术和方法，推动学校的创新发展。另外，校长良好的个人数字素养离不开对个人数字化能力提升的长期发展规划。

二、数字化规划能力

主要体现在战略规划能力、资源规划能力、项目管理能力、风险管理能力、合作与沟通能力五个方面。

战略规划能力：校长需要具备制定数字化教育发展战略的能力。这包括明确数字化教育的愿景和目标，确定关键的发展方向和重点领域，制定相应的策略和计划，并能够将数字化教育融入学校整体发展战略。资源规划能力：校长需要有效规划和管理数字化教育所需的各种资源。这包括人力资源、财务资源、技术设施和教育科技工具等。校长需要合理配置资源，确保数字化教育的顺利实施和持续发展。项目管理能力：校长需要具备项目管理的能力，能够有效地组织和管理数字化教育项目。这包括项目的规划、执行、监控和评估，确保项目按时完成、高质量地实施，并能够解决项目中出现的问题和挑战。风险管理能力：校长需要具备风险管理的能力，能够识别和评估数字化教育发展中的潜在风险，并采取相应的措施进行风险管理和控制。这包括技术风险、安全风险、人员培训和支持风险等。合作与沟通能力：校长需要具备良好的合作与沟通能力，能够与教师、学生、家长和其他利益相关者进行有效的沟通和合作。通过建立良好的合作关系，校长能够更好地了解各方需求和意见，推动数字化教育的广泛参与和共同发展。

这些能力能够帮助校长有效地规划、管理和推动数字化教育的发展，确保数字化教育取得良好的成效。

三、数字化评估能力

校长需要具备评估与反馈能力，能够定期评估数字化教育的实施效果，收集各方的反馈意见，并根据评估结果和反馈意见进行相应的调整和改进。具体包括设定评估指标、数据收集与分析、评估结果解读、反馈与沟通、制定改进计划、监督和跟踪六大方面。

设定评估指标：校长可以根据数字化教育的目标和需求，确定合适的评估指标。这些指标可以包括学生学习成果、教师教学效果、教育科技工具的使用情况等。数据收集与分析：校长需要能够有效地收集和整理数字化教育相关的数据。这可以通过各种方法，如问卷调查、观察记录、学生作品分析等来进行。然后，校长需要具备数据分析的能力，能够对数据进行合理的解读和分析，获取有意义的信息。评估结果解读：校长需要能够解读评估结果，分析数字化教育的强项和改进空间，并能够将评估结果与学校的发展目标和战略对接，提出相应的改进措施和建议。反馈与沟通：校长需要具备良好的反馈与沟通能力，能够将评估结果和改进建议及时反馈给教师、学生、家长和其他利益相关者。这需要校长能够以清晰简洁的方式表达评估结果和建议，并与相关人员进行有效的沟通和交流。制定改进计划：校长需要能够根据评估结果和反馈意见制定相应的改进计划。这包括明确改进目标、制定具体的行动计划和时间表，指导教师和学校在数字化教育方面的持续发展。监督和跟踪：校长需要能够监督和跟踪改进计划的执行情况，并定期进行评估和反馈。通过持续的监督和跟踪，校长能够及时发现问题和挑战，并采取相应的措施进行调整和改进。

四、数字化治理能力

中学校长在数字化评估与反馈能力的提升上，需要关注治理体系与治理能力的提升，积极推动数字校园建设，着力提升学校、教师、学生的数字使用规范，并通过优化数字技术学习环境、引导教师合理运用数字技术、引导学生健康上网和个性化发展、建设数字化发展规章制度、加强对教学过程的监测，提供数字技术服务等方式来促进数字化教育的发展与提升。

治理体系与治理能力提升：需要积极推动数字校园建设，并着力提升学校的数字化治理能力。这包括建立健全数字化教育的治理体系，明确责任分工和管理机制，确保数字化教育的顺利实施和持续发展。数字使用规范的提升：应着力提升教师和学生的数字使用规范，以教育规律和学生身心发展规律为出发点。通过制定相关规章制度、开展培训和指导，引导教师和学生合理、安全、高效地使用数字技术。优化数字技术学习环境：应不断优化学校的数字技术学习环境，提供良好的硬件设施和软件支持，确保教师和学生能够顺利进行数字技术学习和教学活动。引导教师合理运用数字技术：需要引导教师合理运用数字技术，提升其综合运用数字教育平台资源的能力，以高质量开展有效教学。这包括提供专业培训和支持，鼓励教师创新实践，分享经验和教学资源。学生健康上网与个性化发展：应引导学生健康上网，满足学生的个性化发展需求。通过教育和引导，帮助学生正确使用数字技术，培养他们发现问题、分析问题和解决问题的能力。建设数字化发展规章制度：需要着力制定学校的数字化发展规章制度，引导和规范校园数字资源的使用。这包括制定相关政策和管理措施，确保数字化教育的合规性和安全性。监测教学过程与提供数字技术服务：应逐步加强对教学过程的监测，通过数据分析和评估，提高利用数字技术服务师生的能力、水平。这包括对教学活动进行评估和反馈，提供个性化的支持和指导。

第三节　教育数字化转型背景下中学校长数字化领导力的三重困境

教育数字化转型是教育信息化新进程，教育数字化转型呼唤校长数字化领导力标准的革新。教育信息化注重在教育过程中比较全面地运用现代化信息技术从而促进教育的全面改革，[1]而教育数字化转型强调从系统整体的层次出发，考察教育领域内技术、业务和人本三个层次的转型。[2]在这三个层次转型的过程中校长会面对来自教育主体素养与关怀的伦理性障碍、[3]技术可供与持续的功能性障碍[4]以及管理理念更新与落地的业务性

---

〔1〕　祝智庭、戴岭："综合智慧引领教育数字化转型"，载《开放教育研究》2023年第2期，第4~11页。

〔2〕　余胜泉："教育数字化转型的层次"，载《中国电化教育》2023年第2期，第55~59页。

〔3〕　靳彤、李亚芬："理解数字化时代的学校公共空间——教育数字化转型的实践难题"，载《华东师范大学学报（教育科学版）》2023年第3期，第45~51页。

〔4〕　尚俊杰、李秀晗："教育数字化转型的困难和应对策略"，载《华东师范大学学报（教育科学版）》2023年第3期，第72~81页。

障碍。[1]因此，三层次障碍是校长数字化领导力更新不可忽视的重要问题。

一、主体素养与关怀的伦理性障碍造成人人交互困境

教育的数字化转型更为重视教育过程中教育主体的结构性存在。老师与老师之间、老师与学生之间、学生与学生之间、学校与学校之间、学校与家庭之间的交互关系打破了传统的时间与空间的限制，资源共享、同伴互助、交流协作、家校共育体现得更为灵活与自主。然而教育数字化转型不可避免地要关涉教育主体素质素养与转型过程中主体关怀的一些伦理性障碍。一是各主体面临的技术使用客观条件障碍。数字化教育需要教师与学生具备教育数字化设备以及使用教育数字化技术的能力，同时也需要家庭的数字化支持与环境创设。如何解决一些地区的学生和学校数字化支持障碍，防止数字鸿沟的形成，成为数字教育时代学校成功办学面临的重要问题。[2]二是各主体面临的技术使用心理偏差问题。新型教育数字技术的使用需要师生、家长不断适应新的工具和方式，相较之前学生、家长和老师可能会面临更大的数字素养更新压力和焦虑。三是教育数字化转型不可避免的数字伦理问题。数据隐私和安全、人工智能和算法偏差、知识产权和版权问题以及防止数字虚拟身份掩饰下的网络欺凌与暴力都成为学校数字化教育教学管理面临的重要问题。因此，教育数字化转型背景下各主体面临的技术使用客观条件障碍、技术使用心理偏差问题以及数字伦理问题对教育主体的数字素养、伦理关怀都提出了更为迫切的需求，在"适应、冲突、互动"三种关系中发挥学校群体主动性，[3]满足教育数字化转型的人人交互需求，成为教育数字化转型背景下校长数字化领导力构建的重要指征。

二、技术可供与可持续的功能性障碍造成人机交互困境

教育数字化转型直接涉及教育领域内的技术转型，旨在通过高效稳定的

〔1〕　罗江华、王琳："新基建赋能教育数字化转型的逻辑、挑战与实践路向"，载《中国电化教育》2023年第3期，第37~45页。

〔2〕　COMMISSION E, DIRECTORATE-GENERAL FOR EDUCATION Y, SPORT, CULTURE, *Pathways to school success : Commission staff working document, accompanying the document Proposal for a Council recommendationon pathways to school success*, Publications Office of the European Union, 2022.

〔3〕　裴娣娜："主体教育的实践生成与发展"，载《教育研究》2022年第11期，第18~30页。

网络基建、云计算和存储、虚拟现实和增强现实、人工智能辅助学习、教育教学管理软件系统、在线教育平台共享等数字化教育技术支持形式来实现"教师教"与"学生学"的智能更新。教育数字化转型的技术需要实现"人""机"智能的协同交互。然而，现实中的人机智能交互存在可供性与可持续性两种障碍。一是可供性技术障碍：技术的保障与支持是教育数字化转型成功的先决条件，但当前教育现实视域下的中小学校数字化网络、平台、资源的建设现状远远达不到教育数字化转型的目标和要求。智能技术设备的供给短缺、智慧教学环境的建设缓慢、数字资源共享的现实屏障等问题都造成了教育的数字化转型、学校的数字化管理、学校教育的数字化转型的人机交互困境。二是可持续性技术障碍：教育领域的信息技术应用往往停留在辅助阶段，教师虽使用多媒体、电子白板等技术来辅助教学，但在数字教育平台资源应用、数字技术教学复合能力、教育教学管理评价数字化实施等多方面并未实现真正意义上的融合与贯通。教育的数字化转型要求通过机器智能与人智能的汇集，来达到教育智能的整体提升。因此，教育数字化转型过程中技术层面的二元障碍呼吁校长从技术层面重视学校硬软件设施的智能化建设以及构建教育的人机交互愿景，促使原来的"经验驱动"教育决策逐步向"数据驱动"。[1]

三、理念更新与落地的业务性障碍造成体制机制困境

教育的数字化转型促进学校教育教学管理业务的智能协同，重塑了学校的组织结构。学校教育教学、教育管理都在虚实互动、虚实共生的环境下交互，让满足"个性化定制需求"的教育在转型中成为可能。传统的学校教育形式、课堂教学模式、教育评价方式、教育管理体制机制都可能面临颠覆性的变革。此种变革情境中，教育理念更新的"愿景"无疑是美好的，但也更容易出现理念落地的业务性障碍。一是学校教育数字化转型的美好理念与学校现实条件的脱节。学校的数字化转型方案与措施很难实施到具体的教育实际情境，让愿景沦为空谈。二是学校教育数字化转型的美好理念缺乏机制体制的有效保障。学校教育的数字化转型需要具备相关技能和专业知识人才的

---

〔1〕 张立国等："面向教育新基建的中小学校长信息化领导力评价量表设计"，载《中国远程教育》2023 年第 3 期，第 64~72 页。

支持和推动，需要善于沟通和协作的团队力量。人才的支持与团队的构建都需要完善的体制机制来实现利益合理分配，最终促进教育数字化转型的可持续发展。合理的学校数字化转型体制机制制定与推行需要一定的过程以及时间跨度，这些跨度也成了教育数字化转型的业务性障碍之一。因此，校长是否可以规划出合理的学校教育数字化转型蓝图，构建多渠道并将其付诸实践，成为学校教育教学数字化转型的关键。校长的数字化领导要帮助校长对学校发展现状作出更为精准的判断，制定符合所在学校现实的转型体制机制从而实现管理业务、教学业务、育人业务与服务业务的智能协同。

因此，校长数字化领导力是校长领导数字化教育发展的能力和潜力，需更为关涉教育数字化转型背景下校长面对具体数字化领导的层次障碍困境，通过使用数字技术来改善学生的学习、提高教师能力、增强教育管理，促进各层级、各维度教育数字化转型理念、资源、文化、环境与学校教育全方位、全过程深度交互，最终实现教育数字化转型背景下学校教育的高质量发展的复合领导能力。

第四节　教育数字化转型背景下中学校长数字化领导力的提升策略

领导力是支持组织的可持续工作和行为的重要因素，因为它能提高组织的可持续发展意识，校长的数字化领导力是实现区域内教育数字化发展和生态建设的一个重要影响因素。校长数字化领导力越强，学校培养师生新型数字素养、营造数字学习生态，促进实现教育数字化转型的作用就越强。有能力的校长会综合利用各方资源为师生提供高质量的教育教学服务，校长在教育数字转型中发挥关键作用。[1]不仅要重视构建数字化的教育教学平台资源在教育教学中的有效应用，更要关涉教育管理者面对教育数字化转型障碍困境时的管理意识形态转型。作为教育数字化转型成功的有力保障，校长数字化领导力提升可以从校长数字素养基础、数字化伦理意识、学校数字化愿景构建、学校数字化转型治理能力四个方面进行。

---

〔1〕　NAVARIDAS-NALDA F et al.，"The strategic influence of school principal leadership in the digital transformation of schools"，（2020），112.

一、坚持数字素养发展导向，为促进周期进阶搭梯建台

解决教育数字化转型三层次障碍的首要方式就是提升校长个人数字素养、促进教育转型背景校长的专业能力提升。良好的校长个人素质素养与专业能力有助于校长发现学校教育数字化转型过程中的现实问题。一方面，拥有较高的数字素养能够让校长更好地理解和运用数字技术，了解数字工具在教育中的应用和优势，从而更容易发现学校数字化转型过程中存在的问题；另一方面，数字素养还可以帮助校长更好地结合现代化教育理念，通过对数字教育资源、平台和工具的熟悉和掌握，更好地将数字化教学思维融入实际教学中。数字化转型是一个复杂的过程，需要大量的资源和精力去推动，如果校长本身缺乏数字素养，则很难意识到数字化转型所面临的各种挑战和问题，也无法有效制定数字化转型的决策和规划。校长个人数字素养具体包含校长数字化工具的理解操作能力、数字化教育的相关知识和技能、数字化思维和创新能力以及校长数字化能力的个人专业发展方面。具体而言数字化工作的理解操作能力是指校长掌握并熟练运用相关数字化工具和技术，能够有效地完成数字化相关工作任务的能力，包括但不限于数字化设备、资源、平台、软件的使用能力。校长的数字化教育相关知识包括在线学习、远程教育、数字化课堂和在线考试等方面的知识和技能。因此紧跟"教育数字化转型"趋势，以"国培计划""省培计划"等培训项目为抓手，加强省、市（县）、校三级联动，精准筹划全面提升校长数字化领导力培训供需匹配能力，提升校长数字素养，为实现校长数字化领导力周期性进阶发展搭梯建台，势在必行。

二、坚持数字伦理意识导向，为畅通人人交互营造环境

数字伦理是数字时代的伦理道德准则，要求重视数据隐私和安全，尊重数字时代的多样性和平等性，在数字使用时要遵守相应的法律和道德规范。世界教科文组织（UNESCO）高度重视数字教育时代的数字伦理问题，认为数字文化是未来经济、政治和社会发展的核心，数字伦理教育对于学生的终身学习和未来职业发展有着至关重要的作用。教育数字化转型不可避免地会让教育场域内各主体面临技术包括使用客观条件障碍、心理偏差障碍以及伦理道德意识问题在内的多种困境。此时就需要教育管理者在教育教学管理中以数字伦理意识导向为主，营造教育数字化转型的和谐可持续环境。因此，

校长数字化领导力的框架维度离不开数字伦理意识的导向。通过从"意识适应""避免冲突""有效互动"三方面突破数字化转型过程中面临的主体素养与关怀的伦理性障碍，最终实现校长教育数字化转型的"人人交互"。一是"意识适应"，一方面校长自身要重视数字伦理意识在教育数字化转型过程中的重要性。另一方面要培养师生的数字伦理意识，使他们在使用数字技术的过程中能够意识到自己的行为对数据隐私和安全的影响，注意人与人之间的平等关系，以及尊重他人的知识产权和隐私权。二是"避免冲突"，数字伦理的有效构建离不开技术的有效保障。一方面，要从技术层面加强数据安全保护，以消除教师、学生和家长对学校教育数字化转型的隐忧。另一方面，也需要关注数字伦理还包括数字使用公平方面的问题，避免乡村学校、留守儿童、贫困家庭学生学习、家校共育的数字化支持障碍，防止数字鸿沟的形成。三是"有效互动"，校长应当注重培养师生对于数字化能力的理解和运用，尊重数字时代的多样性和平等性，建立和完善信息资源共建共享机制、数字管理制度、数字技术质量保障制度、学生数字素养培养方法等，以此营造师生、生生之间人人和谐交互的环境。

三、坚持技术保障支持导向，为增强人机交互蓄力筑基

技术的保障与支持是教育数字化转型成功的先决条件，校长数字化领导力的有效构建需要校长从技术层面重视学校硬软件设施的智能化建设以及构建教育的人机交互愿景。校长数字化领导力离不开校长对学校智能化资源建设的科学规划能力、统筹管理能力以及与各教育行政部门、财政部门以及各方社会资源的沟通协调能力。具体而言，在打破人机交互的可供性技术障碍方面，校长要对学校硬件设施的智能化建设具有分阶段、分步骤的规划建设能力。可以制定全面、合理、可持续的数字化教育硬件设备采购计划，包括计算机、平板电脑、投影仪等硬件设施，并确保它们的品质和性价比。可以建立网络交流平台、基于人工智能的教育管理系统、教育资源共享平台等，为学生提供高效便利的服务，让教育机构形成以数据驱动、个性化、情境化为主要特征的智慧教育生态。支持和使用数字化手段在教育中的应用，为师生提供更全面、更方便和更满意的教育服务。在打破人机交互的可持续性技术障碍方面，一方面具备注重学校教育数字化转型过程中对数字资源的生成与使用的意识和能力，另一方面以学校教育管理高质量发展为核心，从管理

需求驱动出发，支持教师队伍数字化建设，[1]全面提升教师数字资源使用能力、数字技术管理能力，促进将现代数字技术与教、学、评、测和管等教学过程全面融合，建设学习分析和智能推荐的学习系统，推行数字化课堂、数字化管理。与此同时，促进学校教育数字化转型，数据、数字技术和空间资源共享融合，为教师、学生提供个性化资源和教学服务，打造线上线下无缝融合的教育教学管理环境。同时要注意到的是，校长在学校数字化转型过程中的可为空间，数字化教育硬件的完善以及国家、省、市数字化教育平台资源的保障非校长一人之力可以完成，但具有良好的数字化领导力的校长会积极争取相关平台的资源和支持，与政府、企业、家长合作，促进数字化教育的顺利进行。

四、坚持愿景现实融合导向，为实现智能协同完善机制

教育数字化转型的内核是适应学生学习，增强教师能力，增强教育管理。校长数字化领导力的提升需注重学校数字化愿景制定与学校教育教学实际的融合导向。校长需具备基于学校的现实生态基础将学校的数字化建设规划有效落地的复合能力。一方面，校长可以结合所在学校的具体情况和发展阶段，从教学目标、学生体验、师资培训、技术支持和改革措施等方面明确学校教育数字化转型的愿景、任务和具体活动路径，制定适合的学校数字化转型发展规划，统筹学校数字化转型发展规划方案制定与战略实施，从而增强战略管理。可以建立数字化转型专业团队，引进或培养专业人才，提高数字化转型领域的技术和专业能力。可以通过学术报告、资源共享、网络宣传等方式，推广数字化教育教学新理念和新技术，引导教师适应数字化时代的需求，提升教育教学的现代化水平。另一方面，可以根据学校的教育实际灵活选用不同的数字化技术和数字化教育方法，采用适合学生年龄和特点的数字教学手段和教学资源，选择合适的在线课程开发平台和数字化教材等全面提升学校教育教学质量。同时，注重对留守儿童、困难学生的关注以及资源倾斜，配备一定的补充方案实现"数字鸿沟"的有效跨越。此外，机制体制的保障，

---

[1]　教育部教师工作司："深入落实国家教育数字化战略行动 全面提升教师队伍信息化素养和现代化治理水平——2022 年教师队伍数字化建设情况报告"，载《中国电化教育》2023 年第 4 期，第 1~6 页。

是学校数字化转型的重要支撑，也是校长数字化领导力提升的重要支持。可以使用专家进校、数字化方案评估、校长数字化领导力专项培训等方式帮校长根据学校的实际情况和数字化转型需要制定符合校情的数字化发展规划。从确定各项数字化转型工作的优先级、职责分工和阶段性目标入手，科学划分学校数字化教育教学资源，加强数字化教育教学资源建设和内容开发，构建数字化教育生态系统，注重分阶段对学校的数字化转型发展进行阶段指导、跟踪问效，建立校长数字化领导力的循环培养体系，全面提升校长数字化领导力。

义务教育学校校长专业标准

为促进义务教育学校校长专业发展，建设高素质义务教育学校校长队伍，深入推进义务教育均衡发展，根据教育法和义务教育法，特制定本标准。

校长是履行学校领导与管理工作职责的专业人员。本标准是对义务教育学校合格校长专业素质的基本要求，是制定义务教育学校校长任职资格标准、培训课程标准、考核评价标准的重要依据。

一、基本理念

（一）以德为先。

坚持社会主义办学方向，贯彻党和国家的教育方针政策，将社会主义核心价值体系融入学校教育全过程，依法履行法律赋予的权利和义务；热爱教育事业和学校管理工作，具有服务国家、服务人民的社会责任感和使命感；履行职业道德规范，立德树人，为人师表，公正廉洁，关爱师生，尊重师生人格。

（二）育人为本。

坚持育人为本的办学宗旨，把促进每个学生健康成长作为学校一切工作的出发点和落脚点，扶持困难群体，推动平等接受教育；遵循教育规律，注重教育内涵发展，始终把全面提高义务教育质量放在重要位置，使每个学生都能接受有质量的义务教育；树立正确的人才观和科学的质量观，全面实施素质教育，为每个学生提供适合的教育，促进学生生动活泼地发展。

（三）引领发展。

校长作为学校改革发展的带头人，担负着引领学校和校长发展，促进学生全面发展与个性发展的重任；将发展作为学校工作的第一要务，秉承先进教育理念和管理理念，建立健全学校各项规章制度，完善学校目标管理和绩效管理机制，实施科学管理、民主管理，推动学校可持续发展。

（四）能力为重。

将教育管理理论与学校管理实践相结合，突出学校管理的实践能力和创新能力；不断提高与完善规划学校发展、营造育人文化、领导课程教学、引领校长成长、优化内部管理和调适外部环境等方面的能力；坚持实践、反思、再实践、再反思，强化专业能力提升。

（五）终身学习。

牢固树立终身学习的观念，将学习作为改进工作的不竭动力；优化知识结构，提高自身科学文化素养；与时俱进，及时把握国内外教育改革与发展的趋势；注重学习型组织建设，使学校成为师生共同学习的家园。

二、基本内容

专业职责		专业要求
一 规划学校发展	专业理解与认识	1. 明确学校办学定位，履行实施义务教育的工作使命，保障适龄儿童、少年平等接受有质量的义务教育，着力保障农民工子女、残疾儿童少年、家庭经济困难学生的受教育权利。 2. 注重学校发展的战略规划，凝聚师生智慧，建立学校发展共同目标，形成学校发展合力。 3. 尊重学校传统和学校实际，提炼学校办学理念，办出学校特色。
	专业知识与方法	4. 熟悉国家的法律法规、教育方针政策和学校管理的规章制度。 5. 把握国内外学校改革和发展的基本趋势，学习借鉴优秀校长办学的成功经验。 6. 掌握学校发展规划制定、实施与测评的理论、方法与技术。
	专业能力与行为	7. 诊断学校发展现状，及时发现和研究分析学校发展面临的主要问题。 8. 组织社区、家长、教师、学生多方参与制订学校发展规划，确立学校中长期发展目标。 9. 落实学校发展规划，制订学年、学期工作计划，指导教职工制定具体行动方案，并提供人、财、物等条件支持。 10. 监测学校发展规划的实施，根据实施情况修正学校发展规划，调整工作计划，完善行动方案。

续表

专业职责		专业要求
二 营造育人文化	专业理解与认识	11. 把德育工作摆在素质教育的首要位置,全面加强学校德育体系建设。 12. 将学校文化建设作为学校德育工作的重要方面,重视学校文化潜移默化的教育功能,把文化育人作为办学治校的重要内容与途径。 13. 热爱祖国优秀传统文化,充分发挥优秀传统文化的时代意义与教育价值,重视地域文化的重要作用。
	专业知识与方法	14. 广泛涉猎自然科学与人文社会科学知识,具有良好的艺术修养和相应的艺术欣赏与表现的知识。 15. 了解校园文化建设的基本理论,掌握促进优秀文化融入学校教育的方法和途径。 16. 掌握不同年龄阶段学生思想品德形成和健康心理发展的特点与规律,了解学生思想与品行养成过程及其教育方法。
	专业能力与行为	17. 绿化、美化校园环境,精心营造人文氛围,建设优良的校风、教风、学风,设计体现学校特点和教育理念的校训、校歌、校徽、校标。 18. 精心设计和组织艺术节、科技节等校园文化活动,充分利用好重大节庆日、传统节日等有特殊意义的日子以及学校组织特有的仪式,开展主题教育活动。 19. 建设绿色健康的校园信息网络,向师生推荐优秀的精神文化作品和先进模范人物,努力防范不良的流行文化、网络文化和学校周边环境对学生的负面影响。 20. 凝聚学校文化建设力量,发挥教师、学生及社团的主体作用,为共青团、少先队、学生社团、班集体活动开展提供必要条件,保证活动时间。
专业职责		专业要求
三 领导课程教学	专业理解与认识	21. 坚持面向全体学生,因材施教,全面提高教育教学质量。 22. 尊重教育教学规律,注重培养学生的责任意识、创新精神和实践能力。 23. 尊重教师的教学经验和智慧,积极推进教学改革与创新。
	专业知识与方法	24. 掌握学生不同发展阶段的培养目标和课程标准。 25. 了解课程编制、课程开发与实施、课程评价的相关知识和教材、教辅使用的政策以及国内外课程教学改革的经验。 26. 掌握课堂教学以及教育信息技术应用的一般原理与方法。

专业职责	专业要求	
	专业能力与行为	27. 有效统筹国家、地方、学校三级课程，确保国家课程、地方课程的落实，推动校本课程的开发与实施，为学生提供丰富多样的课程教学资源。 28. 认真落实义务教育课程标准，切实减轻学生过重课业负担，不得随意提高课程难度，不得挤占体育、音乐、美术及少先队活动等课程的课时，确保学生每天一小时校园体育活动。 29. 建立听课与评课制度，深入课堂听课并对课堂教学进行指导，每学期听课不少于地方教育行政部门规定的课时数量。 30. 积极组织开展教研活动和教学改革，建立完善促进学生全面发展的教育教学评价制度，不片面追求学生考试成绩和升学率。

专业职责	专业要求	
四 引领教师成长	专业理解与认识	31. 教师是学校改革发展最宝贵的人力资源，尊重、信任、团结和赏识每一位教师。 32. 校长是教师专业发展的第一责任人，将学校作为教师实现专业发展的主阵地。 33. 尊重教师专业发展的规律，激发教师发展的内在动力。
	专业知识与方法	34. 把握教师职业素养要求，明确教师的权利与义务。 35. 掌握教师专业发展的理论以及指导教师开展教育教学实践与研究的方法。 36. 掌握学习型组织建设的方法以及激励教师主动发展的策略。
	专业能力与行为	37. 建立健全教师专业发展的制度，推行校本教研，完善教研训一体的机制，落实每位教师五年一周期不少于360学时的培训要求。 38. 关注每一位教师的发展，指导教师根据自身发展特点制定专业发展计划，加强青年教师培养，支持教师轮岗交流，推进信息技术在教师专业发展中的应用。 39. 扎实开展师德师风教育，落实教师职业道德规范要求，严禁教师体罚或变相体罚学生，严禁教师从事有偿补课。 40. 维护和保障教师合法权益和待遇，关爱教师身心健康，建立优教优酬的激励制度。

续表

专业职责	专业要求	
五 优化内部管理	专业理解与认识	41. 坚持依法治校，自觉接受师生员工和社会的监督。 42. 崇尚以德立校，处事公正、严格律己、廉洁奉献。 43. 倡导民主管理和科学管理，坚持教书育人、管理育人、服务育人。
	专业知识与方法	44. 把握国家相关政策对校长的职责定位和工作要求。 45. 掌握学校管理的基本理论与方法，了解国内外学校管理的变化趋势。 46. 熟悉学校人事财务、资产后勤、校园网络、安全保卫与卫生健康等管理实务。
	专业能力与行为	47. 形成学校领导班子的凝聚力，认真听取党组织对学校重大决策的意见，充分发挥党组织的政治核心作用。 48. 尊重和支持教职工代表大会参与学校管理的民主权利，定期向教职工代表大会报告工作，实行校务会议等管理制度。 49. 建立健全学校人事、财务、资产管理等规章制度，提高学校管理规范化水平，不得违反国家规定收取费用，不得以向学生推销或者变相推销商品、服务等方式谋取利益。 50. 努力打造平安校园，建立和完善学校各种应急管理机制，定期实施安全演练，正确应对和妥善处置学校突发事件。
专业职责	专业要求	
六 调适外部环境	专业理解与认识	51. 坚持把服务社会（社区）作为学校的重要功能，勇于承担社会责任。 52. 坚持把合作共赢作为学校对外关系准则，积极开展校内外合作与交流。 53. 坚信学校与家庭、社会（社区）的良性互动是办学水平的重要体现。
	专业知识与方法	54. 掌握学校公共关系及家校合作的理论与方法。 55. 了解所在社区、学生家庭的基本情况，积极获取与学生成长、学校发展相关的信息。 56. 熟悉各级各类社会公共服务机构的教育功能。
	专业能力与行为	57. 优化外部育人环境，努力争取社会（社区）的教育资源对学校教育的支持。 58. 充分发挥家长委员会支持学校工作的积极作用，引导社区和有关专业人士参与学校管理和监督，接受改进学校工作的合理建议。 59. 建立健全家校合作育人机制，建立教师家访制度，通过家长学校、家长会、家长开放日等形式，指导和帮助家长了解学校工作情况和学生身心发展特点，掌握科学育人方法。 60. 积极发挥学校在社区建设中的作用，鼓励并组织学校师生参与服务社会（社区）的有益活动。

三、实施要求

（一）本标准适用于国家和社会力量举办的全日制义务教育学校的正、副校长。幼儿园园长、普通高中、中等职业学校校长专业标准另行制定。鉴于全国不同地区的差异，各省、自治区、直辖市教育行政部门可以依据本标准制定符合本地区实情的实施意见。本标准可在执行的过程中逐步完善。

（二）各级教育行政部门要将本标准作为义务教育学校校长队伍建设和校长管理的重要依据。根据教育改革发展的需要，充分发挥本标准引领和导向作用，制定义务教育学校校长队伍建设规划，严格义务教育学校校长任职资格标准，完善义务教育学校校长选拔任用制度，推行校长职级制，建立义务教育学校校长培养培训质量保障体系，形成科学有效的义务教育学校校长队伍建设与管理机制，为实现义务教育均衡发展提供制度保障。

（三）有关高等学校和校长培养培训机构要将本标准作为义务教育学校校长培养培训的主要依据。重视义务教育学校校长职业特点，加强相关学科和专业建设。根据义务教育学校校长发展阶段的不同需求，完善培养培训方案，科学设置校长培养培训课程，改革教育教学方式。注重校长职业理想与职业道德教育，增强校长教书育人、管理育人的责任感和使命感。加强校长培养培训的师资队伍建设，开展校长专业成长的科学研究，促进校长专业发展。

（四）义务教育学校校长要将本标准作为自身专业发展的基本准则。制定自我专业发展规划，爱岗敬业，增强专业发展自觉性；大胆开展学校管理实践，不断创新；积极进行自我评价，主动参加校长培训和自主研修，不断提升专业发展水平，努力成为教育教学和学校管理专家。

普通高中校长专业标准

为促进普通高中校长专业发展，建设高素质普通高中校长队伍，落实立德树人根本任务，推动普通高中多样化发展，根据教育法等有关法律法规，特制定本标准。

校长是履行学校领导与管理工作职责的专业人员。本标准是对普通高中合格校长专业素质的基本要求，是制订普通高中校长任职资格标准、培训课程标准、考核评价标准等的重要依据。

一、办学理念

（一）以德为先

坚持社会主义办学方向和党对教育工作的领导，贯彻党和国家的教育方针政策。积极培育和践行社会主义核心价值观，将社会主义核心价值体系融入学校教育全过程，依法履行法律赋予的权利和义务；热爱教育事业和学校管理工作，具有服务国家、服务人民的社会责任感和使命感；履行职业道德规范，为人师表，公正廉洁，勤勉敬业，关爱师生，尊重师生人格。

（二）育人为本

坚持育人为本的办学宗旨，充分认识立德树人是培养社会主义建设者和接班人的本质要求。把促进每个学生健康成长作为学校一切工作的出发点和落脚点，为学生发展提供多样化的选择，积极探索培养创新人才的途径；遵循教育规律，注重内涵发展，始终把全面提高学生综合素质放在重要位置；树立正确的人才观和科学的质量观，全面实施素质教育，不断深化课程改革，为每个学生提供适合的教育，促进学生全面而有个性的发展。

（三）引领发展

校长作为学校改革发展的带头人，担负着引领学校和师生发展的重任；树立正确的学校发展观，将发展作为学校工作的第一要务，秉承先进教育理念和管理理念，建立健全现代学校制度，完善学校管理机制，依法治校，实施科学管理、民主管理，推动学校可持续、有特色地发展。

（四）能力为重

将教育管理理论与学校管理实践相结合，重在实践，勇于创新；不断提高规划学校发展、营造育人文化、领导课程教学、引领教师成长、优化内部管理和调适外部环境等方面的能力；坚持实践、反思、再实践、再反思，强化专业能力提升。

（五）终身学习

牢固树立终身学习的观念，将学习作为校长专业发展和改进工作的重要途径；优化知识结构，提高自身科学文化素养，增强法治观念；与时俱进，及时了解国内外教育改革与发展的趋势；注重学习型组织建设，将学校建成师生共同学习的精神家园。

二、专业要求

专业职责		专业要求
一 规划学校发展	专业理解与认识	1. 正确理解普通高中教育的责任与使命，明确学校的办学定位。注重培养学生自主学习、自强自立和适应社会的能力，全面提高普通高中学生综合素质。 2. 注重学校发展的战略规划，在充分参与中凝聚师生智慧，建立共同发展愿景，明确学校发展目标，形成学校发展合力。 3. 尊重办学传统与学校实际，注重学校特色建设，坚持多样化的成才观，重视人才培养模式创新。
	专业知识与方法	4. 熟悉与教育相关的法律法规、教育方针政策和学校管理的规章制度，深入领会有关普通高中的政策法规。 5. 掌握普通高中教育的基本特点，了解国内外教育改革和发展的基本趋势，学习借鉴先进的办学经验。 6. 熟悉学校战略管理，掌握学校发展规划制定、实施与评价的理论、方法与技术。 7. 系统分析学校发展状况，传承学校优秀文化，发现面临的主要问题，形成学校发展思路。

续表

专业职责		专业要求
	专业能力与行为	8. 按照规定程序领导制定学校发展规划，组织教师、学生、家长、社区多方参与共同确定学校的中长期发展目标。 9. 选择确定学校发展的关键措施，分解落实到学年、学期工作计划，指导师生员工制定具体行动方案，提供人、财、物等条件支持并组织实施。 10. 监测学校发展规划实施过程与成效，根据实施情况进行修正，调整工作计划，完善行动方案。

专业职责		专业要求
二营造育人文化	专业理解与认识	11. 将立德树人作为普通高中教育的根本任务，把德育工作摆在素质教育的首要位置，全面加强学校德育体系建设。 12. 重视学校文化潜移默化的教育功能，将学校文化建设作为学校德育工作的重要方面，把文化育人作为办学治校的重要内容与途径。 13. 积极培育和践行社会主义核心价值观，热爱与传承中华优秀传统文化，充分发挥中华优秀传统文化的时代意义和教育价值，重视地域优秀文化的重要作用。
	专业知识与方法	14. 广泛涉猎自然科学与人文社会科学知识，掌握必要的艺术基础知识，具有良好的艺术修养和艺术欣赏能力。 15. 把握学校文化建设的内涵，掌握高中学校文化建设的任务、途径与方法。 16. 熟悉普通高中学生身心发展特点和思想品德形成规律，掌握提高德育实效的理论和方法。
	专业能力与行为	17. 营造体现办学理念和学校特色的校园自然环境和人文环境，以校训、校歌、校徽、校标等为重要载体，树立优良的校风、教风、学风。 18. 精心设计和组织开展丰富多彩、积极向上的艺术、体育、科技等校园文化和社会实践活动，开展公民意识、礼仪规范、中华优秀传统文化等主题教育活动，形成爱学习、爱劳动、爱祖国活动的有效形式和长效机制。 19. 建设绿色健康的校园信息网络，向师生推荐优秀的精神文化作品和先进模范人物，努力防范不良的流行文化、网络文化和学校周边环境对学生的负面影响。 20. 凝聚学校文化建设力量，发挥教师、学生及社团的主体作用，鼓励社会（社区）和家庭参与学校文化建设，为共青团、学生会、学生社团、班集体活动开展提供必要条件，保证活动时间。

续表

专业职责		专业要求
三领导课程教学	专业理解与认识	21. 充分认识课程教学是提高学校教育质量的关键环节。发挥各学科育人作用，促进全体学生的全面发展，重视学生社会责任感、创新精神和实践能力的培养，提高学生的综合素质。 22. 重视课程的多样性和选择性，增强学生学习的自主性，丰富学生的学习经验，注重学思结合、知行统一、因材施教，促进学生个性健康发展。 23. 尊重教师的教学经验和智慧，重视课程教学研究，积极推进教学改革与创新。
	专业知识与方法	24. 熟悉中小学课程政策，了解国内外高中课程教学改革的经验和发展动态。 25. 熟知学生成长和发展规律，掌握课程教学基本理论知识和课程规划、开发、实施与评价相关技能。 26. 掌握信息技术在教育领域应用的一般原理与方法。
	专业能力与行为	27. 落实国家课程方案和标准，统筹国家、地方、学校三级课程，创建具有本校特色的学校课程体系，开设多种形态、适应学生发展需要的选修课，为学生提供丰富多样的学习资源。 28. 开齐、开足国家规定的各类必修和相关选修课程，确保体育、艺术、技术、综合实践活动等课程的实施，加强法治教育，关注学生心理健康和青春期教育，合理安排作业，不得违规补课和增加课时，切实减轻学生过重的课业负担。建立健全学生体质健康监测机制，确保学生每天一小时校园体育活动。 29. 建立健全课程教学管理制度和教学质量测评、分析与改进机制，定期深入课堂听课，并对课堂教学进行指导，每学期听评课不少于地方教育行政部门规定的课时数量。 30. 组织开展教学研究与课程改革，落实高中学生综合素质评价制度，加强对学生职业生涯规划的指导，拓宽学生的成才渠道。
专业职责		专业要求
四引领教师成长	专业理解与认识	31. 将教师作为学校改革发展最宝贵的人力资源，尊重、信任、团结和赏识每一位教师。 32. 校长是教师专业发展的引领者和第一责任人，将学校作为教师实现专业发展的精神家园。 33. 尊重教师职业特点和专业发展规律，注重激发教师发展的内在动力。

续表

专业职责		专业要求
	专业知识与方法	34. 掌握教师专业素养要求，明确教师权利与义务。 35. 掌握教师专业发展的理论与方法、指导教师开展教育教学实践与研究的策略与方法。 36. 掌握学习型组织建设的方法，掌握教师团队建设以及激励教师自主发展的策略与方法。
四引领教师成长	专业能力与行为	37. 建立健全教师专业发展制度，针对教学实际问题，开展教学研究与培训，构建教研训一体的机制，落实每位教师五年一周期不少于360学时的培训要求。 38. 关心每一位教师的发展，指导教师制定个人专业发展计划。加强青年教师培养，培育学科骨干，完善教师梯队建设。 39. 开展师德师风教育，落实教师职业道德规范要求和违反职业道德行为处理办法，引导支持教师坚定理想信念、提高道德情操、掌握扎实学识、秉持仁爱之心，不断提升教师的精神境界。 40. 关爱教师身心健康，维护和保障教师合法权益和待遇，建立优教优酬的激励机制。
专业职责		专业要求
五优化内部管理	专业理解与认识	41. 坚持依法治校，自觉接受师生员工和社会的依法监督。 42. 崇尚以德立校，廉洁奉公、为人表率、处事公正。 43. 实行科学管理和民主管理，坚持教书育人、管理育人、服务育人。
	专业知识与方法	44. 熟悉国家相关政策及其对校长的职责定位和工作要求。 45. 把握高中学校管理的基本规律，掌握学校管理的基本理论与方法，了解国内外学校管理的先进经验与发展趋势。 46. 熟悉学校人事财务、资产后勤、校园网络、安全保卫与卫生健康等管理实务。
	专业能力与行为	47. 形成学校领导班子的凝聚力，认真听取党组织对学校重大决策的意见，充分发挥党组织的政治核心作用，加强学校管理队伍建设。 48. 尊重和支持教职工代表大会参与学校管理的民主权利，定期向教职工代表大会报告工作，实行校务会议、校务公开等管理制度。鼓励师生员工参与学校管理。 49. 健全学校人事、财务、资产管理等管理制度，将信息化手段引入学校管理，提高学校管理的专业化水平。不得违反国家规定收取费用，不得以向学生推销或者变相推销商品、服务等方式谋取利益。 50. 努力建设平安校园，建立和完善学校各种应急管理机制，定期实施安全演练，排查安全隐患，正确应对和妥善处置学校突发事件。

专业职责		专业要求
六调适外部环境	专业理解与认识	51. 坚信营造学校与家庭、社会（社区）支持性的发展环境是学校发展的基础与重要保障。 52. 重视学校与家庭、社会（社区）的沟通，把与社区的良性互动作为办学水平的重要体现，将服务社会（社区）作为学校的重要功能。 53. 坚持学校、家庭、社会（社区）合作共赢的原则，增强学校对外交流的主动性和创新性。
	专业知识与方法	54. 掌握学校公共关系及家校合作的理论与方法。 55. 熟悉社会公共服务机构的教育功能，掌握开发和利用社会资源的知识与方法。 56. 掌握与家庭、社会（社区）、学校、各类媒体等沟通的方法与技巧。
	专业能力与行为	57. 树立学校的良好形象，加强校际合作，整合办学资源，优化育人环境，争取社会（社区）对学校的大力支持。 58. 充分发挥家长委员会的积极作用，接受改进学校工作的合理建议，完善家庭和社会（社区）参与学校管理的机制，主动与社区建立合作关系。 59. 健全家校合作育人机制，建立教师家访制度，通过家长学校、家长会、家长开放日以及信息化通讯手段等多种形式，帮助家长了解学校情况和学生身心发展特点，指导家长掌握科学的家庭教育方法。 60. 积极发挥学校在社区建设中的文化引领作用，鼓励并组织学校师生参与服务社会（社区）的有益活动。

三、实施意见

（一）本标准适用于国家和社会力量举办的全日制普通高中的正、副校长。各省、自治区、直辖市教育行政部门可以依据本标准制定符合本地区实情的实施意见。

（二）各级教育行政部门要将本标准作为普通高中校长队伍建设和校长管理的重要依据。根据教育改革发展的需要，充分发挥本标准引领和导向作用，制订普通高中校长队伍建设规划，严格普通高中校长任职资格标准，完善普通高中校长选拔任用制度，推行校长职级制，建立普通高中校长培养培训质量保障体系，形成科学有效的普通高中校长队伍建设与管理机制，为实现普通高中教育多样化发展提供制度保障。

（三）有关高等学校和校长培养培训机构要将本标准作为普通高中校长培养培训的主要依据。重视普通高中校长职业特点，加强相关学科和专业建设。根据普通高中校长发展阶段的不同需求，完善培养培训方案，科学设置校长培养培训课程，改革教育教学方式。注重校长职业理想与职业道德教育，增强校长教书育人、管理育人的责任感和使命感。加强校长培养培训的师资队伍建设，开展校长专业成长的科学研究，促进校长专业发展。

（四）普通高中校长要将本标准作为自身专业发展的基本准则。制订自我专业发展规划，爱岗敬业，增强专业发展自觉性；大胆开展学校管理实践，不断创新；积极进行自我评价，主动参加校长培训和自主研修，不断提升专业发展水平，努力成为教育教学和学校管理专家。

美国教育领导者专业标准[1]

标准维度		具体指标
动力系统	1. 使命愿景和核心价值观	有效的教育领导者会为学校发展、倡导和实施一个共同的使命、愿景和核心价值观，即高质量教育、学术成功和每个学生的幸福。 A. 为学校制定一个教育使命，促进每个学生的学业成功和幸福。 B. 与学校和社区成员合作，并使用相关数据，为学校制定和促进每个孩子成功学习和发展的愿景，以及促进此类成功的教学和组织实践 C. 阐明、倡导和培养界定学校核心价值观，强调以儿童为中心；高期望和学生支持；公平、包容和社会正义；开放、关怀和信任；持续改进。 D. 战略性地发展、实施及评估各项行动，以实现学校的愿景。 E. 反思学校的使命和愿景，并根据学校不断变化的期望和机会，以及学生不断变化的需求和情况调整它们。 F. 在学校和社区内培养对使命、愿景和核心价值观的共同理解和承诺。 G. 在领导的各个方面，示范和追求学校的使命、愿景和核心价值观。
	2. 道德和职业规范	A. 有效的教育领导者会以道德和职业规范行事，促进每个学生的学业成就。 B. 在个人行为、与他人的关系、决策、管理学校资源以及学校领导的各个方面表现出合乎道德和专业的行为。 C. 遵循诚信、公平、透明、信任、协作、毅力、学习、持续改进的专业规范。 D. 把孩子放在教育的中心，为每个学生的学业成功和幸福承担责任。 E. 维护和促进民主、个人自由和责任、公平、社会正义、社区和多样性的价值观。 F. 具备人际交往和沟通技巧，社会情感洞察力，了解学生和员工的背景和文化。 G. 为学校提供道德指引，并促进教职员工的道德及职业行为。

---

[1] Reston V., "National Policy Board for Educational Administration. Professional Standards for Educational Leaders", *American Association of colleges of teacher education*, 3（2015），207.

续表

标准维度		具体指标
动力系统	3.公平和文化响应	有效的教育领导者会努力争取教育机会的公平和文化回应的做法，以促进每个学生的学业成功和幸福。 A. 确保公平、尊重地对待每个学生，并了解每个学生的文化和背景。 B. 认识、尊重和利用每个学生的长处、多样性和文化作为教学和学习的资产。 C. 确保每个学生都能公平地获得有效的教师、学习机会、学术和社会支持以及成功所必需的其他资源。 D. 制定学生政策，以积极、公平、公正的方式处理学生的不当行为。 E. 面对和改变与种族、阶级、文化和语言、性别和性取向、残疾或特殊地位相关的学生边缘化、教育赤字、低期望的制度偏见。 F. 促进学生在全球社会的多元文化环境中生活并做出贡献的准备。 G. 在他们的互动、决策和实践中表现出文化能力和反应能力。 H. 在领导的各个方面解决公平和文化回应的问题。

标准维度		具体指标
核心系统	4.课程、教学与评估	有效的教育领导者会开发并支持严谨而连贯的课程、教学和评估系统，以促进每个学生的学业成功和幸福。 A. 实施连贯的课程、教学和评估体系。以促进学校的使命、愿景和核心价值观，体现对学生学习的高期望，符合学术标准，并与文化相适应。 B. 调整和集中课程、教学和评估体系，以促进学生的学业成功、热爱学习、学习者的身份和习惯以及健康的自我意识。促进一致的教学实践。 C. 实施符合儿童学习发展、有效教学和每个学生需求的教学实践。 D. 确保教学实践可以促进学生的智力发展，重视学生的真实体验，认识到学生的长处，差异化和个性化。 E. 推广运用有效教育技术服务教学。 F. 采用符合儿童学习和发展的知识和测量技术标准的评估方法。 G. 适当使用评估数据，并在技术限制内监控学生进步和教学改进。
	5.关怀和支持学生的社区	有效的教育领导者培养一个包容、关怀和支持的学校社区，促进每个学生的学业成功和幸福。 A. 建立和维持一个安全、关怀和健康的学校环境，以满足每个学生的学业、社交、情感和身体需求。 B. 创造并维持一种学校环境，在这种环境中，每个学生都被认识、接受和重视、信任和尊重、被关心和鼓励成为学校社区中积极和负责任的一员。 C. 提供连贯的学术和社会支持、服务、课外活动和住宿环境，以满足每个学生的学习需求。 D. 促进成人与学生、学生与同伴、学校与社区的关系，重视和支持学术学习以及积极的社交和情感发展。

标准维度		具体指标
		E. 培养和加强学生参与度和积极行为。 F. 在学校的学习环境中融入学校社区的文化和语言。
		具体指标
核心系统	6. 学校工作人员的专业能力	有效的教育领导者会发展学校工作人员的专业能力和实践，以促进每个学生的学业成功和幸福。 A. 招聘、聘用、支持、发展和留住富有爱心、富有成效的教师和其他专业人员，并将他们培养成一支具有教育效力的教师队伍。 B. 计划和管理员工的流动和继任，为新员工提供有效的培训。 C. 以教师发展和成人学习理论为指导，为教师和员工提供不同的学习和成长机会，促进教师和员工的专业知识、技能和实践发展。 D. 促进教师个人和集体教学能力的持续改进。 E. 通过有效的、以研究为基础的监督和评估系统，提供关于教学和其他专业实践的可操作的反馈，以支持教师和工作人员的知识、技能和实践的发展。 F. 赋予教师和员工权力并激励他们达到最高水平的专业实践，不断学习和改进。 G. 培养教师领导力和学校其他成员的领导力的发展机会和能力支持。 H. 教职员工的职业健康、幸福感、工作与生活的平衡。 I. 通过反思、学习和改进，保持健康的工作与生活平衡，从而提高自身的学习和效率。
支持系统	7. 教师和其他工作人员的专业社区	有效的教育领导者会培养一个由教师和其他专业人员组成的专业社区，以促进每个学生的学业成功和幸福。 A. 为教师和其他工作人员创造工作环境，促进有效的专业发展、实践和学生学习。 B. 根据学校的使命、愿景和核心价值观，赋予教师和员工集体责任，满足每个学生的学术、社会、情感和身体需求。 C. 建立并维持一种专业的参与文化，并致力于共同的愿景、目标和与整个儿童教育相关的目标；对专业工作的期望很高；道德和公平的做法；信任与开放沟通；协作、集体效能以及持续的个人和组织学习和改进。 D. 促进教师和其他专业人员之间的相互问责，以确保每个学生的成功和学校整体的有效性。 E. 发展和支持领导、教职员工之间开放、富有成效、关怀和信任的工作关系，以促进专业能力和实践的改进。 F. 设计和实施与教职员工协作的职业学习机会和其他机会。 G. 提供实践协作检查、合议反馈和集体学习的机会。 H. 鼓励教师主动改进项目和实践。

续表

标准维度		具体指标
支持系统	8. 家庭和社区有意义的参与	有效的教育领导者会让家庭和社区以富有意义、互惠互利的方式参与,从而促进每个学生的学业成功和幸福。 A. 对家庭和社区成员是平易近人、容易接近和欢迎的。 B. 为了学生的利益,与家庭和社区建立并保持积极、合作和富有成效的关系。 C. 与家庭和社区就学校、学生、需求、问题和成就进行定期和开放的双向交流。 D. 在社区中保持存在,了解其优势和需求,发展富有成效的关系,并将其资源用于学校。 E. 为学校社区创建与家庭合作的方式,以支持学生在学校内外的学习。 F. 了解、重视并利用社区的文化、社会、智力和政治资源,以促进学生学习和学校改善。 G. 发展并提供学校作为家庭和社区的资源。 H. 倡导学校和地区,倡导教育和学生的重要性以及家庭和社区的优先事项。 I. 公开倡导学生、家庭和社区的需求和优先事项。 J. 与公立和私营部门建立并维持富有成效的伙伴关系,以促进学校改善和学生学习。
	9. 运营和管理	有效的教育领导者会管理学校的运作和资源,以促进每个学生的学业成功和幸福。 A. 建立、管理及监督促进学校使命和愿景的运营和行政系统。 B. 战略性地管理员工资源,分配和安排教师和员工的角色和职责,以优化他们的专业能力,满足每个学生的学习需求。 C. 寻求、获取和管理财政、物质和其他资源,以支持课程、教学和评估;学生学习社区;专业能力和社区;以及家庭和社区参与。 D. 是学校货币和非货币资源的道德和负责任的管理者,从事有效的预算和会计实践。 E. 维持教师和其他工作人员工作和学习的安静氛围。 F. 运用技术,提高运营和管理的质量和效率。 G. 开发和维护数据和通信系统,为课堂和学校改进提供可操作的信息。 H. 了解、遵守并帮助学校社区了解地方、州和联邦的法律、权利、政策和法规,以促进学生的成功。 I. 发展和管理与直属学校和连接学校的关系,以便招生管理和课程及教学衔接。 J. 发展和管理与中央办公室和学校董事会的良好关系。 K. 发展和管理制度,以公平和平等地管理学生、教职员工、领导、家庭和社区之间的冲突。 L. 管理治理流程和内外部政治,以实现学校的使命和愿景。

标准维度		具体指标
改进系统	10.学校改进	有效的教育领导者会充当学校持续改进的推动者，以促进每个学生的学业成功和幸福。 努力使学校对每个学生、教师和员工、家庭和社区更有作用。 使用持续改进的方法来实现愿景，完成使命，培育学校核心价值观。 强调学校和社区共同的承诺和责任，培养成功改进的知识、技能和动力。 让其他人参与持续的循证调查、学习、战略目标制定、规划、实施和评估过程，以持续改善学校和课堂。 采用适合情况的改进策略，包括转型和增量，适应性的方法，并注意不同的实施阶段。 评估和发展教职员的能力，以评估新出现的教育趋势的价值和适用性，研究其对学校及其改进的研究结果。 发展技术上适当的数据收集、管理、分析和使用系统，必要时连接到地区办事处和外部合作伙伴，以支持规划、执行、监测、反馈和评估。 采用系统的观点，促进改善努力和学校组织、项目和服务的所有方面的一致性。 用勇气和毅力管理不确定性、风险、竞争性的主动性和变化的政治，提供支持和鼓励，并公开地交流改进工作的需要、过程和结果。 发展和促进教师的领导能力，以进行调查、实验和创新，并启动和实施改进。

英国国家卓越校长专业标准[1]
（2015 年）

目的：

国家卓越校长标准（2014 年）定义了高标准，适用于自我完善的学校系统中的所有校长角色。这些标准旨在激发公众对校长的信心，提高校长抱负，确保全国学校发展标准，并赋予校长专业能力。

校长所处的环境会不断变化。在大多数情况下，校长领导一所学校；在某些情况下，校长不只负责一所学校。校长职位头衔多种多样，包括校长、主管、助理和联合校长以及校长负责制等。

这些标准旨在指导校长实现最佳领导，将针对每一种学校背景下的校长发展做出解释，无论任职时间长短。

这些标准可用于：

在学校内外，塑造校长领导和校长专业发展

评价校长

为校长的招聘和聘任提供支持

为培养有志担任领导职务的中高级领导人提供一个框架。

教师标准（2011 年，经修订）包括适用于所有教师的《个人和职业行为准则》，为制定校长标准奠定了基础。

序言：校长的角色

校长在社会上占据着有影响力的地位，塑造着教师职业。在他们所服务

---

[1] "National standards of excellence for headteachers"，载 https://dera.ioe.ac.uk/21834/1/National_Standards_of_Excellence_for_Headteachers.pdf，最后访问日期：2022 年 11 月 10 日。

的社区中，他们是领先的专业人士和重要的榜样。校长的价值观和志向决定了学校的成就。他们对现在和未来几代儿童的教育负责。他们的领导对教学质量和学生的成绩有决定性的影响。校长以身作则，引导教师的专业行为和做法，将不必要的教师工作量降至最低，并为员工留下高质量的持续专业发展空间。他们为学生的模范行为营造了一种氛围。他们为自己学校内外的高学术标准设定了标准和期望，承认差异并尊重当代英国的文化多样性。校长和那些负责管理的人一起，是国家学校的守护者。

四个领域

《国家卓越校长标准》分为四个领域，从序言开始。有四个"卓越标准"领域：

- 素质和知识
- 学生和教职员工
- 制度和过程
- 自我完善的学校系统

领域一

卓越校长：素质与知识

校长：

1. 坚持并阐明明确的价值观和道德目标，专注于为他们所服务的学生提供一流的教育。

2. 对师生、家长、管理者和当地社区成员表现出乐观的个人行为、积极的关系和态度。

3. 以身作则——正直、创造力、适应力和清晰——利用自己的学识、专业知识和技能，以及周围的人。

4. 保持对当地、国家和全球教育和学校系统的广泛的、最新的知识和理解，并追求持续的专业发展。

5. 在以学校愿景为中心的一套明确的原则范围内，巧妙地将地方和国家政策转化为学校的背景，在政治和金融方面敏锐地开展工作。

6. 强有力地沟通学校的愿景，推动战略领导，赋予所有学生和教职员工出类拔萃的能力。

领域二

卓越校长：学生和教职工

校长：

1. 要求对所有学生制定雄心勃勃的标准，克服劣势，促进平等，向工作人员灌输强烈的责任感，让他们了解其工作对学生成绩的影响。

2. 通过对学生如何学习以及成功的课堂实践和课程设计的核心特征的分析性理解，确保优秀的教学，带来丰富的课程机会和学生的幸福。

3. 建立一种"开放式课堂"的教育文化，以此作为在学校内部和学校之间分享最佳实践的基础，利用和开展相关研究和可靠的数据分析。

4. 营造一种氛围，激励和支持所有员工发展自己的技能和学科知识，并相互支持。

5. 在以卓越为标准的环境中，识别新兴人才，指导有意成为校长的教师，从而制定明确的继任计划。

6. 让所有员工对他们的专业行为和实践负责。

领域三

卓越校长：系统和过程

校长：

1. 确保学校的系统、组织和程序得到充分考虑、有效和符合目的，坚持透明、正直和正直的原则。

2. 为所有学生和教职员提供一个安全、平静、有序的环境，重点是保护学生和发展他们在学校和更广泛的社会中的模范行为。

3. 建立严格、公平和透明的制度和措施，以管理所有员工的绩效，解决任何表现不佳的问题，支持员工改进和重视优秀的做法。

4. 欢迎强有力的治理，并积极支持董事会理解其角色并有效地履行其职能，特别是制定学校战略，让校长负责学生、员工和财务业绩。

5. 实施战略性的、由课程为主导的财务规划，以确保预算和资源的公平部署，以最有利于学生的成绩和学校的可持续性。

6. 在整个组织中分配领导能力，组建具有不同角色和责任的同事团队，并相互控制，以对自己的决策负责。

领域四

卓越校长：自我完善的学校制度

校长：

1. 创建外向型学校，与其他学校和机构合作，在共同挑战的氛围中，倡导最佳做法，确保所有学生取得优异成绩。

2. 与其他公共服务机构中的专业人员和同事建立有效的关系，以改善所有学生的学业和社会成绩。

3. 为了实现优质办学，勇于挑战教育正统观念，利用证据充分的研究结果来构建自我调节和自我改善的学校。

4. 通过高质量的培训和持续的专业发展，塑造当前和未来的教师队伍素质。

5. 在学校改进、领导和治理方面树立创业和创新方法，对内部和外部的重要贡献充满信心。

6. 激励和影响学校内外的其他人，使他们相信教育对青少年生活的重要性，并促进教育的价值。

支持指导

标准为了谁？

1. 这些标准旨在为校长、那些负责管理的人和有抱负的校长提供一个有用的工具。

标准是什么？

2. 制定标准的目的是让这些标准代表当今学校的领导者地位，激发公众对校长的信心，确保国家学校的高学术水平，并赋予教师职业权力。他们打算通过更新标准来取代 2004 年的国家校长标准。

3. 它们已被认定与所有校长的发展相关，无论其设置或服务时间长短，但要根据上下文进行解释。

4. 这些标准的设计旨在发人深省，并需要在学校进行讨论。

5. 标准是发展型的。使所有的校长在整个职业生涯中都在不断进步，这些标准可以用来支持这一点。

6. 这些标准将帮助校长发展和提高他们的能力，以支持由学校领导的系统的发展，并在许多情况下领导这一发展。这些标准挑战校长们发展和改善自己、自己的学校和其他学校。

7. 这些标准是令人向往的和具有挑战性的。

这些标准不是为了什么？

1. 这些标准与教师的标准不同，因为它们是非强制性的，并且没有设定预期表现的基线。因此，它们不应被用作清单或基准，而与标准有关的任何缺点本身并不是质疑能力或启动能力的基础。

2. 在这种情况下，根据标准中规定的每个特征创建复杂的"级别"或等级将是不合适的。

3. 虽然这些标准综合在一起可以帮助确定在特定背景下需要发展的领域，但重要的是不要忽视整个标准所描述的高效领导的全部特征。

使用标准

1. 校长可以利用它们，在学校内外塑造自己的实践和专业发展。

自我发展是一个校长发展的关键。这些标准可以被校长用作这种自我发展的框架，让他们考虑他们已经或需要做什么，以更接近标准中规定的愿望。他们可以选择根据这些标准寻求同事和州长的反馈。

校长可以利用这些标准，与他们的管理者就校长认为他们需要支持来发展的领域进行一个建设性的对话。校长应该感到自己有权和有权寻求这种支持。

校长可以使用这些标准来支持他们的员工，并确定他们在领导团队中需要的技能和知识。

2. 它们可以被管理者使用评估校长。

这些标准可以作为背景文件，以协助管理委员会，而不是作为一套标准，在评估过程中可以根据这些标准评估校长的表现，从而为校长的评估提供信息。

例如，这些标准可用于制定目标。校长标准不应被用作"剪切和粘贴"的目标。目标必须量身定制，以便与个别学校和校长的情况相关联。州长每年为校长制定与学校相关的具体目标和指标，并与学校或学校的优先事项相关联，这是一个很好的做法。州长们应该积极和发展地使用这些标准。校长的行动可以与这些雄心勃勃的标准一致，但需要在学校目前在某个领域的情况下，以及需要什么来推动它进入下一个改进阶段。

可以在评估中使用校长标准，在学校的特定背景下对领导能力建立一个广泛的概述。这些标准可进一步作为确定学校下一阶段持续改进之旅的具体目标的起点，以及确定校长需要支持和改进的发展领域。

管理者应该与校长合作，了解学校需要什么才能取得进步。他们应该考虑需要做些什么来支持校长实施学校改进计划和支持同事。

3. 它们可以被管理者使用，以支持招聘和任命校长。

这些标准可以用来支撑和塑造角色描述和人员规范。重要的是要关注个别学校的特定背景，因为处于不同背景和不同发展阶段的学校将需要校长混合不同的技能和经验。管理者们可能希望比其他未来校长的人更详细地调查标准中规定的一些特征。同样，鉴于这些标准的广泛和全面的性质，理事会可以利用这些标准作为检查，以确保其选择过程足够全面，涵盖标准中列出的所有关键领域。

4. 它们可以被校长、理事会和有抱负的校长利用，为培训渴望成为领导职位的中高级领导人提供一个框架。

向领导职位的过渡需要掌握广泛的能力。这些标准并不是这些技能的唯一的或完整的列表。

校长和管理者们可能会使用这些标准来帮助他们确定潜在的未来领导人。这些标准可以用来塑造提供给中高层领导人的发展经验。

有抱负的校长可以利用这些标准来评估他们自己在为担任校长做准备方面取得的进展，并确定和阐明他们想要获得更多经验的领域。例如，一个中学领导人可能会决定他们对标准的第四个领域没有那么多的经验，因此可能会寻求经验作为不同学校合作的一部分，以扩大他们的经验。

英国校长标准[1]
（2020 年）

介绍

校长是他们所服务社区的领先专业人士和榜样。他们的领导是确保高质量教学和学校成就的重要因素，也是确保学生获得积极和丰富的教育体验的重要因素。他们与那些负责教育治理的人一起，[2]是国家学校的监护人。

家长[3]和广大公众理所当然地对校长抱有很高的期望，因为他们在领导教师行业和对他们负责的年轻人方面具有影响力。校长的标准规定了校长如何满足这些高期望。这些标准不仅是校长和追究校长责任的人的重要基准，也是培训和发展学校领导者的重要基准。

这些标准取代了 2015 年的国家卓越校长标准。它们是非法定的，旨在作为指导，在每位校长和学校的背景下进行解释。面向所有校长。

这些标准可用于：

在学校内外塑造校长自己的实践和专业发展；

支持校长的招聘和任命，包括制定职位描述和人员规范；

支持培训学校领导者的框架，包括现任和有抱负的校长；

校长的绩效管理。

---

〔1〕 "Headteachers' standards 2020"，载 https://www.gov.uk/government/publications/national-standards-of-excellence-for-headteachers/headteachers-standards-2020，最后访问日期：2022 年 11 月 1 日。

〔2〕 负责治理的人员：应理解为学校或学校集团的负责机构：在地方当局维护的学校中，这将是管理机构，在学院信托中，这将是董事会（董事会授予职能的委员会应考虑对董事会的指导，只要相关职能已授予他们）。

〔3〕 家长：包括照顾者、监护人和其他充当父母角色的成年人。

与教师标准的关系

教师标准（2011 年修订版），包括适用于教师的个人和职业行为准则，为制定校长标准奠定了基础。

校长和其他教师一样，需要达到教师的标准。校长标准阐明了校长如何能够同时满足校长的额外职责和教师标准的要求。

校长标准的第一部分概述了校长应具备的道德和职业操守。这是从教师标准的第二部分发展而来的。因此，它们由定义校长应该期望的行为和态度的陈述组成。

第二部分列出了 10 项校长标准。前 6 项标准建立在教师标准的基础上，而其他 4 项标准侧重于校长的具体领导职责。标准没有等级制度；下面的编号只是为了帮助识别。

学校文化（以教师标准 1 为基础）

教学（以教师标准 2 和 4 为基础）

课程和评估（以教师标准 3 和 6 为基础）

行为（基于教师标准 7）

额外和特殊教育需求（以教师标准 5 为基础）

专业发展（部分符合教师标准 4）

组织管理

学校改善

合作工作

治理和问责制

域

道德和职业行为部分是标准的核心。这概述了校长应具备的道德和职业操守。它由定义校长应该期望的行为和态度的陈述组成。

第二部分中的标准涵盖了校长角色的相互关联的领域，所有这些领域都以治理和问责领域为基础。

文化与精神

学校文化

行为

专业发展

课程与教学

教学

课程与评估

额外和特殊教育需求

组织效能

组织管理

学校改善

合作共享

第一节：道德与职业操守

校长应表现出始终如一的高标准原则和专业行为。他们应该达到教师的标准，并负责提供教师可以实现这些标准的条件。

校长始终坚持并践行公共生活七项原则。这些被称为诺兰原则的原则构成了公职人员所期望的道德标准的基础：

忘我

正直

客观性

问责制

开放性

诚实

领导

校长维护公众对学校领导的信任，并保持高标准的道德和行为。

在学校内外，校长应：

建立根植于相互尊重的关系并始终遵守适合其专业职位的适当界限；

表现出对他人权利的宽容和尊重，承认差异并尊重当代英国的文化多样性；

维护英国的基本价值观，[1]包括民主、法治、个人自由和相互尊重，以及对不同信仰和信仰者的宽容；

确保个人信仰不会以利用他们的地位、学生的弱点或可能导致学生违法的方式表达。

作为学校社区和专业的领导者，校长应：

为学校学生的最大利益服务；

行为合乎道德，履行职业责任，树立良好公民的榜样，以符合其在社会中有影响力的地位的方式行事；

坚持交代责任的义务；

了解、理解并在规定其专业职责和责任的法定框架内行事；

对自己的持续专业发展负责，批判性地参与教育研究；

为更广泛的教育系统做出积极贡献。

第二节：校长标准

一、学校文化

与负责治理的人员合作，并通过与学校社区的协商，建立和维持学校的风气和战略方向；

创造一种文化，让学生体验积极和丰富的学校生活；

坚持雄心勃勃的教育标准，让来自不同背景的学生为下一阶段的教育和生活做好准备；

在整个学校社区促进积极和相互尊重的关系，营造安全、有序和包容的环境；

确保员工高度专业化的文化。

二、教学

基于对有效教学和学生学习方式的循证理解，在所有学科和阶段建立并

---

〔1〕 英国的基本价值观：如预防战略（2011 年 6 月）所述，这些价值观包括民主、法治、个人自由以及对不同信仰和信仰的相互尊重和宽容。

维持高质量的专家教学；

确保教学以高水平的学科专业知识和方法为基础，尊重学科或专业领域的独特性；

确保有效利用形成性评估。

三、课程与考核

确保广泛、结构化和连贯的课程权利，其中规定了将教授的知识、技能和价值观；

建立有效的课程领导，培养具有高水平相关专业知识的学科带头人，并能进入专业网络和社区；

通过提供循证阅读方法确保所有学生学会阅读，特别是在教授早期阅读的学校中使用系统的合成语音；

确保在评估学生对课程的知识和理解时使用有效、可靠和相称的方法。

四、行为

建立并维持对所有学生行为的高期望，建立在所有教职工和学生都清楚理解的关系、规则和惯例的基础上；

根据学校的行为政策，确保高标准的学生行为和礼貌行为；

实施一致、公平和尊重的方法来管理行为；

确保学校内的成年人树立榜样并教导良好公民的行为。

五、额外和特殊的教育需求和残疾

确保学校对所有有额外和特殊教育需求和残疾的学生抱有远大的期望；

建立并维持使学生能够访问课程并有效学习的文化和实践；

确保学校与家长、照顾者和专业人士有效合作，确定学生的额外需求[1]

---

［1］ 有额外需求的学生：指由于各种原因可能面临额外教育和学习障碍的各类儿童和青少年群体。这使他们更难充分发挥潜力。这可能包括经济上处于不利地位的学生（吸引学生溢价）；有或曾经需要社会工作者的人，包括受需要儿童或儿童保护计划影响的儿童，以及被照顾和以前被照顾的儿童；和年轻的护理人员。

以及特殊教育需求〔1〕和残疾，并酌情提供支持和适应；

确保学校履行其关于 SEND 行为准则的法定职责。

六、职业发展

确保员工获得高质量、持续的专业发展机会，以平衡全校改进、团队和个人需求的优先事项；

优先考虑员工的专业发展，确保有效的规划、交付和评估符合教师专业发展标准中规定的方法；

确保专业发展机会利用学校内外的专家提供，包括国家认可的职业和专业框架和计划，以建设能力和支持继任计划。

七、组织管理

作为义务的一部分，〔2〕校长需要通过有效的保障措施〔3〕确保学生和教职员工的保护和安全；

合理安排和分配财政资源，确保公共资金使用的效率、有效性和公正性；

确保工作人员得到妥善部署和管理，并适当注意工作量；

建立和监督系统、流程和政策，使学校能够有效和高效地运作；

确保采用严格的方法来识别、管理和降低风险。

八、持续改善学校

校长应：

利用有效和相称的评估过程来识别和分析限制学校效率的复杂或持续存在的问题和障碍，并确定需要改进的优先领域；

---

〔1〕 有特殊教育需求和残障的学生（SEND）：如果儿童或青少年有学习困难或残障，需要为其提供特殊教育，则他们有 SEND。如果处于义务教育年龄的儿童或年轻人的学习困难明显大于大多数同龄人，或者他/她有妨碍或阻碍他/她利用主流学校或 16 岁后主流机构通常为同龄人提供的那种教育设施。

〔2〕 义务：在任何情况下都采取合理的措施来维护和促进学生和教职工的福利。

〔3〕 保障：校长和全体员工为促进儿童福利并保护他们免受伤害而采取的行动。这包括但不限于：保护儿童免受虐待；防止损害儿童的健康或发育；确保儿童在符合提供安全有效护理的环境中成长；采取行动使所有儿童都能获得最好的结果。

制定适当的以证据为依据的改进策略，作为目标明确的计划的一部分，这些计划是现实的、及时的、适当排序的并适合学校的情况；

确保认真有效地实施改进策略，从而使学校随着时间的推移持续改进。

九、合作工作

校长应：

在校外建立建设性关系，与家长、照顾者和当地社区合作；

承诺他们的学校在相互挑战和支持的氛围中与其他学校和组织成功合作；

与其他公共服务部门的专业人士和同事建立并保持工作关系，以改善所有学生的教育成果；

十、治理和问责制

校长应：

理解并欢迎有效治理的作用，坚持他们承担责任的义务；

与负责治理的人员建立并维持专业的工作关系；

确保员工知道并理解他们的专业职责并承担责任；

确保学校在规定的监管框架内有效和高效地运作，并履行所有法定职责。

标准如何适用于不同的领导角色；

校长的标准涵盖了单个学校内领导职责的全部范围。对于大多数校长来说，这意味着所有标准都应该与他们相关，尽管预计他们将通过成功领导和管理学校内的团队和个人来达到某些标准。

对于那些领导个别学校的人来说，可以有一系列的工作角色和头衔，特别是当学校在一个团体内工作时，例如在多学院信托中。工作角色和头衔多种多样，包括校长和副校长，校长负责的治理安排也是如此。在某些情况下，校长负责领导不止一所学校。也有通过联合领导或工作共享来共享领导权的例子。因此，在这种情况下，雇主〔1〕将希望决定哪些标准适用于这些情况下的角色。

---

〔1〕 雇主：在本文件中，我们将雇主定义为负责雇用校长的机构或个人。雇主的一些责任可以委托。

"影子培训"导师的聘任与责任及学员的任务

"影子培训"导师的聘任与责任

1. 导师的聘任

导师必须是办学思想正确、办学成绩显著且有一定特色，忠诚教育事业，理论素养好、综合素质高，具有一定人格魅力的中学正职校长。

基地学校校长是学员在基地学校学习期间的指导教师，由海南师范大学继续教育学院颁发聘书。

2. 导师的责任

①组建培训工作团队，整合资源，确保培训工作顺利进行。

②了解学员的学习需求，为学员提供学习观摩学校重要议事、管理、教学和教研活动的机会和条件，尽可能解答学员提出的问题。

③结合学校管理工作经验和学校办学特色，举办一个以学校管理为主要内容的讲座。

④指导学员阅读一本教育类书籍。

⑤允许学员在基地学校听课 2 节以上，参加学校领导行政会议 1 次，参加学校教研活动 1 次，参加学校管理团队座谈会 1 次。其他活动由基地学校根据学校工作安排。

⑥负责学员在基地学校期间的日常管理。培训结束，根据学员培训表现对其作出书面鉴定。

"影子培训"学员的任务

1. 实现角色转换，以学员身份严格要求自己，全程参与所有培训活动。

2. 服从组织安排，尊重基地学校的领导和老师，不干预基地学校的管理及教学活动。

3. 接受导师在办学思想、教育教学管理等方面的指导，全面观察学校教育教学管理活动，感受和学习导师的人格魅力、思维方式、工作作风、解决问题的方式方法等。

4. 在导师指导下阅读一本教育类书籍。

5. 完成"影子培训"研修手册。培训期间，每天撰写培训日志，记录收获和体会。培训结束，结合本次培训所得，在比较中寻求学校改进的切入点，同时提出具体的学校办学行为改进规划。

海南省第 27 期中学校长任职资格培训班培训效果问卷统计

一、关于培训（研修）的整体评价

序号	评价内容	非常满意	满意	一般	不满意
1	项目对学员需求的把握	76.32%	23.68%	0.00%	0.00%
2	培训（研修）目标设置与定位	68.42%	31.58%	0.00%	0.00%
3	培训（研修）课程和活动安排	65.79%	34.21%	0.00%	0.00%
4	培训（研修）活动主题的设计	65.79%	34.21%	0.00%	0.00%
5	培训（研修）方式、方法选择	63.16%	26.32%	10.52%	0.00%
6	学习资源及设施（软件及硬件）	60.53%	26.32%	13.15%	0.00%
7	住宿条件与服务质量（集中培训）	50.00%	34.21%	15.79%	0.00%
8	用餐与服务质量（集中培训）	63.16%	28.95%	7.89%	0.00%
9	交通与服务质量（集中培训）	63.16%	31.58%	5.26%	0.00%
10	项目管理团队服务态度与质量	81.58%	18.42%	0.00%	0.00%
11	培训（研修）成果与收获	68.42%	28.95%	2.63%	0.00%
12	主讲和指导老师水平	68.42%	23.69%	7.89%	0.00%
13	您对项目的整体评价	68.42%	31.58%	0.00%	0.00%
14	您认为主要学习收获表现在哪些方面（可多选）	观念更新	理论提升	技能提高	行为转变
		97.37%	84.21%	47.37%	52.36%
		视野开阔	能力拓展	价值观	实践工作
		92.11%	50.00%	52.63%	44.74%

15、您认为项目的优点或给您留下深刻印象的是：

培训收获方面

◇ 学员积极进取，团队意识强；

◇ 主题研讨和汇报热烈高效；

◇ 一线校长以切身经历教学，启发很大；

◇ 对学校存在的突出问题进行探讨，帮助较大；

◇ 海口市xx中学校园文化印象深刻；

◇ 海南省xx中学课间操印象深刻；

◇《依法治校与校园安全管理》理论与实践相结合，受益匪浅；

◇ 了解到体育对学生智育、情意、毅力方面影响巨大，受益匪浅；

◇ 深化理论，开阔视野，观念更新；

◇ 有助于树立终身学习理念。

培训内容与培训形式方面

◇ 内容丰富实用、形式多样；

◇ 内容实用性强，都是新任学校校长急需的知识；

◇ 专题研讨专业引领性强；

◇ 课程设置针对性强；

◇ 学习资源丰富，知识涵盖量大；

◇ 实地考察和小组研讨形式效果很好；

◇ 课后反思总结环节能让学员学有所思。

授课老师方面

◇ 授课老师学术理论水平高，经验丰富，既有理论阐述，又有案例分析。

项目管理方面

◇ 培训课程与活动安排得当；

◇ 后勤服务接待热情周到；

◇ 管理关心支持学员，亲和力强；

◇ 学生作业不够灵活，建议改进。

二、关于课程与任课老师的评价

课程名称与任课教师	课程内容评价			教师评价		
	满意	较满意	不满意	优	良	合格
中小学校长培训新政策解读	84.21%	18.75%	0.00%	78.95%	21.05%	0.00%
《海南省实施〈中华人民共和国教师法〉办法》解读	86.84%	13.16%	0.00%	76.32%	23.68%	0.00%
规划学校发展的理论与实践	73.68%	26.32%	0.00%	71.05%	28.95%	0.00%
依法治校与校园安全管理	94.74%	5.26%	0.00%	73.68%	26.32%	0.00%
校园文化的构建	73.68%	26.32%	0.00%	68.42%	31.58%	0.00%
危机公关及媒体策略	65.79%	34.21%	0.00%	60.53%	39.47%	0.00%
中学校长卓越领导力的提升	81.58%	18.42%	0.00%	71.05%	28.95%	0.00%
中学教学管理	65.79%	34.21%	0.00%	63.16%	36.84%	0.00%
应当给学校什么样的教育	84.21%	15.79%	0.00%	71.05%	28.95%	0.00%
学校考察	84.21%	15.79%	0.00%	76.32%	23.68%	0.00%

三、对海南省中学教师继续教育培训中心的组织管理的评价:

很好	比较好	不太好
94.74%	5.26%	0.00%

理由

◇ 组织严谨认真、计划周密;

◇ 课程安排合理,选择的专题有针对性,对实际工作有较大的启迪;

◇ 培训科亲和力强,与学员沟通较好,服务热情,工作到位。

◇ 时刻提醒学员关注注意事项;

◇ 满足学员的学习需求和生活需求。

四、对食宿的评价：

很好	比较好	不太好
36.84%	55.26%	7.90%

很好、较好理由

◇ 住宿环境整洁舒适；

◇ 服务热情周到；

◇ 菜品多种多样。

不太好理由

◇ 房间噪音较大；

◇ 房间分配不合理；

◇ 食宿条件单调，重复；

◇ 房间灯光太暗，不利于学习；

◇ 宾馆设备陈旧，安全防护存在隐患，热水供应时间短。

五、您对该项目改进的建议与意见是：

项目整体

◇ 多举办这类型的培训；

◇ 参观学校可适当增加。

培训内容

◇ 建议专家分享更多典型案例；

◇ 增强课程设置的针对性和实效性；

◇ 建议对学校的软件建设进行深入考察。

培训方式

◇ 在专家讲座中希望设置一个提问的环节；

◇ 应增加专家和学员、学员和学员之间的互动交流；

◇ 建议多到省内外管理好的学校进行实地直接沟通交流。

培训时间

◇ 培训时间尽量不要安排在公众休息时间；

◇ 建议课程安排更紧凑些，缩短培训时间。

授课教师

◇ 多请一些有实践经验的专家做讲座。

硬件设施

◇ 希望食宿条件更好些。

海南省中学校长高级研修挂职锻炼教学方案（2006年）

为贯彻落实《国务院关于基础教育改革和发展的决定》，依据教育部颁发的《中小学校长培训规定》和《全国中小学校长高研班指导性教学计划》，按照中小学校长培训要坚持为全面实施素质教育服务的宗旨，坚持因地制宜，分类指导和理论联系实际，学用一致，按需施教，讲求实效的原则，制定本教学计划。

一、培训目标

培训主题：创建优质学校——基础教育改革与发展新使命

在任职资格和提高培训的基础上，通过挂职培训达到以下目标：

1、了解当代国内外教育改革发展动态和国际主流教育理念，开阔教育视野，启迪管理智慧。

2、把握当前基础教育和课程改革目标与方向，了解优质学校、品牌学校形成发展的特点和规律，提高创建优质学校和实施课程改革的能力。

3、掌握现代学校管理理论和校长专业发展理论，提高管理效能，促进学校优质、持续发展。

二、课程设置

基础课程基础教育改革和发展专题、优质学校创建专题、课程改革专题、校长管理效能专题、现代学校管理专题、校长专业发展等八个专题等。

三、教学要求

1、注重培训实效。教学要密切结合教育改革和发展形势的需要，贯彻理论联系实际、学用一致，按需施教，讲求实效的原则，坚持学习理论和研讨、分析解决教育教学改革和学校管理中的现实问题相结合，不断丰富教学内容、提高教学水平，提高培训的针对性和实效性，切实保证培训质量。

2、讲究教学方法。专题理论学习与研讨交流、案例分析、有机结合。

四、教学安排

（一）第一阶段理论课程学习（11 月 3 日至 10 日）日期

1. 学员在各中学以"校长助理"的身份学习，时间一个月。

2. 学员在挂职学校校长的指导下，参加有关活动。

（1）学校日常教育、教学管理活动，包括教学研究活动、教学观摩活动、其他教育教学活动

（2）列席学校认为可以参加的行政会议，学习学校领导解决问题和处理问题的方法，但不参与意见，不参与决策；

3. 接受学员挂职的中学，尽可能安排学员在学校食宿，以方便学习，费用由学员自理。

中学校长职业幸福感和职业倦怠情况调查问卷

亲爱的校长，您好！这是一份关于职业幸福感和职业倦怠相关性的调查问卷，希望得到您的大力支持！请您按照自己的情况如实填写，此问卷不记姓名，调查结果仅供研究使用，所以您不必有任何顾虑，谢谢您的真诚合作！

一、基本信息，请在符合您情况的答案代码下打"√"。

年龄：①25-35 岁②36-45 岁③46-55 岁④56 岁以上
性别：①女②男
婚否：①否②是
受教育程度：①初中及以下学历②中专③高中④大专⑤大学及以上学历
学校性质：①公办②私办
学校所在地：①农村②乡镇

二、以下问题涉及您在生活中所遇到的一些情况、您的一些做法或看法。每道题目都有从"很不同意"到"非常同意"六个等级的答案，请在最符合您情况的答案代码下打"√"。

1. 社会给人们提供的出路会越来越多。
①很不同意②不同意③有点不同意④有点同意⑤同意⑥非常同意

2. 随着年龄增长，我从生活中悟出了许多道理，这使我变得更坚强、更有能力。
①很不同意②不同意③有点不同意④有点同意⑤同意⑥非常同意

3. 我设立的生活目标多数能够给我鼓劲，而不是泄气。
①很不同意②不同意③有点不同意④有点同意⑤同意⑥非常同意

4. 我经常感到自己只是在混日子。

①很不同意②不同意③有点不同意④有点同意⑤同意⑥非常同意

5. 我不清楚自己一生所做的事情有什么意义。

①很不同意②不同意③有点不同意④有点同意⑤同意⑥非常同意

6. 我经常感到自己身体某些部位特别不舒服。

①很不同意②不同意③有点不同意④有点同意⑤同意⑥非常同意

7. 与周围的人相比，我很知足。

①很不同意②不同意③有点不同意④有点同意⑤同意⑥非常同意

8. 我对家里的收入感到满意。

①很不同意②不同意③有点不同意④有点同意⑤同意⑥非常同意

9. 我常因一些小事而烦恼。

①很不同意②不同意③有点不同意④有点同意⑤同意⑥非常同意

10. 我很为自己的健康状况感到苦恼。

①很不同意②不同意③有点不同意④有点同意⑤同意⑥非常同意

11. 我常常感到自己很难与他人建立友谊。

①很不同意②不同意③有点不同意④有点同意⑤同意⑥非常同意

12. 我比较喜欢自己的个性。

①很不同意②不同意③有点不同意④有点同意⑤同意⑥非常同意

13. 我感到似乎大多数人都比我朋友多。

①很不同意②不同意③有点不同意④有点同意⑤同意⑥非常同意

14. 和家人在一起，我感到特别愉快。

①很不同意②不同意③有点不同意④有点同意⑤同意⑥非常同意

15. 我的运气比别人差。

①很不同意②不同意③有点不同意④有点同意⑤同意⑥非常同意

16. 我对社会的发展感到很有信心。

①很不同意②不同意③有点不同意④有点同意⑤同意⑥非常同意

17. 与周围人相比，我感到自己挺吃亏。

①很不同意②不同意③有点不同意④有点同意⑤同意⑥非常同意

18. 碰到不开心的事情时，很长时间我都打不起精神来。

①很不同意②不同意③有点不同意④有点同意⑤同意⑥非常同意

19. 我感到高兴的是，这些年自己的看法变得越来越成熟。

①很不同意②不同意③有点不同意④有点同意⑤同意⑥非常同意

20. 我有时感到很难与家人（包括父母、爱人、孩子等）沟通。

①很不同意②不同意③有点不同意④有点同意⑤同意⑥非常同意

三、下面列出一些问题，以了解您在实际工作中某些想法、感觉出现的频率。请您按照自己的真实情况，选择符合您的选项，在符合的答案所代表的数字上打"√"。

21. 工作让我心情疲乏。

1 从不 2 每年几次 3 每月几次 4 每周几次 5 每天

22. 一天的工作结束后，我会感觉筋疲力尽。

1 从不 2 每年几次 3 每月几次 4 每周几次 5 每天

23. 想到要开始新的一天的工作，我就会有一种疲怠感。

1 从不 2 每年几次 3 每月几次 4 每周几次 5 每天

24. 工作真的是一件非常累的事情。

1 从不 2 每年几次 3 每月几次 4 每周几次 5 每天

25. 我能高效率地解决问题。

1 从不 2 每年几次 3 每月几次 4 每周几次 5 每天

26. 我被工作累垮了。

1 从不 2 每年几次 3 每月几次 4 每周几次 5 每天

27. 我能通过工作做出积极的贡献。

1 从不 2 每年几次 3 每月几次 4 每周几次 5 每天

28. 我对工作的兴趣减退。

1 从不 2 每年几次 3 每月几次 4 每周几次 5 每天

29. 我对工作的热情减退。

1 从不 2 每年几次 3 每月几次 4 每周几次 5 每天

30. 做起工作来我得心应手。

1 从不 2 每年几次 3 每月几次 4 每周几次 5 每天

31. 每次完成任务，我都感觉非常欣喜、愉快。

1 从不 2 每年几次 3 每月几次 4 每周几次 5 每天

32. 我从事的是有价值的工作。

1 从不 2 每年几次 3 每月几次 4 每周几次 5 每天

33. 我的工作目的很单纯，只是把它当成任务来完成。

1 从不 2 每年几次 3 每月几次 4 每周几次 5 每天

34. 我对工作的结果漠不关心。

1 从不 2 每年几次 3 每月几次 4 每周几次 5 每天

35. 我怀疑工作的意义。

1 从不 2 每年几次 3 每月几次 4 每周几次 5 每天

36. 我对自己的做事效率有信心。

1 从不 2 每年几次 3 每月几次 4 每周几次 5 每天

37. 总的来说，我觉得自己在工作中（可多选）：

1 很有成就感 2 感觉轻松 3 没什么特别的感觉 4 热情减退 5 没有什么成就感

感谢您在百忙之中给予我们的支持！

海南省中学校长线下培训现状调查问卷

尊敬的校长：

您好！本问卷旨在了解中学校长线下培训的实际情况，您的真实意见和建议对本研究非常重要，恳请您抽出宝贵的时间填写以下问卷。由于学术研究的严谨性，希望您可以根据自身实际经验如实、完整填写，不要遗漏题项。您所反馈信息仅为学术研究之用，所有资料不记名、无对错之分，且数据均严格保密，请您放心填写。

衷心感谢您的配合与参加，祝您工作顺利，生活愉快！

一、基本信息，请在符合您情况的□上打"√"。

学校所在地：□市□县□乡

学校类型：□重点□非重点

学校性质：□公办□私办

本次参加培训类型：□任职□提高□骨干

性别：□男□女

受教育程度：□初中及以下学历□中专□高中□大专□本科
□硕士及以上学历

现任职务：□校长□副校长

二、请在下列问题选项中最符合您情况的□上打"√"。

1. 您认为开展校长培训有必要吗？

A. 很有必要 B. 有必要 C. 一般 D. 没有必要

2. 您的参训需求有哪些？（多选）

A. 师德师风建设

B. "双减"背景下如何有效开展教学

C. 问题学生的管理

D. 教师专业化成长

E. 学校文化建设

F. 学校的信息化建设

3. 您参训主要是为了？（多选）

A. 学习新理念、新知识、新技能，提高管理能力

B. 晋级评职称

C. 学校发展规划知识的拓展与更新

D. 完成行政部门规定的培训任务

E. 提高教育教学管理能力，以提高学校教学质量

4. 您最希望下列哪种老师为您授课？

A. 经验丰富的中学名校长

B. 教育行政管理人员

C. 高校的教授和专家

5. 您最喜欢的培训方式是？（多选）

A. 主讲教师系统深入的讲解

B. 以课题研究为载体的培训

C. 在岗研修

E. 互动参与式培训

F. 主题研讨

G. 实地考察学习

H. 跟班学习

海南省中学校长培训现状调查访谈提纲

问题一：校长，您认为培训有必要吗？能说说为什么吗？

问题二：校长，您最想参加什么样的培训？您认为线下培训和线上培训哪种更好？为什么？

问题三：您了解海南省目前的中学校长培训有哪些类别吗？这些是否对您的专业发展有促进作用？

问题四：目前您参加过几次海南省中学校长培训？就您参加过的项目来说，您认为这些培训项目在培训内容，时间以及方式是否符合您需要？可否具体举例您对哪些课程和形式印象最深？

问题五：您所在市县是否有健全的培训制度？是否有相应的培训激励措施？您参加过哪些？

问题六：您是否对自我专业发展有规划？制定了个人专业发展目标？

问题七：对目前的海南省中学校长培训有什么建议吗？

海南省中学校长线上培训现状调查

尊敬的校长：

您好！本问卷旨在了解中学校长线上培训的实际情况，您的真实意见和建议对本研究非常重要，恳请您抽出宝贵的时间填写以下问卷。由于学术研究的严谨性，希望您可以根据自身实际经验如实、完整填写，不要遗漏题项。您所反馈信息仅为学术研究之用，所有资料不记名、无对错之分，且数据均严格保密，请您放心填写。

衷心感谢您的配合与参加，祝您工作顺利，生活愉快！

一、个人基本情况

1. 性别：

A. 男 B. 女

2. 年龄：

A. 20-30 岁 　　　　B. 31-40 岁 　　　　C. 41-50 岁 　　　　D. 51 岁以上

3. 学校所在区域：

A. 市区 　　　　B. 县区 　　　　C. 乡镇

4. 学校所在学段：

A. 高中 　　　　B. 初中 　　　　C. 小学

5. 职务：

A. 校长 　　　　B. 副校长

6. 最后所获学历：

A. 专科及以下 　　　　B. 本科 　　　　C. 硕士及以上

7. 每年参加线上培训的次数：

A. 0 次 　　　　B. 1-2 次 　　　　C. 3 次及以上

8. 参加线上培训的目的：

A. 上级任务　　　　B. 解决困惑　　　　C. 评职称

D. 结识朋友　　　　E. 自我提升

9. 线上学习技能：

B. 我的线上学习技能一般，仅满足个人生活娱乐

C. 我的线上学习技能较好，能解决学习需求

10. 线上培训的效果：

A. 我认为线上培训效果不如线下集中培训

B. 我认为线上培训与线下集中培训效果没有明显差异

C. 我认为线上培训效果明显比线下集中培训效果好

11. 后续参加线上培训的可能性：

A. 肯定不会参加线上培训

B. 可能不会参加线上培训

C. 肯定会参加线上培训

D. 可能会参加线上培训

二、矩阵题

以下题目 1-5 分别表示：1 非常不符合、2 比较不符合、3 一般、4 比较符合、5 非常符合，请您回忆参加线上培训时遇到的困难，并根据自身实际情况选出最符合的一项，所有选项均为单选，谢谢您的配合。

1. 我参加线上培训时承担了很多来自外界的压力

2. 我进行线上学习时总是耽搁，不能保证学习时间

3. 当培训内容太枯燥或难理解时，我会走神

4. 我很难坚持自己的学习计划

5. 我有繁重的工作和任务，没有充足的时间进行线上学习

6. 我的学习得不到家人、同事、领导的理解和支持

7. 我缺乏远程线上学习的经验

8. 我不能有效利用网络环境进行培训学习

9. 我没有掌握有效的网上学习方法

10. 我不熟悉在线学习的网络用语、语言技能

11. 我缺乏在线学习的交流技巧

12. 我的计算机水平很低，线上学习平台的很多功能不知道如何使用

13. 网络学习系统传输速度太慢，耽误我的上网学习时间

14. 线上学习系统经常出现故障，影响我的线上培训

15. 我不擅长使用新的在线学习工具

16. 我还没有熟练掌握手机端的软件功能

17. 学习资源的安排方式和顺序不符合我的学习能力，我很难完成各项学习任务

18. 教学内容的设计不能清晰地传递课程的重难点，我难以完成学习活动

19. 课程没有明确地阐明相关教学要求（例如考核标准），使我的学习很盲目

20. 课程内容过于理论化，与实际工作和生活脱节，影响我的学习兴趣

21. 课程没有提供适当的练习，我无法及时检验自己的学习成果

22. 网络课程中教师的讲解很枯燥，降低我的学习兴趣

23. 我在网络上向老师求教问题，经常得不到反馈

24. 教师只顾知识的讲授，不做学习方法的指导

25. 我在线上培训中不能很好地与其他学员交流互动，欠缺学习交流

26. 参加线上培训时，得到教师或学员的反馈周期较长，有时甚至没有反馈，影响学习积极性

27. 培训过程遇到学习困难时感受不到培训单位的关怀

28. 上课时遇到学习困惑感受不到授课教师的关心

29. 线上培训资源太庞杂，我很难判断哪些是主要的、哪些是次要的

30. 管理服务人员缺乏责任心，不能及时解答我提出的问题

参考文献

中文参考文献

［1］ 陈学恂：《中国近代教育史教学参考资料》（中册），人民教育出版社 1987 年版。

［2］ 《中华人民共和国职业分类大典》（2007 增补本），中国劳动社会保障出版社 2008 年版。

［3］ 教育部—中国移动中小学校长培训项目执行办公室编著：《中小学校长影子培训启思录》，教育科学出版社 2017 年版。

［4］ 经济合作与发展组织编：《对标中国教育体系的表现：OECD 中国教育质量报告》，上海教育出版社 2021 年版。

［5］ 吴卫东：《教师专业发展与培训》，浙江大学出版社 2005 年版。

［6］ 褚宏启、杨海燕："校长专业化及其制度保障"，载《国家教育行政学院学报》2002 年第 11 期。

［7］ 董伟光："关于'九五'期间中小学校长培训的实践与思考"，载《教育管理研究》1998 年第 3 期。

［8］ 顾小清、易玉何："从教育生态视角审思技术使能的教育创新"，载《中国电化教育》2019 年第 11 期。

［9］ "国家教委颁发关于培训中小学校长的文件"，载《人民教育》1990 年第 9 期。

［10］ "教育部正式启动实施中小学校长国家级培训计划"，载《中国教育学刊》2014 年第 7 期。

［11］ 靳彤、李亚芬："理解数字化时代的学校公共空间——教育数字化转型的实践难题"，载《华东师范大学学报（教育科学版）》2023 年第 3 期。

［12］ 兰国帅等："欧盟教育者数字素养框架：要点解读与启示"，载《现代远程教育研究》2020 年第 6 期。

［13］ 李春玲、肖远军："中国与欧美国家中小学校长专业标准的比较分析"，载《教师教育研究》2020 年第 5 期。

［14］李香玲："中小学教师培训模式的比较与思考"，载《教学与管理》2012 年第 36 期。

［15］刘鹏照："加强校长队伍建设 推动教育高质量发展"，载《中小学校长》2021 年第 11 期。

［16］罗江华、王琳："新基建赋能教育数字化转型的逻辑、挑战与实践路向"，载《中国电化教育》2023 年第 3 期。

［17］吕蕾："中外中小学校长培训机构政策比较研究"，载《中小学教师培训》2011 年第 7 期。

［18］宁连举、刘经涛、苏福根："高等教育数字化转型：内涵、困境及路径"，载《中国教育信息化》2022 年第 10 期。

［19］裴娣娜："主体教育的实践生成与发展"，载《教育研究》2022 年第 11 期。

［20］"《全国教育系统干部培训十一五规划》印发"，载《继续教育》2007 年第 4 期。

［21］饶玲："农村中小学校长队伍建设及培训现状调查与思考"，载《中小学校长》2014 年第 7 期。

［22］尚俊杰、李秀晗："教育数字化转型的困难和应对策略"，载《华东师范大学学报（教育科学版）》2023 年第 3 期。

［23］田小红、季益龙、周跃良："教师能力结构再造：教育数字化转型的关键支撑"，载《华东师范大学学报（教育科学版）》2023 年第 3 期。

［24］王蒙、崔克明："开展中高层次人才培训 为京郊经济发展服务"，载《农村经济与管理》1998 年第 3 期。

［25］王佑镁等："ChatGPT 教育应用的伦理风险与规避进路"，载《开放教育研究》2023 年第 2 期。

［26］邢占军："中国城市居民主观幸福感量表简本的编制"，载《中国行为医学科学》2003 年第 6 期。

［27］许秋璇、吴永和："教育数字化转型的驱动因素与逻辑框架——创新生态系统理论视角"，载《现代远程教育研究》2023 年第 2 期。

［28］杨天平、孙孝花："校长：专业化教育者和职业化领导者的统一体"，载《教育理论与实践》2004 年第 12 期。

［29］杨文正、徐杰、李慧慧："生态学视角下数字教育资源优化配置模型构建"，载《现代远程教育研究》2018 年第 2 期。

［30］杨宗凯："高等教育数字化转型的路径探析"，载《中国高教研究》2023 年第 3 期。

［31］姚计海、刘丽华："中小学校长心理授权与工作倦怠的关系研究"，载《心理发展与教育》2011 年第 5 期。

［32］叶宝娟等："职业韧性对农村小学校长职业倦怠的影响：胜任力和工作满意度的链式中介作用"，载《中国临床心理学杂志》2017 年第 3 期。

［33］于川、霍国强：“教师视域下校长专业发展的困境及其解决——基于校长专业标准的调查分析”，载《中小学校长》2022 年第 2 期。

［34］余胜泉：“教育数字化转型的层次”，载《中国电化教育》2023 年第 2 期。

［35］袁振国：“教育数字化转型：转什么，怎么转”，载《华东师范大学学报（教育科学版）》2023 年第 3 期。

［36］张立国等：“面向教育新基建的中小学校长信息化领导力评价量表设计”，载《中国远程教育》2023 年第 3 期。

［37］张晒：“使制度有效地运转起来——改革进程中制度运转的动力机制新解”，载《政府治理评论》2018 年第 2 期。

［38］赵磊磊、张黎、代蕊华：“教育人工智能伦理：基本向度与风险消解”，载《现代远距离教育》2021 年第 5 期。

［39］郑旭东、李荣辉、万昆：“略论基础教育教师队伍数字化转型”，载《中国电化教育》2023 年第 2 期。

［40］周俊：“美国中小学校长培训项目导师制革新趋势探析”，载《中小学教师培训》2015 年第 9 期。

［41］祝智庭、戴岭：“综合智慧引领教育数字化转型”，载《开放教育研究》2023 年第 2 期。

［42］祝智庭、胡姣：“教育数字化转型的实践逻辑与发展机遇”，载《电化教育研究》2022 年第 1 期。

［43］祝智庭、孙梦、袁莉：“让理念照进现实：教育数字化转型框架设计及成熟度模型构建”，载《现代远程教育研究》2022 年第 6 期。

［44］祝智庭：“教育数字化转型需要创建数字学习生态”，载《中小学数字化教学》2022 年第 9 期。

［45］赵月娥：“中小学校长专业化培训课程设置研究”，西南大学 2009 年硕士学位论文。

［46］［美］尼古拉·尼葛洛庞帝：《数字化生存》，胡泳、范海燕译，电子工业出版社 2017 年版。

［47］于述胜：《中国教育制度通史》（第 7 卷），山东教育出版社 2000 年版。

外文参考文献

［1］ADIE B U et al., "Digital leaders and digital leadership: a literature review and research agenda", 2022.

［2］AGHA H, "National Education Policy (1998-2010) and Education System Pakistan during 2008-2010 in Pakistan: A Detailed Analysis", 2013.

［3］AKSOY M, KARAGöZOĞLU A A, "Comparison of Teacher and School Managers Assignment

Policies Between South Korea, Singapore, Japan, Finland and Turkey", *Propósitos y Representaciones*, 2021.

[4] AL-KARAKI J N et al. , "Evaluating the Effectiveness of Distance Learning in Higher Education during COVID-19 Global Crisis: UAE Educators' Perspectives", 2021.

[5] BERKOVICH I, HASSAN T, "Principals' digital instructional leadership during the pandemic: Impact on teachers' intrinsic motivation and students' learning", *Educational Management Administration & Leadership*, 2022: 17411432221113411.

[6] BOLAM R, "Management development for headteachers: Retrospect and prospect", *Educational Management & Administration*, 25 (1997).

[7] BRUNDRETT M, "The development of school leadership preparation programmes in England and the USA: A comparative analysis", *Educational Management & Administration*, 29 (2001).

[8] COMMISSION E, DIRECTORATE-GENERAL FOR EDUCATION Y, SPORT, CULTURE, *Pathways to school success: Commission staff working document, accompanying the document Proposal for a Council recommendationon pathways to school success*, Publications Office of the European Union, 2022.

[9] CHUA REYES V, " How do school leaders navigate ICT educational reform? Policy learning narratives from a Singapore context", *International Journal of Leadership in Education*, 2015.

[10] CISSE M, OKATO T, "The organizational strategies of school management in Japan: Focus on primary school principals", *Journal of College Teaching & Learning (TLC)*, 6 (2009).

[11] DERYABIN A A et al. , "The Analysis of the Notions of Russian School Principals About Digital Transformation", *Obrazovanie Nauka*, 23 (2021).

[12] LINDA DARLING-HAMMOND et al. , *Preparing Principals for a Changing World: Lessons from Effective School Leadership Programs*, John Wiley & Sons, 2009.

[13] S. DAVIS et al. , "Review of research. School leadership study. Developing successful principals", Palo Alto, CA: Stanford Educational Leadership Institute, 2005.

[14] DIENER E J T S O W-B, "Subjective well-being", 2009.

[15] EBERL J K, DREWS P, "Digital Leadership-Mountain or molehill? A literature review", *Innovation Through Information Systems: Volume III: A Collection of Latest Research on Management Issues*, 2021.

[16] IVANČIĆ L, VUKŠIĆ V B, SPREMIĆ M, "Mastering the digital transformation process: Business practices and lessons learned", *Technology Innovation Management Review*, 9 (2019).

[17] KARAKOSE T, POLAT H, PAPADAKIS S, "Examining Teachers' Perspectives on School

Principals' Digital Leadership Roles and Technology Capabilities during the COVID-19 Pandemic", *Sustainability-Basel*, 13 (2021).

[18] KIM J-C, JANG B-S J J O I C, "The Relationship between Hope and Grit by Group Type of Principal's Subjective Well-being", 19 (2021).

[19] KLEIN M, "Leadership characteristics in the era of digital transformation", 2020.

[20] MASLACH C, JACKSON S E, LEITER M P, *Maslach burnout inventory*, Scarecrow Education, 1997.

[21] MAXWELL A, RILEY P J E M A, LEADERSHIP, "Emotional demands, emotional labour and occupational outcomes in school principals: Modelling the relationships", 45 (2017).

[22] MCTAVISH M, FILIPENKO M, "Reimagining Understandings of Literacy in Teacher Preparation Programs Using Digital Literacy Autobiographies", *Journal of Digital Learning in Teacher Education*, 32 (2016).

[23] MORAKANYANE R, GRACE A A, O'REILLY P J B E, "Conceptualizing Digital Transformation in Business Organizations: A Systematic Review of Literature", 2017.

[24] MURPHY J, "Preparation for the school principalship: The United States' story", *School Leadership & Management*, 18 (1998).

[25] NASREEN A, ODHIAMBO G, "The Continuous Professional Development of School Principals: Current Practices in Pakistan", *Bulletin of Education and Research*, 40 (2018).

[26] NAVARIDAS-NALDA F et al., "The strategic influence of school principal leadership in the digital transformation of schools", *Computers in Human Behavior*, 2020.

[27] NILSSON K J S J O P H, "Conceptualisation of ageing in relation to factors of importance for extending working life-a review", 44 (2016).

[28] OLIVEIRA K K D S, DE SOUZA R A J I I E, "Digital transformation towards education 4.0", 21 (2022).

[29] PELáEZ-FERNáNDEZ M A et al., "Burnout, work engagement and life satisfaction among Spanish teachers: The unique contribution of core self-evaluations", *Personality and Individual Differences*, 2022.

[30] RESTON V., "National Policy Board for Educational Administration. Professional Standards for Educational Leaders", *American Association of colleges of teacher education*, 3 (2015).

[31] RICHARDSON J W, STERRETT W L, "District technology leadership then and now: A comparative study of district technology leadership from 2001 to 2014", *Educational Administration Quarterly*, 54 (2018).

[32] SAPUTRO R L C W B H, "Digital Transformation Readiness in Education: A Review", *International Journal of Information and Education Technology*, 12 (2022).

［33］ SHARE M, *Philoponus: On Aristotle Categories* 6-15, Bloomsbury Publishing, 2019.

［34］ STAFFEN S, SCHOENWALD L, "Leading in the Context of the Industrial Revolution", Retrieved (January 2022).

［35］ TORELLI J A, GMELCH W H, "Occupational stress and burnout in educational administration", 1992.

［36］ TWUM-DARKO M, "E-Leadership: The Implication of Digital Transformation for Leadership in Organizations in Africa", *Recent Advances in Science and Technology Research*, 2020.

［37］ VLIES R V D, "Digital strategies in education across OECD countries", 2020.

［38］ YAMAMOTO Y, ENOMOTO N, YAMAGUCHI S, "Policies and Practices of School Leaderships in Japan: A Case of Leadership Development Strategies in Akita", *Educational Considerations*, 43 (2016).

［39］ ZAKHARISCHEVA M A et al., "Leadership for Education in a Digital Age", *SHS Web of Conferences*, 2021.